# 국회보좌진 업무매뉴얼

새로운사람들은 항상 새롭습니다.
독자의 가슴으로 생각하고 독자보다 한 발 먼저 준비합니다.
첫만남의 가슴 떨림으로 한 권 한 권 만들어 나가겠습니다.

## 국회보좌진 업무매뉴얼

**초판1쇄 인쇄** 2008년 5월 22일
**초판1쇄 발행** 2008년 5월 26일

**지은이** 서인석
**펴낸이** 이재욱
**펴낸곳** (주)새로운사람들

**편집실장** 김승주 / 정달운
**디자인** 이세은
**마케팅·관리** 김종림

ⓒ 서인석, 2008

**등록일** 1994년 10월 27일
**등록번호** 제2-1825호
**주소** 서울 동대문구 신설동
　　　104-22번지 2층 (우 130-812)
**전화** 02) 2237-3301, 2237-3316
**팩스** 02) 2237-3389
http://www.ssbooks.co.kr
e-mail/ssbooks@chol.com

ISBN 978-89-8120-386-3(13810)

* 책값은 뒤표지에 씌어 있습니다.

직업으로서의 보좌진, 무슨 일을 어떻게 하나

# 국회보좌진 업무매뉴얼

서인석 지음

새로운사람들

## 추/천/사

# 아무도 가르쳐 주지 않는
# 보좌진 업무 노하우

　과거 박종철 고문치사사건의 진상을 밝히고 검사직을 떠나면서, 저는 이 땅의 젊은이들이 개인이 아닌 약자와 소외된 사람들의 아픔을 같이하는 인간애를 갖고, 나라와 민족의 장래를 생각하며 살아 주길 기대했습니다. 아울러 저 자신도 국가와 민족을 위한 정치 발전에 한몫 보태기 위해 1996년 국회에 첫발을 내딛었습니다.
　그러나 처음 국회에 들어온 탓에 의욕만 앞설 뿐, 낯선 것이 한두 가지가 아니었습니다. 그럴 때마다 바로 곁에서 저를 도와준 사람들이 바로 보좌진입니다. 약자와 소외된 이들을 위한 민생법안에 주력하고, 초심을 간직한 채 국민의 생각과 마음을 살피며 살아온 지난 12년 내내 보좌진이 함께했습니다.
　그래서 "국회의원이 훌륭한 요리사라고 한다면 보좌진은 바로 요리의 재료를 선별해 제공해 주는 사람"입니다. 무엇보다 신선한 재료가 있어야 요리사도 한껏 실력을 발휘할 수 있는 것입니다. 이런 점에서 제가 지난 12년 간 훌륭하게 의정활동을 수행할 수 있었던 것도 이처럼 뒤에서 애써 준 보좌진 덕분입니다.
　그중에서도 특히 이 책의 저자인 서인석 보좌관은 2001년부터 2006

년까지 6년여 간 제 보좌관을 지낸 사람입니다. 서 보좌관은 무엇보다 국정감사와 예·결산심사를 통해 제가 행정부를 견제·감시·비판하는 데 큰 도움을 주었습니다.

2004년 10월 교육위원회 국정감사 때의 일입니다. 당시 저는 서울시내 각 대학의 취업률 현황을 처음으로 질의, 문화일보 머릿기사로 보도된 것은 물론 다음날 전 신문에 보도됐는데, 그 기초자료를 챙기는 데 서 보좌관의 도움이 컸습니다.

2005년 4월 온 나라가 '오일게이트'로 떠들썩할 때 '외교안보위원회(이광재 의원)'가 NSC라는 것을 밝혀 내는 데도 서 보좌관의 도움이 있었습니다.

서 보좌관은 부지런히 노력하는 사람입니다. 국회의 바쁜 일상에도 매일 아침 6시 30분 사무실에 출근할 만큼 성실한 보좌관입니다. 그가 국회 차원의 교육이나 조직적인 도움 없이도 국정감사 전문가로 자리잡을 수 있었던 것도 이런 노력 덕분일 것입니다.

국회 보좌진에게는 교육과 연수의 기회도 잘 제공되지 않아 스스로의 노력으로 업무와 관련한 전문성을 획득해야 합니다. 더욱이 참고할 책이 있는 것도 아니다 보니 결국 앞 사람이 한 실수를 그대로 반복, 시간과 노력을 낭비하는 일이 적지 않습니다.

이 같은 상황에서 보좌진이 업무를 수행하는 데 참고할 수 있는 책이 출간된다고 하니, 참으로 의미 있는 작업이 아닐 수 없습니다. 벌써 나왔어야 할 책입니다. 오히려 늦은 감이 없지 않습니다.

요즘 보좌진의 취업 경쟁률이 만만치 않다고 합니다. 취업난 때문이기도 하겠지만, 그만큼 보좌진이라는 직업이 전문직으로 평가받으며 젊은이들에게 인기직종으로 떠올랐기 때문일 것입니다.

 그럼에도 불구하고 보좌진이 어떤 일을 하는 사람인지도 잘 모른 채 보좌진이 되려는 사람이 적지 않습니다. 따라서 보좌진 업무에 관심을 둔 사람, 막 보좌진 일을 시작하는 사람에게 이 책은 많은 도움이 될 것입니다. 나아가 이미 보좌진으로 근무하고 있는 사람에게도 타인의 업무 노하우를 엿보는 기회가 될 수 있다는 점에서 일독을 권합니다.

한나라당 원내대표 **안상수**

추/천/사

# 취재생활의 보약이 될 보좌진 업무 노하우

1998년 늦은 가을 어느 날로 기억됩니다. 부산판 수서비리 사건으로 일컬어지는 '다대 만덕 택지분양 특혜 의혹사건'을 취재하고 있을 때였죠. 취재루트 확보에 혈안이 된 저는 국회의원회관을 뒤지고 있었습니다. 건설교통위원회나 행정자치위원회 소속 국회의원 가운데 우리의 취재내용에 관심을 보이는 의원을 찾아 헤매던 중이었습니다.

지금은 국회의장을 하고 있는 임채정 의원실에서 그를 처음 만났습니다. 첫눈에도 뭔가 일을 낼 인물로 보였습니다. 기자생활을 오래 하면 한 가지 느끼는 게 있습니다. 계속 취재해서 과실을 얻을 취재원인가 아니면 시간낭비만 하게 만드는 인물인가 파악하는 이른바 '눈치 단수'입니다.

한 10분인가 취재협조를 겸해 우리 취재건에 대한 브리핑을 했더니 서인석 보좌관은 한술 더 뜨며 취재방법까지 훈수를 두는 것 아니겠습니까? 그날 시작된 인연은 그 후 굵직한 사건정보를 교류하며 10년 넘게 이어지고 있습니다.

각설하고, 필자가 보는 보좌관 서인석은 기자 같은 보좌관입니다. 그는 기자보다도 더 기자스러울 정도로 일에 대한 집념이 강합니다. 한 번

물면 시체말로 살점이 떨어져 나갈 때까지 놓지 않는 독종 중에 독종입니다. 오죽하면 필자가 후배들한테 "국회 가서 서 모 좀 만나 배워라"라고 주문할 정도이겠습니까?

그를 기자스럽다고 한 건 단순히 이런 집념 때문만은 아닙니다. 한 가지 사안을 풀기 위해 기획하고 일의 선후를 가려내는 기술이 거의 달인의 경지에 이르렀습니다. 그를 만난 지 3~4년이 지난 뒤 저는 국회에 분신 하나를 둔 셈이 됐죠. 소속 상임위가 아니더라도 그는 저의 부탁을 해결해 주었습니다. 다른 상임위원회 소속 의원들의 보좌관들이 그의 문하생(?)들이기 때문입니다. 그만큼 그는 인간관계도 폭 넓습니다.

저 스스로도 못 당하겠다고 보는 특장점이 하나 더 있습니다. 피감기관을 적당히 어르는 기술이 그것입니다. 사실 기자는 그런 면에서는 사법부나 국회의원을 당할 수 없습니다. 기자에겐 취재권은 있어도 '취조권'은 없기 때문이죠. 하지만 국회의원은 소관 피감기관이 아니더라도 전 행정부에 질의권한을 갖고 있습니다. 자기 상임위가 아니면 동료 의원에게 부탁해서라도 원하는 자료를 얻어낼 수 있습니다.

서 보조관은 제가 알기에 이런 권한을 가장 잘 활용하는 인물입니다. 한 번은 제가 금융감독원의 대외비 자료를 하나 구해 달라고 부탁한 적이 있습니다. 서 보좌관이 어렵지 않게 그러마 해서 믿었습니다. 그는 약속한 일주일 안에 문제의 자료를 구해서 넘겨주었습니다. 하지만 나중에야 알았습니다. 그 자료를 얻기 위해 서 보좌관이 금융감독원의 담당국장을 무려 5차례나 만나고 전화를 걸어 자료제출을 독촉했던 사실을 말입니다. 서 보좌관 말에 의하면 어찌나 담당국장을 괴롭혔던지 나중엔 목소리만 들어도 주눅이 들 정도였다고 합니다.

그런 서 보좌관이 보좌관의 업무지침을 담은 책을 저술한다고 합니다. 우리 국회의 수준을 높이기 위해서라도 정말로 고무해 주고 싶은 일입니다. 사실 20년 가까이 자료를 얻으러 국회를 돌아다녔지만 제대로 된 보좌관을 만나지 못했습니다. 서인석이라는 인물이 있었기 때문이기도 하지만 대부분의 보좌관들은 해당 상임위원회 공부보다는 선거전략 공부에 더 열을 올리는 게 우리의 현실입니다.

그러나 국회의원의 국정감사 기능은 너무나도 중요한 의정활동입니다. 어쩌면 국회의 기능 중 가장 중요한 것이라고 할 수도 있습니다. 그런 기능이 이러저러한 환경으로 인해 상대적으로 파묻히고 있는 현실이 안쓰럽다고 늘 생각해 왔습니다.

서 보좌관의 보좌업무 지침서는 제2, 제3의 전문가 서인석을 만들어 내는 데 혁혁한 공헌을 할 것으로 믿어 의심치 않습니다. 서 보좌관의 책자가 발간되면 우선 저부터 읽어 볼 생각입니다. 그리고 국회와 보조를 같이하는 언론사 후배들에게도 일독을 권할 계획입니다. 신참 기자는 물론이고 연조가 상당한 고참들에게도 국회의원 보좌관의 삶을 일독하는 것은 취재생활의 보약이 될 것으로 믿기 때문입니다.

중앙일보 논설위원 **임봉수**

## 책을 내면서

요즘 들어 보좌진 구인광고를 내보면, 인턴 한 명 뽑는 데도 적게는 50통에서 많게는 100통 넘는 이력서가 들어온다. 그러다 보니 접수된 이력서와 자기소개서를 읽고, 그 가운데 몇 명을 선별해 면접까지 보려면 한동안 다른 일을 할 수 없다.

과거 남들이 잘 알지 못하고 또 사회적으로도 별로 인정해 주지 않던 보좌진이라는 직업이, 이처럼 인기직종이 됐다는 점에서 우선 놀라움을 금하지 않을 수 없다. 무엇보다 그만큼 취업난이 심각하다는 것을 보여주는 반증이다. 또 하나 사회의 변화와 함께 보좌진도 특정 분야 '전문가'로 인식되면서 젊은이들의 인기직종으로 부상했기 때문이다.

하지만 이처럼 많은 지원에도 불구하고 마음에 드는 사람을 뽑기란 말처럼 쉽지 않다. 이는 무엇보다 국회가 어떤 곳인지, 그리고 보좌진이 무슨 일을 하는 사람인지 정확히 알지 못한 데 기인한 것처럼 보인다. 다시 말해 자신이 근무하고자 하는 국회의 성격이나 특성 및 장·단점, 그리고 보좌진의 임무와 역할도 잘 모른 채 무작정 지원하다 보니 각 의원실에서 필요로 하는 것과는 거리가 먼 사람들이 대거 이력서만 제출하는 것이다. 개중에는 무엇 때문에 서류를 냈는지 이해하기 어려운 사람도 없지 않다.

이 밖에도 서류를 어떻게 준비해야 하는지 잘 몰라 자신이 갖고 있는 가치를 제대로 인정받지 못하는 사람도 눈에 띈다. 조금만 더 준비하면 충분히 보좌진이 될 수 있는데도, 누가 조언해 주는 것도 아니고 참고할 자료도 없다 보니 의원실에서 원하는 만큼 서류를 만들지 못하는 것이다.

가끔 인터넷을 검색해 보면, "비중 있는 의원의 보좌관은 대학교수급이거나 차관을 하던 사람들도 있다"는 것에서부터 모두 "인맥이나 '빽'으로 선발되는 것이다"까지 보좌진에 대한 엉터리 정보가 유통되고 있는 것을 알 수 있다. 또한 보좌진에 대한 인식도 '가방 모찌'에서 '힘 센 사람'에 이르기까지 천차만별이다. 보좌진에 대한 일반인들의 관심이 점차 증대하고 있는 것과 달리 관련된 정보가 제대로 없기 때문에 이런 일이 발생한다.

한편 보좌진의 업무 특성이나 역할 등에 대해 잘 알지 못한 채 무작정 취업한 경우, 근무하는 내내 적지 않은 혼란을 겪는 사람도 있다. 이는 보좌진이라는 직업이 자신의 적성이나 앞으로의 인생설계와 부합하는지 여부도 판단하지 않은 채 일단 취직하고 보자고 한 데 따른 결과이다.

뿐만 아니다. 운 좋게 취업은 했지만 당장 어떻게 일해야 할지 몰라 혼란을 겪는 보좌진 또한 적지 않다. 국회 차원의 교육이나 연수가 제대로 지원되지 않기 때문이다. 그러다 보니 무엇을 어디서부터 어떻게 해야 하는지 알지 못한 채 앞 사람의 실수를 반복하면서 일을 배워 나간다. 한마디로 '반복된 실수를 통한 학습'인 셈이다.

보좌진이 담당하는 업무는 어느 것 하나 중요하지 않은 게 없다. 국정감사부터 예·결산심사, 입법, 인사청문회, 선거, 심지어 지역관리에 이르기까지 의원의 의정활동을 실질적으로 담당하고 있는 사람들이 바로 보좌진이다. 그런데 이들에 대한 교육과 연수가 제대로 지원되지 않는데 따라, 결국 국회는 행정부에 대한 감시와 견제·비판의 역할을 제대로 수행하지 못하고 있다. 이 경우 그 피해는 고스란히 국민에게 돌아갈 수밖에 없다.

이 책은 바로 이 같은 문제의식에서 만들어졌다. 다시 말해 보좌진을 희망하는 사람이 많은데도 불구하고 어떻게 준비해야 하는지를 알려 주는 정보나 자료도 없고, 또 보좌진이 된 후에는 어떻게 근무해야 하는지에 대한 교육도 없는 데 따른 혼란과 낭비를 조금이라도 줄여 보자는 의도에서 기획된 것이다.

그리하여 외부 사람들에게 여전히 잘 알려져 있지 않은 보좌진 세계를 구체적으로 그려 보고자 했다. 한때 정치 등용문으로 여겨졌던 보좌진은 이제 세월의 흐름과 함께 정책을 입안하고 다루는 전문인으로, 그 위치와 역할이 변했다. 즉 과거는 말 그대로 보스를 위한 '비서'였다고 한다면, 지금은 의원의 의정활동을 보좌하는 '정책적 조력자'인 것이다. 바로 이 같은 보좌진 세계, 즉 직업으로서의 보좌진에게는 어떤 어려움이 있고 어떤 특성과 장단점이 있으며, 어떻게 준비하고 근무해야 하는지에 대한 지난 13년 간 글쓴이의 경험을 정리한 것이다.

제1장은 국회의 장·단점과 특징에 대해 서술하고 있다. 국회가 정보의 바다라는 것과 함께 우월적 지위에 있다는 장점, 그리고 조직적 업무 처리 시스템과 그에 따른 업무 노하우 부재 등의 단점을 설명하고 있다. 조직의 소규모화로 기존 사회통념과 다르게 조직이 운용되고 있는 특징

과 함께 299명 의원에 의해 각 의원실마다 사무처리에도 서로 다른 차이가 존재한다는 특징에 대해서도 설명하고 있다.

제2장은 보좌진은 무엇 하는 사람인지와 관련해 그 지위와 역할, 임무 및 연봉에 대해 자세히 서술하고 있다. 이와 함께 직업으로서 보좌진이 갖는 의미와 함께 일반인들이 가장 궁금해 하는 것 가운데 하나인 '직업의 안정성' 문제에 대해서도 구체적으로 언급하고 있다.

제3장은 보좌진 채용이 어떤 절차와 방식을 거쳐 진행되는지부터, 그럼 어떻게 준비해야 하는지, 또 자신에게 맞는 의원실은 어떻게 선택해야 하는지 등에 대한 안내의 내용을 담고 있다. 특히 사전에 갖추면 도움이 될 능력이나 조건과 함께 서류 작성 방법 및 면접 준비 안내는 국회 근무를 희망하는 사람들에게 실질적인 도움이 될 것이다.

제4장은 출근 첫날 어떻게 일해야 하는지부터 상임위원회와 법안 공부 방법, 골치 아픈 민원 해결 요령까지 보좌진 업무 노하우를 중심으로 서술됐다. 충분치는 않겠지만 이것만으로도 초보 보좌진은 어떤 일을 어떻게 해야 하는지, 즉 적지 않은 보좌진 업무 노하우를 터득할 수 있을 것이다.

제5장은 보좌진으로 근무하면서 어떻게 하면 직업적 안정성을 높일 것인가라는 문제와 관련해 자기계발과 몸값 상승의 문제를 거론하고 있다. 그러면서 그 최고 형태는 성과물, 즉 '저서'라는 점을 강조하고 있다. 보좌진은 업무 특성상 여러 계층에 걸친 다양한 일을 경험할 수 있다. 그런데 만약 이를 술자리에서 얘기하면 '술안주'이자 '영웅담'에 그치지만 글로 쓰면 자신만의 성과물이 되는 것이다. 특히 보좌진 업무는 모든 성과물이 의원에게 귀속되는 속성을 갖고 있다는 점에서 단순히

월급쟁이로 살지 않으려면 자신만을 위한 별도의 노력을 기울여야 한다. 더욱이 '선출직'을 생각하고 있는 보좌진이라면, 자신의 근무연수에 상응하는 성과물을 갖고 있어야 조금이라도 공천경쟁에서 유리한 위치를 점할 수 있다.

참고 문헌 하나 없이 오로지 지난 13년 간의 국회 경험만을 근거로 두 달여 간 한 꼭지 한 꼭지 내용을 채워 나가는 게 생각만큼 쉽지는 않았다. 그러면서 머릿속에 복잡하게 얽혀 있던 내용들이 하나하나 정리되는 기분이, 힘든 만큼 보람으로 다가왔다. 1,200여 장의 원고 작업을 모두 끝내고 나니 머리를 비운 기분이자 뒤죽박죽인 창고를 깨끗이 정리한 느낌이다.

행여 이 글을 읽으며 보좌진의 임무와 역할에 대해 오해가 생기거나 혹은 부정적 인식이 싹튼다면 그건 오로지 글쓴이의 필력 부족으로 인한 것일 뿐 사실은 그렇지 않다는 것을 밝힌다. 이 책이 오늘도 묵묵히 업무에 충실한 많은 보좌진들에게 누가 되지 않기만을 바랄 뿐이다.

한편 본문에서 말하는 '국회'는 대한민국 국회라는 고유 의미와 함께 간혹 의원실 또는 보좌진의 개념을 포함한 광의의 뜻으로 사용되기도 한다.

이제 국회도 개별 의원실이 아니라 국회 전체 차원에서 실력을 향상하고 행정부에 대한 감시 능력을 증진시키며 나아가 효과적으로 행정부를 통제할 수 있는 역량을 강화해야 한다. 법과 당위성에 근거한 국회가 아닌 실질적인 역할과 활동으로 평가받고 대접받아야 하는 것이다. 그럴 때만이 국회의 권위 또한 제대로 수립될 수 있을 것이다.

이를 위해서는 자체 교육 강화와 함께 경험자들의 업무 노하우를 축적·공유해 앞선 사람의 실수나 잘못을 뒷사람이 반복하지 않도록 해야 한다. 글쓴이가 13년 걸려 배우고 터득한 것을 이 책에 모두 담아 내면 후배 보좌진들은 압축적으로 일할 수 있을 것이다. 13년 걸려 얻은 노하우를 이 책을 통해 간접 경험하고 실제 업무에 활용하면 몇 년 안에 글쓴이와 같은 성과를 낼 수 있을 것이다.

추천사를 써 준 안상수 한나라당 원내대표는 2001년부터 2006년까지 글쓴이가 직접 모셨던 분이다. 글쓴이가 2003년의 『국정감사 실무 매뉴얼』에 이어 이번에 또다시 『국회 보좌진 업무 매뉴얼』을 낼 수 있는 것도 안상수 대표의 가르침 덕분이다. 특히 안 대표는 평소 '보좌진 사관학교'라는 말을 들을 정도로 보좌진을 가르치는 데 소홀함이 없다. 글쓴이가 국정감사와 관련해 전문가 소리를 들을 수 있는 것도 바로 이 같은 안상수 대표와 무관치 않다.

또 다른 추천사를 써 준 임봉수 중앙일보 논설위원은 10여 년 전 부산판 수서비리 사건으로 일컬어지는 '다대 만덕 택지분양 특혜 의혹사건' 취재로 알게 돼 지금껏 좋은 인연을 이어 오는 선배다. 늘 문제의식을 잃지 않고 부조리와 맞서 싸우는 진짜 기자다.

「내가 본 국회 보좌진」이라는 주제로 글을 써 준 KBS의 공아영 기자, 권도엽 국토해양부 제1차관, 류선경 국회방송 뉴스팀장 등은 모두 가족같이 고마운 사람들이다.

공아영 기자는 늘 자신감이 넘쳐흐른다. 톡톡 튀는 발랄함에 언제고 부담 없이 만날 수 있는 좋은 후배다. 권도엽 차관은 작은 체구에도 업무장악력이 뛰어나 카리스마가 돋보이는 인생선배다. 류선경 팀장은 따듯한 이미지에 걸맞는 부드러운 여성이다. 지방 방송사 기자를 거쳐 현재 국회방송 뉴스팀장으로 재직 중인데 바쁜 와중에도 글쓴이의 원고를 하나하나 읽어 보며 문제점을 지적, 이 책이 어느 한 쪽으로 편중되거나 의미가 왜곡되지 않도록 도와줬다.

「나의 보좌진 생활」이라는 주제로 글을 써 준 김현기 서울시 의원, 손계룡 변호사, 이민경 보좌관, 정관윤 부대변인 또한 글쓴이가 책을 내는 데 많은 도움을 준 보좌진 출신 선후배들이다.

김현기 선배는 20여 년에 걸친 보좌진 경험을 기반으로, 지금은 서울시 의원으로 활발히 활동하고 있다. 손계룡 변호사는 법안을 만들던 주체에서 이제는 법을 실생활에 이용하는 변호사로 변신했다. 이민경 선배 또한 여자 보좌진의 '대모'라는 별칭에 걸맞게 20여 년의 보좌진 생활을 자랑하고 있다. 정광윤 부대변인은 10여 년의 보좌진 생활을 발판으로 정당정치에 뛰어들어 한나라당의 '입' 역할을 하고 있다.

이 자리를 빌어 글쓴이의 책이 빛날 수 있도록 원고를 게재해 준 것에 고마움을 표한다. 특히 류선경 뉴스팀장에게는 원고 교정의 번거로움을 마다하지 않은 것에 깊은 감사를 표한다. 아울러 책을 낸다는 핑계로 2개월 간 공휴일도 무시한 채 글쓰기에만 매달렸는데도, 불평 한마디 하지 않는 아들 龍源이와 딸 采源이에게 무한한 사랑의 마음을 전한다.

2008년 5월 국회에서

서인석

# Contents

추천사_ 아무도 가르쳐 주지 않는 보좌진 업무 노하우/**안상수 한나라당 원내대표** _ 4
　　　　취재생활의 보약이 될 보좌진 업무 노하우/**임봉수 중앙일보 논설위원** _ 7
책을 내면서 _ 10

## 제1장 국회에는 299개 회사가 있다
　　1. 정보의 바다, 국회 _ 20
　　2. 기존 사회통념과 다른 조직 운용 _ 34
　　3. 서로 다른 캐릭터 소유한 299명의 오너 _ 42
　　4. 국회 보좌진 24시 _ 49

▶ 내가 본 국회 보좌진 _ 국회의 브레인, 보좌진/**류선경(국회방송 뉴스팀장)** _ 68
　▶ 나의 보좌진 생활 _ 정책과 세상을 바꾸는 보이지 않는 힘/**김현기(서울특별시의회 의원, 행정학 박사)** _ 71

## 제2장 국회 보좌진, 무엇 하는 사람인가?
　　1. 보좌진의 지위와 역할 _ 76
　　2. 연봉과 상여금 _ 90
　　3. 직업으로서의 보좌진과 직업적 안정성 _ 95

▶ 내가 본 국회 보좌진 _ 국회의 숨은 보배, 그 이름은 보좌관/**공아영(KBS 기자)** _ 107
　▶ 나의 보좌진 생활 _ 보좌진, 한국 정치의 동량으로 거듭나라!/**정광윤(한나라당 부대변인)** _ 110

## 제3장 어떻게 하면 국회 보좌진이 될 수 있나?
　　1. 보좌진 채용과 지원 절차 _ 114
　　2. 인턴십 제도 _ 127
　　3. 의원실 선택 기준과 방법 _ 133

**차 례**

    4. 사전에 갖추면 도움 될 능력과 경험 _ **149**
    5. 서류 작성과 면접 _ **156**
▶ **내가 본 국회 보좌진 _** 행정부의 동반자, 국회 보좌진/**권도엽(국토해양부 제1차관)** _ **162**

### 제4장 어떻게 일해야 하나?

    1. 첫 출근, 무얼 해야 하나? _ **166**
    2. '학습' 하듯 일 배우려 해서는 안 된다 _ **171**
    3. 보좌진에게 필요한 능력은 '순발력' 과 '감각' _ **181**
    4. 입법과 예산심사를 소홀히 하지 마라 _ **189**
    5. 상임위원회와 법안 공부 방법 _ **200**
    6. 메모하고, '업무일지' 쓰고, 책 출간을 대비하라 _ **212**
    7. '인터넷' 대신 '종이신문' 을 읽어라 _ **221**
    8. 검색 대신 신문 스크랩을 해라 _ **227**
    9. 골치 아픈 민원, 어떻게 해결할까? _ **235**
▶ **나의 보좌진 생활 _** 법안 통과는 애 키우는 것만큼 어려운 일/**손계룡(변호사)** _ **248**

### 제5장 보좌진 자기계발, 어떻게 할 것인가?

    1. 보좌진에 대한 '교육' 과 '투자' 없인 국회 발전 없다 _ **252**
    2. 보좌진의 전문성 강화와 몸값 상승 _ **289**
    3. 스스로 발전 추구할 때 성공한 보좌진 될 수 있다 _ **296**
    4. 보좌진의 인생이모작, 어떻게 준비할 것인가? _ **303**
▶ **나의 보좌진 생활 _** 보좌진은 변화의 중심축에서 일할 수 있는 매력적인 직업
                  /**이민경(보좌관)** _ **330**

**맺는 말 _** "나만의 퍼스널 브랜드를 만들어라" _ **336**

제1장

# 국회에는 299개 회사가 있다

1. 정보의 바다, 국회
2. 기존 사회통념과 다른 조직 운용
3. 서로 다른 캐릭터 소유한 299명의 오너
4. 국회 보좌진 24시
**내가 본 국회 보좌진** _ 국회의 브레인, 보좌진
**나의 보좌진 생활** _ 정책과 세상을 바꾸는 보이지 않는 힘

# 1. 정보의 바다, 국회

> 국회가 갖고 있는 장점은 무엇보다 '자료(정보)의 바다'라는 것이다. 보좌진들의 책상 위를 굴러다니는 자료조차 대부분 일반인들 입장에서는 쉽게 접할 수 없는 것들이다. 자료가 부족하다 싶으면 언제든지 요구할 수 있다. 그것도 1차 자료부터 핵심만 모은 최종 성과물까지 원하는 자료는 얼마든지 얻을 수 있다. 이는 국회의 두 번째 장점인 '우월적 지위'에 의거하고 있다. 반면 일반인들이 잘 모르는 단점도 있다. 조직 내에서 성장의 기회가 주어지지 않는 것과 함께 성과물이 모두 타인에게 귀속되는 것 등이 그것이다.

### 국회의 장·단점

'국회' 하면 많은 사람들은 막연히 좋은 곳으로 규정한다. 이른바 '힘센 곳'이라는 생각이 바로 그것이다. 물론 전적으로 틀린 말은 아니다. 하지만 일반인들이 모르는 단점도 있다. 우선 국회가 갖고 있는 장점, 더 구체적으로는 보좌진으로 근무할 때 얻을 수 있는 좋은 점에 대해 알아보자.

글쓴이가 생각하는 국회의 장점으로는 첫째, '자료(정보)의 바다', 둘째, '우월적 지위' 등 크게 두 가지를 꼽을 수 있다. 참고로 여기서 말하는 '정보'는 흔히 말하듯 '고급정보'를 의미하지는 않는다. 그것은 정보 취급을 업으로 삼는 사람들에게나 어울리는 말이다. 여기서는 일반인들이 쉽게 접하거나 구할 수 없는 각양각색의 새롭고 풍부한 자료가 갖고 있는 정보로서의 가치를 의미한다.

주지하다시피 국회는 행정부에 대한 '자료 요구권'을 갖고 있다. 따라서 언제든지 필요한 자료를 서면으로 요구, 받아 볼 수 있다. 평소 궁금했던 자료는 물론 상임위원회와 국정감사를 위한 질의서의 기초가 되는 자료도 요구할 수 있다. 또한 자신이 담당하고 있는 상임위원회와 무관한 다른 분야에 대해서도 자료를 요구할 수 있다. 다시 말해 자신이 원하기만 하면 국정 전 분야에 대해 어떤 자료든 요구하고 받아 볼 수 있는 것이다.

이렇게 받아 본 자료들 가운데는 개인자격으로는 결코 손에 넣을 수 없는 것들이 많다. 상식적으로도 한 개인이 관공서를 찾아가 자신이 원하는 자료를 달라고 하면 어느 공무원이 쉽게 내주겠는가? 아마 자료 얻는 것은 고사하고 열람도 못하고 발길을 돌려야 할 것이다. '욕'(?)먹지 않으면 그나마 다행일 것이다. 심지어 최근 들어 그 위상이 상당히 높아진 시민단체들조차 쉽게 구하지 못하는 자료들도 국회는 전화 한 통화 또는 서류 한 장으로 얻을 수 있다.

한편 이런 자료들이 갖고 있는 가치는 대단히 크다. 상임위원회를 비롯해 국정감사 때 각 의원실에서 내놓는 보도자료가 신문과 뉴스 등 각종 언론을 장식하는 것도 바로 이 때문이다.

이뿐만이 아니다. 각 부처에서 일상적으로 가져다주는 자료 중에도 좋은 것들이 많다. 이런 것들은 각 의원실에서 특별히 요구한 것도 아니다. 행정부서에서 일상적으로 만들어 내는 백서나 편람·연보에서부터 정책보고서, 연구논문에 이르기까지 전 행정부처에서 수시로 보내준다. 이 또한 일반인들로서는 구하기 쉽지 않은 자료들이다. 우리나라에서 자료가 가장 많다는 국회도서관에서나 볼 수 있는 것들이 대부분이다. 개중에는 그럼에도 불구하고 구할 수 없는 것들도 있다.

그런데 불행하게도 국회에서 이런 자료들은 대부분 바로 버려진다. 의원실의 공간협소는 물론이고, 당장 필요치 않기 때문이다. 또 나중에라도 필요하면 언제든 다시 요구할 수 있다 보니 좋고 나쁜 자료인지를 가리지 않고 이내 내다 버리는 것이다. 간혹 외부인들이 국회를 방문했다가 의원실 앞 복도에 버려진 자료들 가운데 필요한 것들을 골라 가는 장면을 어렵지 않게 목격할 수 있는 것도 바로 이 때문이다.

행정부에서 제출하거나 가져다주는 자료는 구하기가 쉽지 않다는 특성 외에 '결과' 성격의 자료라는 또 다른 특성을 갖고 있다. 연구로 말하면 오랜 시간 동안 진행된 연구성과를 한꺼번에 모은 '축적물'과 같다는 것이다. 거기다 가장 '최신 버전'이다. 따라서 누군가 어떤 분야를 연구하겠다고 작심하고 자료를 요구하면, 적어도 외부에서 도서관을 전전하며 자료를 찾아 논문을 쓰는 것보다 시간과 노력을 크게 절약할 수 있다. 그러므로 기고문과 연구논문, 더 나아가 학위논문까지 마음만 먹는다면 국회에서 근무하는 보좌진은 밖에 있는 사람들에 비해 훨씬 적은 노력과 시간으로 더 훌륭한 성과를 낼 수 있다. 또한 마음먹기에 따라 몇 년 간 한 주제 또는 한 분야만 연구한다면 오래지 않아 '전문가' 소리를 들을 수도 있다.

만약 자료만 가지고 충분치 않거나 이해에 어려움이 있을 때는 자료를 작성한 실무자에게 설명을 부탁할 수도 있다. 그러면 실무자들이 국회로 건너와 충실히 설명해 준다. 자료를 혼자 뒤적이며 궁금증을 풀어나가기보다는 누군가의 설명을 통해 한 순간에 요점을 파악하는 것이 훨씬 효과적인 공부방법이라는 것을 모르는 사람은 없을 것이다. 이런 점에서 담당 실무자의 설명은 말 그대로 한 주제나 분야에 대한 '개인교습'과 다를 바 없다. 추가적으로 어떤 책을 읽어야 하는지, 더 봐야 할 자료는 무엇인지에 대해서도 자문을 구할 수 있다. 이 정도면 국회가 얼마나 공부(?)하기 좋은 곳인지, 또 다양한 자료와 정보를 쉽게 접할 수 있는 곳인지 알 수 있을 것이다.

### 우월적 지위

국회의 자료요구는 기본적으로 행정부에 대한 '우월적 지위'에 기초하고 있다. 다시 말해 국회는 행정부를 감시·견제하기 위한 감사監査기능 및 이를 위한 자료 요구권을 '법'으로 보호받고 있는 것이다.

국회의 우월적 지위는, 우리가 흔히 쓰는 말로 계약관계에서 '갑'甲이라고 생각하면 된다. 그러나 그 갑은 단순한 것에 그치지 않는다. 두 사람 사이에서 한 사람이 다른 사람에게 뭔가를 요구할 수 있는 권리를 갖고 있다는 것은 '상대적 우위'를 의미한다. 이런 우위는 대부분 양자 간의 묵시적 동의에 근거한다. 그러나 국회는 이런 우위를 법으로 보호받고 있다. 그러다 보니 국회의 우월적 지위는 국민의 세금이 투입되거나 예산을 쓰는 곳이면 어디든지 관철된다. 간혹 민간영역까지 그대로 관철되기도 한다. 보좌진이 국정감사와 상임위원회를 대비해 행정부를 비롯한 각종 공공기관을 상대로 자료를 요구할 수 있는 것도 바로 이 같은 우월적 지위에 근거한 것이다.

한편 국회의 우월적 지위는 동시에 보좌진이 행정부에 대해 우월적 지위를 누릴 수 있는 근거로 작용하기도 한다. 흔히 국회를 떠난 보좌진들이 "밖에 나가 보니 비로소 중앙부처 과장이 하늘인 줄 알겠다"라는 말을 한다고 한다. 이는 적어도 국회에 근무하는 동안에는 필요하면 언제나 중앙부처 4급 과장 혹은 그 상급자인 국장과도 통화하거나 대면할 수 있지만, 보좌진이라는 '타이틀'을 뗀 뒤 민원인 신분으로 중앙부처 과장을 만나는 것이 쉽지 않은 데 따른 것이다.

사실 지금의 한국적 상황에서 일반인이 민원 때문에 중앙부처를 찾아가 실무과장을 만난다는 것은 말처럼 쉽지 않은 일이다. 경우에 따라서는 과장은 고사하고 6급 주사 만나기도 어렵다. 그런데 적어도 보좌진이라는 타이틀을 달고 있는 한 이 같은 불편은 없다. 이것이 행정부에 대해 감사 권한을 갖고 있는 국회의 우월적 지위 때문이라는 것은 재론을 요하지 않는다.

이 때문에 간혹 국회의 우월적 지위를 본연의 업무와 무관한 영역에서까지 누리려다가 '잘못된 인생유전'을 겪는 보좌진이 있기도 하다. 올해로 보좌진 생활 14년째에 접어든 글쓴이의 경험에 따르면, 우월적 지위를 어떻게 행사하느냐에 따라 그것은 약이 되기도 하고 독이 되기도 하는 것 같다. 앞서 예를 든 것처럼 우월적 지위를 행정부에 대한 정책과 예산감시라는 본래 목적대로 사용하면 약이 되지만, 본래 목적 외에 사용하면 독이 될 수 있는 것이다. 특히 일을 수행하는 과정에서 알게 된 다양한 사람들을 자신의 사적 인맥, 즉 '인적 네트워크'로 만들 수 있다면, 보좌진 입장에서 우월적 지위는 그야말로 최고의 약이 될 것이다. 왜냐하면 적어도 지금의 한국적 상황에서 자연인으로 각계각층의 전문가나 중앙부처 고위 공무원들을 접촉하고 나아가 만남을 지속한다는 것은 불가능에 가깝기 때문이다. 그러나 보좌진은 자신의 노력여하에 따라 얼마든지 이를 가능하게 할 수 있다.

흔히들 "공적으로 만나 사적으로 친해지는 것이 사람을 가장 잘 사귀는 방법"이라고 말한다. 이런 점에서 중앙부처 고위 공무원들과 거리낌 없이 전화통화하고, 때에 따라서는 서로간의 나이와 지위를 구분하지 않고 대화를 나눌 수 있는 것은 보좌진에게 주어진 큰 장점이 아닐 수 없다. 만약 '선출직'을 희망하는 보좌진이라면, 이에 대해 더욱더 전략적으로 사고해야 할 것이다. 물론 선출직을 염두에 두지 않은 보좌진에게도 이는 중요한 문제이다. 왜냐하면 대인관계 능력은 사회생활의 성공여부를 가늠할 수 있는 중요한 잣대일 수 있기 때문이다.

### '조직' 내에서의 성장의 한계

이 글을 시작할 때 언급한 것처럼 국회에는 일반인들이 잘 모르는 단점도 있다. 특히 이 같은 단점은 장점에 가려져 잘 드러나지 않음에 따라 현재 국회에 재직하고 있는 보좌진 가운데도 제대로 인식하지 못하는 사람이 있다.

글쓴이가 생각하는 국회, 더 정확하게 보좌진으로 근무할 때의 단점은 △조직 내에서의 성장의 한계 △조직적 업무 노하우 부재 △성과물의 타인 귀속 등 3가지다.

먼저 조직 내에서의 성장의 한계라는 문제에 대해 살펴보도록 하자. 발전하는 기업의 특징은 조직과 함께 그 소속 직원들도 동반 성장하는 것이다. 이와 관련한 적정한 예로는 바로 삼성전자를 거론할 수 있을 것이다. IT와 반도체 산업을 중심으로 한 삼성전자의 눈부신 성장은 동시에 조직원의 발전 없이는 불가능했을 것이다. 다시 말해 조직원들의 발전이 회사의 성장을 뒷받침하고, 동시에 회사의 발전이 조직원들의 발전을 추동하는 것이다. 삼성전자의 CEO가 연예인 못지않은 대중적 인기를 누리고 연봉 또한 일반인들의 상상을 초월할 정도인 것을 보면, 직장생활을 하는 데서 '조직'이 갖고 있는 의미가 얼마나 큰지 잘 알 수 있다. 특히 이들이 "삼성전자라는 '외피'를 입지 않았을 때도 과연 지금과 같은 처지에 놓였을까?"라고 생각해 보면, 직장인 입장에서 '조직'이 주는 의미는 실로 작지 않다. 대학생들이 삼성전자를 가장 근무하고 싶은 기업 1위로 꼽는 것도 아마 이 같은 '조직의 힘' 그리고 그로 인한 '조직 내에서의 무한한 성장'과 밀접히 관련돼 있을 것이다.

사실 삼성전자에서 근무하기만 하면 회사의 성장이 개인의 성장이요, 개인의 발전이 회사의 발전인데 누군들 이 같은 직장에서 근무하고 싶어하지 않겠는가? 이 경우 개인의 비전과 회사의 비전이 일치한다면 개인의 입장에서 이보다 더 좋은 직장은 없을 것이다. 자신의 꿈이 조직의 꿈이고 회사의 희망이 자신의 희망이니 무엇을 더 바라겠는가? 아마 직장생활을 하는 데서 이보다 더한 '동기부여'는 없을 것이다.

시간이 지날수록 조직의 성장과 함께 자신의 꿈과 희망이 이루어질 테니 그저 묵묵히 자신의 일만 열심히 하면 되는 것 아니겠는가? 물론 중간중간 '구조조정'이라는 복병이 기다리고 있기는 하지만, 그래도 열심히 노력하면 CEO가 될 수 있다는 희망을 가져 볼 수 있을 것이다. 혹은 그렇지 않더라도 삼성이라는 조직에서 오랫동안 근무한 데 따라 그 프리미엄을 안고 동종업계에 비싼 몸값으로 이동할 수도 있을 것이다. 이 밖에도 한 분야에서 10년 넘게 종사하는 데 따라 전문성을 확보, 적어도 이를 근거로 새로운 '인생이모작'을 시작할 수도 있을 것이다. 적어도 현재의 한국적 상황에서 '삼성'이라는 외피를 썼을 경우, 조직이 보호막으로 작용해 재직 중 혹은 퇴직하더라도 남과 다른 대우를 받는 것만은 분명한 사실이다.

그러나 국회는 그렇지 못하다. 무엇보다 조직 내에서 성장할 기회가 주어지지 않는다. 아닌 말로 보좌관 10년 한다고 절로 국회의원 되는 것도 아니고, 승진할 자리가 있는 것도 아니다. 현재로서는 4급이 보좌진으로서 올라갈 수 있는 가장 높은 자리다. 만약 4급 보좌관으로 국회에 첫발을 내딛으면 그걸로 더 이상의 승진은 기대할 수 없다. 10년을 근무하더라도 똑같이 4급 보좌관 자리에 머무를 수밖에 없기 때문이다.

더 이상의 승진이 없다 보니 시간이 지남에 따라 맡고 있는 일의 성격이 달라지거나 업무영역이 넓어지는 것과 같은 일도 발생하지 않는다. 1년 단위로 같은 일을 되풀이하는 반복적 경험만 있을 뿐이다. 부하직원이 더 늘어나지 않는 건 당연하다. 설혹 5급으로 시작해 4급이 된다고 한들 의사결정구조에 참여하거나 회사 또는 조직을 경영하는 것도 아니다.

또한 국회라는 '외피'가 프리미엄으로 활용돼 외부로 이동할 수 있는 기회가 주어지는 것도 아니다. 국회에서 배우고 익힌 노하우를 국회 밖에서 필요로 하는 곳은 흔치 않다. 이른바 '동종업계'가 없기 때문이다. 물론 청와대 혹은 정부 기관 등과 같은 곳으로 옮기는 사람이 몇몇 되기는 하나 여기서 말하는 '이동'은 정치권 같은 곳을 제외한 기업 등 인생이모작이 가능한 곳을 가리킨다. 또 청와대 등 정치권으로 옮기는 사람은 많아야 1,800여 명의 보좌진 가운데 2~3% 정도일 것이다.

이 밖에 10년 아니 20년 간 보좌진에게 주어진 일만 열심히 한다고 해서 인생이모작의 문제가 해결되는 것도 아니다. 더 큰 문제는 국회가 4년 간의 한시적 조직이라는 특성을 갖고 있어 연속성에 제한이 뒤따른다는 것이다. 다시 말해 의원의 임기가 4년으로 제한돼 당장 10~20년 근무하는 것도 말처럼 쉽지 않다는 것이다. 그러기 위해서는 보좌진 스스로 별도로 노력하지 않으면 안 된다. 또한 인생이모작은 이와는 별개의 문제로서, 개별적으로 고민하고 준비하지 않으면 안 된다.

요컨대 스스로 전문성을 쌓고 발전을 추구하지 않는 한 국회라는 우월적 지위에 있다고 해서 보좌진에게 무언가가 그냥 주어지는 것은 아니라는 것이다.

### 조직적 업무 노하우 부재

국회의원 임기가 4년으로 제한돼 있다는 것은 '조직적 업무 노하우'에 한계가 있다는 것을 의미한다. 여기서 말하는 조직적 업무 노하우란, 조직적 업무처리 시스템과 그에 따른 축적된 업무 노하우를 의미한다.

만약 재선에 실패한 의원은 4년 간 활동한 데 따른 결과물을 이삿짐과 함께 싸서 국회를 떠나야 한다. 그렇게 되면 그 동안의 업무처리 시스템과 축적된 노하우는 더 이상 국회에 존재하지 않는다. 시간이 지남에 따라 그 이름조차 세인들의 기억에서 점차 지워진다.

반대로 처음 국회에 등원한 초선의원 또한 조직적 업무 노하우가 없기는 마찬가지다. 모든 걸 새롭게 시작하는 마당에 '노하우'를 기대하는 게 오히려 이상한 일이다. 문제는 이런 현상이 선거 때마다 반복되며, 비율 또한 대단히 높다는 것이다. 2004년에 치러진 17대 총선에서 초선의원 비율은 무려 63%나 됐다. 2008년 18대 총선에서는 이보다 20% 정도 낮은 45%였다. 이 말은 299명 국회의원 가운데 적게는 134명에서 많게는 188명이 아무런 조직적 노하우를 갖지 못한 채 의원으로 첫발을 내딛는다는 걸 의미한다. 자연 혼란과 좌충우돌에 빠지지 않을 수 없다.

한편 조직적 업무 노하우가 없다는 것은, 모든 실무를 담당하는 보좌진 입장에서는 그야말로 '맨땅에 헤딩'하는 것 말고는 어떤 것도 기대할 수 없다는 걸 의미한다. 그나마 국회 경험이 있는 보좌진은 좀 다를 수 있다. 기존에 하던 일인 데 따라 개인적 업무 노하우를 활용할 수 있기 때문이다. 문제는 국회에 첫발을 내딛는 초보 보좌진들이다. 6명의 보좌진 가운데 경력자가 1~2명이라도 있으면 이들에게 물어 보거나 어깨 너머로 보고 배울 수 있겠지만, 만약 그렇지 않다면 그야말로 난감한 일이 아닐 수 없다.

4월에 선거를 치르고 난 뒤 5월 30일부터 새롭게 임기가 시작되면 6월에 임시회가 개최되는 데 따라 당장 상임위원회와 관련한 자료를 요구하고 질의서도 써야 한다. 그런데 조직적 업무처리 시스템도 갖춰져 있지 않고 축적된 업무 노하우도 없으며, 경험자마저 하나 없어 어떻게 해야 할지 모른다면, 이보다 난감한 일도 많지 않을 것이다. 초보 보좌진뿐만 아니라 초선 의원도 곤란을 겪기는 마찬가지다.

국회에는 "초선 의원이 2년 내에 조직을 정비하고 안착하면 대단히 성공한 것이다"라는 말이 있다. 설혹 경험 많은 보좌진이 일부 있다 하더라도 초선 의원 자체가 국회에 대해 전혀 모르기 때문에 스스로 뭔가를 알고, 또 보좌진간 서로 손발을 맞춰 업무처리 시스템을 구축하고 노하우가 쌓이기까지 최소 2년여가 소요되는 것이다. 하지만 경우에 따라서는 4년 내내 '시험'만 하다가 임기를 마치는 초선 의원도 적지 않다. 국가적 차원의 손해이자 낭비가 아닐 수 없다.

그럼 재선에 성공한 의원실의 사정은 좀 다를까? 결론부터 말하면, 모든 실무를 담당하는 보좌진의 이동이 있는지 여부에 따라 달라진다. 왜냐하면 실무를 담당하는 보좌진이 그만두거나 어떤 이유에서건 다른 의원실로 옮기면, 조직적 시스템과 노하우가 약화되지 않을 수 없기 때문이다. 다시 말해 '인력'은 조직적 업무처리 시스템과 그에 따른 노하우에서 대단히 중요한 하나의 요소로 작용한다는 점에서 실무인력에 공백이 생긴다는 것은 곧 조직적 업무 노하우의 약화를 의미하는 것이다.

특히 국회처럼 기껏 실무를 담당하는 사람이 2~3명에 불과하고 또 이들이 모든 의정활동을 실질적으로 준비하는 상황에서 '인력'은 곧 '조직적 노하우'와 같은 의미를 지닌다. 이 경우 초보 보좌진 입장에서는 보고 배울 대상과 함께 조직적 업무처리 시스템과 축적된 업무 노하우를 얻을 수 없다는 걸 의미한다. 그러면 결국 우왕좌왕하지 않을 수 없다.

한편 수십 명이 함께 근무하고 역사까지 오래된 상황에서 새로운 직원 1~2명이 근무를 시작했다고 가정해 보자. 이 경우 신입직원은 당연히 이미 구축된 시스템과 축적된 노하우를 따르거나 참고할 것이고, 또 선임자들에게 배울 수도 있을 것이다. 여기에 수습기간과 교육 및 연수까지 보태진다면 신입직원은 자연스럽게 조직의 한 일원으로 실무를 배우고 익히며 자신의 역할을 담당할 수 있을 것이다.

그런데 국회는 시스템과 노하우의 측면에서나 또 교육의 측면에서나 두 가지 모두 부족하다. 그나마 교육적 측면만 뒷받침된다면, 소규모 인력과 한시적 조직으로 인한 조직적인 업무처리 시스템과 노하우 부재의 문제가 부분적으로 해소될 수 있을 것이다. 하지만 국회는 당장 어쩔 수 없는 조직적 측면의 문제를 교육적 차원에서도 해결하지 않고 있다. 초선 의원이 제대로 자리잡기까지 2년 정도 걸리는 것도 이에 연유한 측면이 강하다. 교육이 따라 주지 않으니 결국 경험을 얻고 노하우를 축적할 때까지 모두 시간을 낭비하는 것이다. 다시 말해 앞 사람과 똑같은 실수를 반복하면서 비로소 뭔가를 배워 나가기 시작하는 것이다.

실무를 담당하는 보좌진뿐만 아니라 초선 의원에게도 '교육'이 필요한 이유가 바로 여기에 있다. 이와 관련해서는 뒤에 더 자세히 기술하기로 하고, 아무튼 조직적 업무처리 시스템과 노하우의 부재는 국회와 의원, 그리고 보좌진의 발전을 가로막는 중요한 단점 가운데 하나이다.

### 성과물의 타인 귀속

보좌진의 주된 역할은 의원의 의정활동을 보좌하는 것이다. 모든 일은 이를 위해 행해지며, 그렇기 때문에 대외적으로는 의원만 있을 뿐 보좌진은 그늘 속에 가려진 존재에 불과하다. 이 말은 보좌진이 수행하는 모든 업무가 의원으로 대표되고, 그 성과물 또한 의원에게 귀속된다는 걸 의미한다.

보좌진이 만들어 내는 성과물은 모두 의원 이름으로 발표된다. 상임위원회와 국정감사를 대비한 질의서는 물론이고 대정부질문, 토론문 또는 발제문 등 대부분 보좌진에 의해 준비되고 만들어진다. 심지어 잡지나 신문의 기고문에 이르기까지 보좌진이 작성하는 자료들은 수없이 많다. 그러나 이 모든 것들은 보좌진의 성과물이 아니다. 국회의원의 이름으로 발표되거나 실리는 데 따라 보좌진의 성과물로 남지 않는 것이다.

물론 "비서니까 개인적 성과물이 없는 것은 당연한 것 아니냐"고 할 수도 있을 것이다. '비서'라는 직업의 속성이 본시 그러하고 실제로 기업에서 근무하는 비서들의 역할 또한 보좌진과 크게 다르지 않는데, 왜 유난을 떠느냐고 할 수도 있을 것이다.

기업의 총수나 CEO치고 직접 글을 쓰는 사람은 거의 없을 것이다. 이렇게 보면 대외적으로 의원의 이름으로 발표되는 글들을 보좌진이 준비하는 것은 당연한 일이다. 문제는 기업에서는 축사, 격려사 등 쓰는 글이 극히 제한적이고, 그 업무를 보는 사람도 한정돼 있는 데 반해 보좌진은 그렇지 않다는 것이다.

보좌진이 담당하고 있는 업무 중 '글쓰기'는 가장 큰 부분을 차지하고 있다. 아니 글쓰기는 보좌진이 담당하고 있는 업무의 '대부분'이라고 해도 과언이 아니다. 또한 '정무'라는 이름으로 지역관리 등의 업무를 담당하지 않는 한, 보좌진이면 너나 할 것 없이 글을 쓰지 않으면 안 된다.

더 큰 차이는 기업의 비서실은 조직과 함께 성장·발전할 수 있는 데 반해 국회는 그렇지 않다는 것이다. 다시 말해 대부분의 기업에서는 비서실은 핵심인재로 성장하기 위해 반드시 거쳐야 하는 자리 중 하나인 것이다. 삼성만 하더라도 현재 유명한 CEO 중 비서실 출신이 적지 않다. 이런 점에서 기업에서의 비서 경력은 오히려 성장을 위한 발판 내지는 그 기업을 더 잘 이해하고 총수와도 밀접한 관련을 맺을 수 있는 좋은 기회로서의 의미를 갖고 있다.

그러나 국회는 말 그대로 의원을 하나부터 열까지 모두 보좌하는, '비서' 그 자체에 지나지 않는다. 이 때문에 많은 글쓰기에도 불구하고 보좌진의 성과물은 하나도 없는 것이다.

이상은 앞으로 전개되는 글의 총론적 성격을 띠고 있다. 앞으로 글을 전개하기 위한 문제의식 내지 단초들을 나열한 것이다. 그러면서 동시에 보좌진으로 근무하는 데 따른 장·단점을 글의 첫머리에 기술한 것은, 무엇보다 보좌진에 대해 궁금해 하거나 혹은 근무를 희망하는 사람들에게 도움이 될 것이라 생각했기 때문이다.

이하에서는 총론적 성격의 글에서 부분적으로 언급됐던 내용들을 포함해 어떤 성격의 소유자가 국회 근무에 어울리는지부터 보좌진의 생활, 지위와 역할, 인생이모작, 어떻게 근무해야 하는지까지 지난 13년간 글쓴이의 경험을 근거로 하나하나 구체적으로 살펴보겠다.

우선 다음 절에서는 '국회의 특성'부터 살펴보겠다. 왜냐하면 국회의 여러 가지 특성은 근무조건이나 형태 또는 업무처리 방식, 나아가 보좌진 생활 전체를 규정하는 중요한 요소로 작용하고 있으며, 특히 이는 밖에서의 그것과는 사뭇 다르기 때문이다.

## 2. 기존 사회통념과 다른 조직 운용

> 국회, 즉 보좌진으로 근무하는 데는 밖에서와 다른 몇 가지 특성이 있다. 이 중 가장 큰 특성으로는 제도나 시스템 대신 나름의 독특한 방식에 의해 근무형태와 인력운용 등이 이루어지고 있다는 것이다. 이는 의원 1인당 보좌진이 6명밖에 안 되는 '소규모 조직'에 따른 결과이다. 임명과 면직 또한 '요청서' 한 장으로 모두 처리된다. 임명장도 수여식도 없다.

### 국회만의 독특한 조직 운용방식

국회, 즉 보좌진이 주로 근무하는 의원회관의 특성은 한마디로 제도나 시스템보다는 나름의 독특한 사고나 행태에 의해 움직인다는 것이다. 이 말은 국회가 그만큼 기존 사회통념과는 다른 방식으로 조직을 운용하고 있다는 것을 의미한다. 실제로 국회 입사에서부터 근무형태나 방식, 심지어 면직에 이르기까지 기존 가치관이나 사회적 통념과 다른 것이 적지 않다.

우선 보좌진의 근무형태나 방식부터 살펴보자. 사무실 근무의 기본이라고 할 출·퇴근과 결근, 휴가, 조퇴나 출장 등이 모두 우리가 알고 있는 기존과 다른 방식으로 처리된다. 관련된 제도나 시스템이 없기 때문이다. 다시 말해 조퇴나 휴가 또는 출장을 위해 일반회사와 같이 사유서 쓰고 상급자들에게 줄줄이 결재받는 것과 같은 제도나 시스템이 없다는 것이다.

의원회관에는 보좌진 개인별 출석부나 혹은 출퇴근 시간을 확인할 수 있는 '리더기'조차 마련돼 있지 않다. 물론 경비실에 열쇠 수불受拂과 관련한 대장이 존재하지만, 이는 어디까지나 각 의원실이 아침 몇 시에 열쇠를 찾아가고 또 저녁 몇 시에 열쇠를 반납했는지만을 기록하는 장부에 불과하다. 그러므로 공식적으로 각 의원실별 보좌진 개개인의 출·퇴근과 관련된 기록은 그 어디에도 존재하지 않는다.

휴가나 조퇴 또는 출장과 관련해 작성·제출해야 할 서류도 없다. 예컨대 공무원들이 출장을 다녀올 경우 작성·제출해야 하는 '출장복명서' 같은 것이 보좌진 사회에는 존재하지 않는 것이다. 이 모든 것이 말 한마디 혹은 전화 한 통화로 처리된다. 작성해야 할 '서류'가 없다 보니 '결재' 또한 존재하지 않는다. 단지 "오늘 일이 좀 있어 먼저 갈게요" 또는 "내일 병원가야 하기 때문에 출근이 늦습니다"라고 한마디 하면 된다. 그러다 정작 시간이 많이 걸려 출근이 어려우면 "생각보다 시간이 많이 소요돼 출근키 어렵겠습니다"라고 전화 하면 된다. 이 경우 보좌관이 "알았다"라고 답하면 모든 것이 끝난다. 휴가 또한 특별히 정해져 있지 않아 의원이 외국에 나가는 때가 보좌진들간에 서로 돌아가면서 쉴 수 있는 휴가기간이다.

상황이 이렇다 보니 누가 1년 동안 며칠 지각을 했고, 무슨 일로 어디어디 출장을 다녀왔으며, 휴가를 며칠 간 사용했는지 등을 당사자를 포함해 그 누구도 알 수 없다. 그 극단적인 예가 바로 야근과 특근에 대한 정액수당 지급과 연가보상 전액 수령이다.

각 의원실마다 차이가 있겠지만, 보좌진들의 근무시간은 일정치 않다. 그나마 조찬회의와 같은 특별한 사정이 없는 한 출근시간은 정해져 있지만 퇴근 시간은 그렇지 않다. 기본적으로 본청에서 회의가 열리면 퇴근시간이 늦어진다. 상임위원회가 열려도 그렇고 대정부질문이나 법안 통과를 위한 본회의가 열려도 그렇다. 1년 중 최대 행사인 국정감사가 진행되는 동안에는 더 말할 것도 없다.

이처럼 보좌진들은 국회 상황에 따라 야근을 해야 하고, 더욱이 20일간 치러지는 국정감사를 위해서는 짧게는 한 달 반, 길게는 두세 달 정도 공휴일과 일요일 없이 쉬지 않고 일하지만 그에 따른 '대가'는 시간과 비례하지 않는다. 다시 말해 초과근무수당을 받을 수 있는 5급 이하 직원들이 야근과 특근을 얼마나 하든 그에 대한 경제적 보상은 정해져 있다는 것이다.

본래 초과근무수당은 말 그대로 초과로 근무한 시간에 비례해 주어진다. 그런데 보좌진은 그렇지 않다. 2008년 현재 5급 비서관은 얼마를 초과로 근무하는 것과 상관없이 매달 14만 6,940원을 받는다. 6급 비서는 12만 4,680원, 7급 비서는 11만 1,850원, 9급 비서는 8만 9,890원이다. 모르긴 해도 대한민국 공무원 중 국회 보좌진처럼 야근과 특근을 밥 먹듯 하면서도 정작 그에 상응하는 초과근무수당을 지급받지 못한 채 매달 정해진 액수만 받는 사람은 거의 없을 것이다.

연가보상이란, 공식적으로 주어진 휴가를 쓰지 못하는 데 따라 그 일자만큼 연말에 돈으로 보상해 주는 것을 말한다. 예를 들어 국회에 10년 근무한 보좌진이 연간 공식적으로 15일 간의 유급휴가를 쓸 수 있는데 바쁜 나머지 단 하루도 휴가를 가지 못할 경우 15일 치에 해당하는 일당을 지급하는 것이다. 그런데 보좌진들은 대부분 휴가 일수와 무관하게 개인이 받을 수 있는 연가보상액 중 최고 액수를 받는다. 다시 말해 15일 간의 휴가일수 중 15일을 다 썼거나 혹은 단 하루도 쓰지 않았거나 지급받는 연가보상액은 다 똑같다는 것이다.

이런 일은 평상시 개인별 휴가현황이 별도로 집계되지 않는 데 따른 것이다. 휴가와 관련해 제출된 서류와 결재가 없고, 또한 각 의원실에서도 이를 별도로 집계하지 않은 채 연말이면 휴가를 단 하루도 사용치 않았다고 신고하다 보니, 결국 개인이 받을 수 있는 연가보상 중 최고액을 지급받는 일이 벌어지곤 하는 것이다.

### 조직 소규모로 시스템 불필요

그럼 왜 이 같은 일이 벌어지는 것일까? 왜 국회는 일반회사나 혹은 사회적 통념과 다르게 움직이는 것일까? 간단히 말하면 현재와 같은 인력운용방식 아래에서는 그럴 필요도 없고, 또 그렇게 할 수도 없기 때문이다. 혹 '국회에서도 일반회사와 똑같이 출·결석과 지각, 조퇴, 출장, 휴가 등에 관한 관리시스템을 도입해 지금부터라도 통계를 잡으면 되지 않느냐'라고 생각하는 사람이 있을지 모르겠다.

하지만 그건 소위 '물정 모르는 소리'에 지나지 않는다. 조직의 소규모화에 따라 작동원리가 다르기도 하거니와 더 중요하게는 이 모든 것과 관련한 권한이 각각의 의원실에 주어져 있다 보니 애초부터 통합관리 또는 전일적 관리가 불가능하다는 것이다.

현재 보좌진에 대한 채용부터 인력운용 그리고 면직에 이르기까지의 모든 권한은 해당 의원실, 더 정확하게는 299명의 국회의원에게 주어져 있다. 다시 말해 1,800여 명에 달하는 국회 보좌진은 국회의 조직 아래 단일하게 존재하는 것이 아니라 299개 의원실별로 6명씩 나뉘져 각각 소속돼 있는 것이다.

이에 따라 인력운용과 관리는 개별 의원실 몫인데 기껏 보좌진이라야 6명밖에 안 되는 곳에서 누가 별도로 인력을 관리하겠는가? 인력관리 업무만을 담당할 인력이 없는 것은 물론 별도로 관리 인력을 둘 만큼의 업무도 없거니와, 더 중요한 것은 전체 직원이 6명에 지나지 않아 서류 작성과 제출 그리고 이어지는 결재보다는 말 한마디나 전화 한 통화가 더 신속하고 효과적인 업무처리를 가능케 한다는 것이다.

제도나 시스템 부재는 비단 근무형태에서만 나타나는 특성은 아니다. 보좌진 채용과 승진, 그리고 면직과정에서도 동일하게 나타난다. 먼저 채용과정부터 살펴보자.

보좌진 채용은 제도나 시스템 대신 국회만의 독특한 방식으로 이루어진다. 여기서 말하는 독특한 방식이란, 회사나 일반 공무원과 같은 시험을 치르지 않는다는 것과 함께 수시로 그리고 의원실 차원에서 개별적으로 이루어지고 있다는 것을 의미한다.

또한 단순히 영어와 전공 및 상식 등에 대한 지식의 유무를 알아보는 '시험'을 보지 않는다고 해서 독특한 방식으로 충원된다고 말하는 것은 아니다. 요즘은 많이 없어졌지만 사사로이 주변 사람들에게 이러이러한 사람이 있으면 추천해 달라는 식으로 부탁을 하거나 거꾸로 가까운 주변사람들의 부탁을 받고 보좌진으로 선발되는 경우도 없지 않기 때문이다. 특히 의원의 친·인척, 심지어 의원의 형제나 자녀 채용은 국회만의 독특한 조직 운용방식의 극단을 보여 주고 있다.

아무튼 이처럼 국회 차원에서의 정기적인 인선 대신 결원이 생길 때마다 수시로 충원하는, 그리고 의원실 차원에서 개별적으로 시험 없이 채용하다 보니 우리 사회에서 일상적으로 통용되는 '공채 몇 기' 혹은 '입사동기'와 같은 단어는, 보좌진 사이에서는 존재하지 않는다. 입사기수가 없다 보니 선후배의 구분은 사회적 통념상 누구나 인정할 수 있는 '나이'에 의해 이뤄지는 경우가 많다. 이 말은 더 나아가 승진이나 직급을 가르는 기준도 나이에 의해 좌우된다는 것을 의미한다.

실제로 입사시 나이는 취업 여부를 가르는 중요한 요소 가운데 하나이다. 많은 의원실에서 신입 보좌진을 뽑을 때면 나이를 고려해 선발하기 때문이다. 예를 들어 40세의 보좌관과 33세의 6급 비서가 있는 의원실에서 5급 비서관을 뽑는다고 하면, 지원자는 여타의 자격조건도 중요하지만 나이 또한 34에서 39세 사이여야 선발될 확률이 높다. '시험'을 거치지 않는 상황에서 서로의 존재에 대해 인정해 줄 수 있는 합의점, 그리고 서로의 직급에 대해 정통성을 부여할 수 있는 기준이 나이 말고는 달리 없기 때문이다. 이렇기 때문에 승진과정에서도 나이는 시험이나 심사를 대신해 가장 중요한 기준으로 작용하기도 한다.

### 보좌진 임명과 면직은 '요청서' 한 장으로

'시험'이라는 관문 없이 그리고 간혹 사사로운 인연으로 채용되기도 하다 보니 면직 또한 채용과 마찬가지로 손쉽게 이루어진다. 여기서 '쉽게'라는 말은 면직절차가 극히 단순하다는 것과 함께 보좌진 입장에서 자기방어 수단으로서 면직을 지연시키거나 회피할 수 있는 '안전판'이 전혀 없다는 것을 의미한다.

우선 보좌진의 면직은 '면직요청서' 한 장으로 이루어진다. 임명이 국회의원의 도장이 찍힌 '임명요청서' 한 장으로 당일 바로 처리되는 것처럼 면직 또한 면직요청서 제출과 함께 즉각적으로 이뤄진다. 이 과정에서 우리가 흔히 생각할 수 있는 노동조합의 협조나 도움 혹은 인사위원회 개최와 그에 따른 자기소명 등은 존재하지 않는다. 국회에는 보좌진 중심의 노조와 징계 등의 문제를 논의하는 인사위원회 등이 구성돼 있지 않기 때문이다.

따라서 보좌진 면직과 관련해 가장 중요한 것은 임면권을 갖고 있는 국회의원의 '의사'이다. 만약 보좌진 중 누군가가 마음에 들지 않아 의원이 내치겠다고 생각하면 특별한 절차나 과정을 거치지 않고 당장이라도 면직시킬 수 있는 게 바로 보좌진 인사제도가 갖고 있는 큰 특성 중 하나이다.

글쓴이가 평소 가깝게 지내던 보좌진은 할부로 새 차를 구입했는데, 의원이 면직처리함으로써 자동차 할부금을 감당하지 못해 끝내 자동차를 되팔고 말았다. 아마도 공공조직에서 이처럼 쉽게 임명과 면직이 이루어지는 곳은 거의 없을 것이다. 이른바 비정규직이라고 하는 사람들에 대한 해고나 면직도 국회보다는 복잡한 절차와 과정을 거쳐 이루어질 것이다. 바로 이런 점 때문에 간혹 불합리하거나 부당한 면직이 이루어지더라도 어디 가서 하소연할 수도 없다. 단지 국회의원 개인의 '합리적 판단'과 '이성'만을 기대할 수 있을 뿐이다.

　요컨대 입사부터 승진 그리고 면직에 이르기까지 이 모든 과정이 시험이나 심사라는 정통성을 수반하지 않음에 따라 오로지 의원의 자의적 판단과 의사가 채용과 면직을 가르는 유일한 잣대이자 척도로 작용하는 것이다. 또한 이는 보좌진에 대한 임면권, 즉 국회의원 1인당 자신에게 배정된 6명의 보좌진에 대한 '생사여탈권'을 국회의원이 갖고 있기 때문에 가능한 일이다.

# 3. 서로 다른 캐릭터 소유한 299명 '오너'

> 똑같은 목적과 역할을 갖고 있음에도 불구하고 의원실마다 차이가 존재한다는 것은 국회의 또 다른 특성 가운데 하나이다. 이는 국회의원 한 개인의 관심과 정서, 그리고 심지어 취향에 의해 각 의원실이 운영된 데 따른 것이다. 이 때문에 보좌진들은 "국회에는 299개의 서로 다른 회사가 존재하고 있다"고 말한다.

### 의원실마다 서로 다른 차이 존재

기존 사회통념과 다른 조직운용에 이어, 같은 목적과 역할을 갖고 있음에도 불구하고 의원실마다 서로 다른 차이가 존재한다는 것을 국회의 또 다른 특성으로 거론할 수 있다. 이는 무엇보다 서로 다른 성격을 소유한 299명의 '오너'가 존재하는 데 따른 것이다. 다시 말해 '오너'인 국회의원의 경험과 관심·정서, 심지어 개인적 취향에 맞춰 일을 취급하고 처리하는 데 따라 의원실간에 서로 다른 차이가 존재한다는 것이다.

이런 점에서 각 의원실은 한마디로 정의하기 어려울 정도로 서로 다른 방식과 법칙에 의거해 움직이고 있다. 또한 처리하는 일도 모두 똑같지 않다. 형식과 내용뿐 아니라 양과 질 모두에서 그렇다.

이 같은 일은 심지어 보좌진의 고유 업무라 할 수 있는 질의서 작성이나 자료요구에서도 똑같이 나타난다. 단적인 예로 초선인 경우, 상임위원회와 국정감사 등을 통해 이른바 세인들의 이목을 끌 수 있는 보도자료를 배포하는 것은 대단히 중요한 일이다. 언론에 보도되면 그만큼 이슈화하는 것이 용이하기 때문이다. 그러나 삼선 이상 되면 상황은 달라진다. 이른바 '중진'이기 때문이다. 중진은 초선처럼 '튀는 행동'을 하지 않으려 한다. 그게 국회 관례이자 전통이다. 여기서 의원의 나이는 중요치 않다. 단지 국회의원을 몇 번째 하고 있느냐가 중진을 판단하는 중요한 근거이다.

간혹 초선임에도 불구하고 중진처럼 행동하는 의원도 있다. 이는 이미 국회의원이 되기 전에 행정부의 중요한 자리들을 두루 경험해 지방의 이름 없는 초선과는 지명도에서 분명한 차이를 보이고 있는 경우에 해당한다. 이럴 때도 초선처럼 '튀려고' 하지 않는다.

만약 한 상임위원회의 위원장이 되면 아예 질의서 자체가 필요 없다. 상임위원장의 경우 해당 상임위원회의 회의를 주재하다 보니 개인적으로 질의를 하는 것이 불가능하고, 그러다 보면 질의서 작성과 이에 앞선 자료요구조차 필요치 않은 것이다. 따라서 이런 사무실은 '실무'보다는 '의전'이 더 중요한 업무가 되고 또한 이것이 업무의 대부분을 차지한다.

이뿐만이 아니다. 의원 개개인의 서로 다른 캐릭터는 다양한 분야에서 더 많은 차이를 낳는다. 예컨대 의원의 경험과 정서에 따라 A 의원실에서는 어떤 일을 '가'의 방식으로 처리하지만 B 의원실에서는 '나'의 방식으로 처리할 수 있다는 것이다. 또 A 의원실에서는 중요한 일이 B 의원실에서는 그렇지 않거나 심지어는 그런 일을 아예 하지 않는 경우도 있다.

주 5일 근무를 예로 들어 좀더 자세히 설명해 보자. 경찰과 소방 등 특수직을 제외한 일반직 공무원은 이미 2005년 하반기부터 주 5일제 근무를 실시하고 있다. 이는 국회의 본청 및 도서관 직원들도 마찬가지다. 그러나 국회에서 예외인 곳이 하나 있다. 바로 의원회관, 즉 보좌진이다. 보좌진이나 본청, 도서관 직원 할 것 없이 모두 국회라는 한 울타리 안에 근무하고 있다. 신분도 모두 공무원으로 똑같다. 그러나 본청 및 도서관 직원들이 주 5일 근무하는 것과 달리 보좌진들은 토요일에도 근무한다.

물론 299개 의원실 모두 다 그런 것은 아니다. 크게 2가지 형태로 구분된다. 우선 '주 5일제'는 국회가 만든 법이니 스스로 지키는 모범을 보여야 한다며 토요일에는 근무하지 않는 의원실이 있다. 하지만 반대로 공무원이라고 하더라도 보좌진은 국회의원을 보좌하는 개인비서라는 특별한 신분을 갖고 있고, 더구나 지역 또는 민원인 등이 전화를 하거나 찾아오기도 하니 근무해야 한다는 의원실도 있다. 양자간의 비율을 살펴보면, 우리 사회에 주 5일제 근무가 도입된 지 2년 반이 지난 지금 이를 시행하는 의원실은 60~70%쯤 되는 것 같다.

그나마 이것도 국정감사나 임시회 등 '특별한 상황'을 제외한 것이다. 임시회나 정기회 등의 회의가 개최되면 상황은 반전돼 주 7일제 근무도 흔한 일이 돼 버리기도 한다. 물론 반대로 국정감사기간임에도 불구하고 주 5일제를 준수하는 의원실도 있다. 앞서 예를 들었던 국정감사를 치르지 않는 의원실이 이에 해당한다.

### 의원의 '캐릭터'가 모든 것 좌우

한편 토요일에 근무하더라도 보좌진 모두 평일과 다름없이 근무하는 곳과 전부 근무하기에는 부담스러우니 반반씩 나눠 교대로 근무하는 곳, 또 이 밖에도 순번을 정해 1~2명이 돌아가면서 전화나 받으러 나오는 의원실까지 주 5일제 근무는 다양한 형태를 띠고 있다.

그러나 운영형태야 어떻든 토요일 근무를 주장하는 의원의 경우, 대부분 그 이면에는 '국회의원에게 휴일이 어디 있느냐'라는 사고가 깔려 있다. 다시 말해 의원들은 '표'를 위해 주말과 휴일에도 갖가지 지역 행사에 참석하는 만큼 자신을 보좌하는 직원들 또한 놀거나 쉬어서는 안 된다는 것이다. 이른바 사적 영역이 강조되는 '특수직'이라는 것이다.

이런 의원과 함께 일하면 힘든 것은 각오해야 한다. 물론 이 경우 가장 큰 피해를 보는 사람은 일반적으로 수행비서라고 불리는 운전수다. 의원의 행사 참여에 맞춰 운전을 해야 하는 만큼 자연 주말과 휴일을 반납하지 않을 수 없기 때문이다. 반드시 그런 것은 아니지만, 이런 현상은 삼선 이상의 중진들과 달리 지역적 기반이 공고하지 못한 초선 의원실에서 더 빈번하게 나타난다.

국회의원의 경험과 취향에 따른 편차는 심지어 국가에서 주는 '월급'이라도 예외일 수 없다. 보좌진에 대한 임면권任免權은 국회의원에게 주어져 있지만 신분이 별정직 공무원인 관계로 월급은 국가로부터 받는다. 그러나 국가에서 주는 월급도 '의원에 따라' 그 액수에 차이가 있다. 여기서 말하는 '의원에 따라서' 라는 말은 국가에서 주는 보좌진의 개인별 법정월급도 오너가 누구냐에 따라 더 받기도 하고 덜 받기도 한다는 것을 의미한다. 혹 개인도 아닌 국가에서 주는 월급이 의원에 따라 차이가 있다는 말이 언뜻 이해가 안 될지 모르겠지만, 사정은 이렇다.

국회에는 '풀제' 라는 것이 있다. 우리가 흔히 말하는 인력풀을 의미하는 것이기보다는 월급을 나눠 쓰는 것을 의미한다. 예를 들면 이런 식이다. 3명분의 월급을 합쳐 4명이 나뉘나 직급별로 나눠 쓰거나 혹은 개인별로 자신이 받은 월급에서 일정액, 이를 테면 30만 원 혹은 50만 원씩 떼서 특정인에게 준다. 간혹 가공의 인물, 예를 들면 실제 근무하지 않으면서 주변의 가까운 사람을 보좌진으로 등록시킨 뒤 월급은 의원이 개인적으로 갖고 가는 경우도 있고, 직원들의 월급에서 일정액을 떼서 사무실 운영경비로 쓰는 의원실도 있다.

이 같은 '풀제' 는 상대적으로 여당에 비해 후원금이 덜 들어와 경제적으로 어려운 야당에서 더 많이 나타나는데, 그나마 다행인 것은 민주노동당과 같은 '특수한 상황' 을 제외하고는 차츰 줄어들고 있는 추세라는 것이다. 최근 들어서는 더 주지는 못할 망정 '법정월급' 을 나누거나 혹은 거기서 일정액을 뗀다는 것은 이유야 어떻든 의원실에 문제가 있는 것 아니냐는 분위기가 팽배해 있다. 사실 똑같이 일했는데도 월급이 남보다 적다면 그건 문제가 아닐 수 없다. 스스로 자존심의 문제이기도 하거니와 직원들 사기와도 밀접히 관련돼 있기 때문이다.

소수이긴 하지만 의원이 월급인 세비歲費를 집에 가져가지 않음에 따라 사무실 경비로 쓰는 의원실도 있다. 이 경우 세비는 직원들 밥값이나 회식비용으로 사용되는데, 어디는 사정이 여의치 못해 직원들 월급에서 일정액을 떼거나 풀제로 운영하는 데 반해 어디는 의원 세비를 식대와 회식비용으로 쓸 만큼 의원실간에도 많은 차이가 존재한다. 의원의 세비가 아니어도 국회에서 지급하는 각 의원실의 운영경비에서 일정액을 떼 직원들 점심 값으로 지급하는 사무실도 있다. 반면 사무실에서 일상적으로 쓰는 음료나 커피도 직원이 사야 하는 경우도 없지 않아 299개 의원실은 그야말로 제각각이다.

보좌진 채용이라고 해서 의원 개개인의 사적 행태를 벗어날 수는 없다. 객관적인 능력 위주로 인선하는 곳, 지역구에서 사람을 데려다 쓰는 곳, 당직자 자녀를 데려다 쓰는 곳, 의원의 전 근무지에서 데려다 쓰는 곳, 친인척과 형제 혹은 자녀 등을 등록시키는 곳, 이 가운데 한두 가지 요소를 섞는 곳 또는 이 모든 요소를 다 섞어서 사용하는 곳까지 보좌진 채용형태 또한 다양하다. 뿐만 아니다. 직원과 관련해서도 법정인원인 6명을 다 쓰는 곳에서부터 이것도 모자라 의원이 사적으로 경비를 부담하면서 직원을 더 쓰는 곳이 있는가 하면, 반대로 딸랑 2~3명만 쓰는 곳까지 실무를 담당하는 보좌진 숫자도 의원실마다 서로 다르다.

### 국회에는 서로 다른 300개 회사(?) 존재

이처럼 각 의원실은 어느 것 하나 똑같은 것이 없다. 보좌진들이 흔히 "국회에는 서로 다른 300개 회사(정확하게는 299개의 의원실)가 있다"고 하는 것도 바로 이런 특성에 기인한 것이다.

이상의 논의를 통해 우리가 얻을 수 있는 시사점은 바로 의원실이라고 해서 299개 모두 똑같지 않으며, 동시에 그렇기 때문에 보좌진으로 근무하고자 할 경우 어떤 의원실을 선택하느냐에 따라 대우는 물론 담당업무에 이르기까지 많은 차이가 존재한다는 점이다. 다시 말해 어떤 사람, 즉 어떤 성품과 취향을 갖고 있는 의원을 만나느냐에 따라 국회생활은 전혀 달라질 수 있다.

  물론 일반 직장에서도 상사나 동료는 회사생활의 성공여부를 가늠할 수 있는 중요한 요소 가운데 하나이다. 그러나 이 경우 상사나 동료가 임면권을 갖고 있지 않으며 부서나 근무지 이동과 같은 '회피수단'이 있다는 점에서 보좌진과는 직접적인 비교가 불가능하다. 왜냐하면 부서나 근무지를 바꿀 수 없는 보좌진 입장에서, 하루 종일 얼굴을 맞대고 생활하는 임면권자인 의원이 누구냐 하는 것은 국회생활의 성패여부를 가를 수 있는 절대적 요소이기 때문이다.

# 4. 국회 보좌진 24시

> 국회의 5가지 장·단점과 2가지 특성은 보좌진에게 크게 4가지 형태의 의미를 갖는다. 첫째, 소규모 조직에 따른 보좌진의 팔방미인화, 둘째, 의원의 임면권에 따른 보좌진의 상대적 자율성 부족, 셋째, 조직의 한시성과 업무 노하우 부재로 인해 '보좌진의 질이 의원실의 질'을 대변, 넷째, 조직 내에서의 성장 한계와 성과물의 타인 귀속은 보좌진 스스로에게 발전을 강제하는 요소로 작용하고 있다는 것이다.

### 5가지 장·단점과 2가지 특성

지금까지 국회의 장·단점 5가지, 즉 정보의 바다와 우월적 지위, 조직 내에서의 성장의 한계, 조직적 업무 노하우 부재, 성과물의 타인 귀속 등을 살펴봤다. 아울러 나름의 독특한 행태에 기반해 기존 사회통념과 다르게 조직이 운영되고, 299명의 서로 다른 '오너'로 인해 의원실 간에도 차이가 존재한다는 국회의 두 가지 특성에 대해서도 살펴봤다.

그럼 여기서는 이 같은 5가지 장·단점과 2가지 특성이 보좌진과 그 업무, 그리고 보좌진 생활 등에 직간접적으로 어떤 영향을 미치며, 또 어떤 의미를 갖고 있는지에 대해 알아보자.

이는 크게 다음과 같은 4가지 차원으로 정리할 수 있다. 첫째, 조직의 소규모화와 이것이 미치는 영향, 둘째, '생사여탈권'과 그에 따른 의원과 보좌진간의 상대적 자율성 문제, 셋째, 조직의 한시성限時性과 업무 노하우 부재 그리고 실무인력의 '개인기', 넷째, 조직 내에서의 성장의 한계와 성과물의 타인 귀속에 따른 개별적인 몸값 상승 노력 등이다. 이하에서는 이를 순차적으로 살펴보도록 하겠다.

첫째, 조직의 소규모화와 이것이 미치는 영향의 문제이다. 각 의원실은 의원 1인당 보좌진 숫자가 총 6명에 지나지 않을 정도로 소규모다. 이 같은 조직의 소규모화는 보좌진을 '팔방미인'으로 만드는 요인으로 작용한다. 총 6명의 보좌진 중 사무실의 일상적인 행정업무를 처리하는 직원, 그리고 운전을 하는 직원 등 2명을 빼고 나면 실제로 사무실에서 실무를 담당하는 인원은 고작 4명에 지나지 않는다. 그러나 이 또한 어디까지나 산술적인 계산일 뿐이다. 왜냐하면 만약 1~2명의 인력이 지역사무실(과거 지구당)로 배치된다면 실제 의원실에서 일할 수 있는 사람은 많아야 2~3명에 지나지 않기 때문이다.

그런데 이들 2~3명은 글을 쓰고 자료를 챙기며 정책을 개발하고 법을 만들거나 개정하며, 또 행정부 예산과 결산을 심사하는 등의 의정활동은 물론 의원의 재선여부를 가를 수 있는 지역관련 업무까지 모두 담당하고 있다. 여기에 하루가 멀다 하고 접수되는 민원과 사무실을 찾아오는 손님들 및 전화, 그리고 홍보물 제작과 발송까지 2~3명의 보좌진은 이 모든 것을 담당하며 처리하고 있다. 시대의 변화와 함께 최근 들어서는 메일과 홈페이지 관리 등의 업무도 추가됐다. 심지어 의원에 따라서는 개인적인 일까지 시키는 경우도 없지 않다.

아무튼 상황이 이와 같을 때 담당업무나 업무분장 혹은 누가 전담하는 것 등은 큰 의미를 가질 수 없다. 누구나 이 모든 일을 잘 처리하지 않으면 안 되며, 또 그렇게 해야만 의원실이 굴러가고 유지될 수 있는 것이다. 바로 이 때문에 보좌진은 자연 '팔방미인'이 되지 않을 수 없다. 그야말로 '전방위적'으로 업무를 수행해야 하고, 때에 따라서는 이齒 없으면 잇몸으로라도 뭔가를 하지 않으면 안 되는 것이 바로 보좌진의 특성이다. 요컨대 팔방미인이 되지 않으면 절대 살아남을 수 없는 직업이 바로 보좌진이다.

### 보좌진은 '팔방미인'

보좌진이 팔방미인이 되지 않으면 안 되는 이유는 또 있다. 2년마다 반복되는 상임위원회 교체가 그것이다. 의원이 담당하는 상임위원회는 2년 단위로 바뀐다. 예를 들면 국회의원 임기 4년 중 전반기 2년 동안은 재정경제위원회를 하다가 후반기 2년 동안에는 행정자치위원회를 담당하는 식이다. 그런데 이 원칙이 꼭 지켜지는 것은 아니다. 간혹 2년이 채 안 됐어도 상임위원회가 바뀌는 일도 벌어진다. 의원이 특정 정당에서 탈당을 하거나 혹은 당 차원에서 필요할 때 그런 일이 벌어진다.

2007년 12월 대통령선거를 앞두고 열린우리당 의원들의 탈당과 결국 이것이 통합민주당의 탄생으로 이어지면서 짧은 기간 동안 의원들간에 적지 않은 상임위원회 교체가 있었다. 또 BBK 사건과 관련해 총공세를 펴기 위해 관련 상임위, 즉 법제사법위원회와 정무위원회를 대상으로 찾은 상임위원회 교체가 이루어졌다. 다시 말해 '화력' 보강을 위해 당 차원에서 이른바 '저격수'를 해당 상임위원으로 교체 투입한 것이다.

이 밖에도 지역 민원을 해결하기 위해 상임위원회 교체가 이루어지기도 한다. 가령 지역에 지하철을 건설하기 위해 어느 날 갑자기 건설교통위원회로 상임위원회를 바꾸는 것이다. 2년마다 이루어지는 상임위원회 교체는 예측 가능한 일이다. 그러나 느닷없이 교체가 이루어지면 누구라도 곤란을 겪지 않을 수 없다. 그런데 어제까지 건설교통위원회를 담당하다 오늘 갑자기 교육위원회로 바뀌어도 보좌진은 자료를 요구하고 질의서와 보도자료를 만들어야 한다. 갑작스레 바뀌어 업무파악도 제대로 이루어지지 않았다고 손놓고 있을 수 없기 때문이다.

그렇게 되면 질의서가 없는 데 따라 의원은 아예 회의에 참석하지 않거나 아니면 참석하더라도 한마디도 못한 채 그냥 자리만 지켜야 한다. 이런 사태가 발생하지 않도록 하는 것은 보좌진이 순발력 있게 대응하는 것밖에 없다. 그러므로 보좌진이 상임위원회를 중심으로 의원을 바꾸겠다고 생각하지 않는 한, 어느 한 분야만 알고 또 그것만 잘해서는 안 된다.

한편 '팔방미인'은 보좌진 입장에서 볼 때 전공과 학력의 의미를 약화시키고, 나아가 '학습'하듯 일을 배워서는 안 되며, 한 분야에 대한 전문성을 키우기 어렵다는 것과 함께 그렇기 때문에 진짜 필요한 능력은 순발력과 감각이라는 것을 의미한다.

보좌진으로 생활하는데 과연 '전공'과 '학력'은 얼마만큼 의미를 가질까? 국회 밖에서는 어떤지 모르겠지만, 적어도 보좌진으로 생활하는 데는 큰 의미를 갖지 못한다는 게 글쓴이의 생각이자 경험이다.

우선 보좌진이 담당해야 하는 많은 일 가운데 전공과 학력을 필요로 하는 분야는 상임위원회와 국정감사 정도다. 다시 말해 보좌진의 전체 업무 가운데 30~40% 정도만 전공 및 학력과 관련된 업무이다. 그런데 그나마 관련성을 갖고 있는 업무마저 2년 단위로 바뀐다면, 과연 전공과 학력이 의미를 가진다고 할 수 있을까?

이 밖에 관련성이 있다고 하더라도 일하는 방식이 서로 같지 않아 이 또한 전공 및 학력의 의미를 퇴색시키고 있다. 예들 들어 보자. 상임위원회와 관련된 질의서는 의회에서만 필요로 하는 작업이다. 다시 말해 건축학 박사를 전공했다고 '질의서'를 써 봤거나 당연히 쓸 수 있는 건 아니라는 것이다. 이들은 단지 '보고서'와 '논문'만 썼고 또 쓸 수 있을 뿐이다. 질의서와 논문이 서로 다른 별개의 영역이고 작업방식 또한 완전히 다르다는 것을 굳이 이 자리에서 자세히 설명할 필요는 없을 것이다. 이는 경제학자가 왜 주식으로 돈을 벌지 못하는지를 설명할 필요가 없는 것과 같은 이치다.

### 보좌진의 '전문성'과 '충성심'

이런 점에서 전공과 학력보다는 오히려 '글쓰기' 능력이 보좌진으로 근무하는 데 더 큰 도움이 되고 또 필요한 요소이다. 보좌진이 담당하는 업무의 대부분은 글쓰기를 필요로 하는 데 따라 보좌진이면 누구나 갖춰야 할 가장 기본적인 능력이기 때문이다.

어느 날 갑자기 상임위원회가 바뀌고 또 바뀐 그날부터 관련 질의서를 써야 한다는 것은 보좌진이 전문성을 키우기 어렵고 따라서 '학습'하듯 일을 처리해서는 안 된다는 의미를 갖고 있다. 실제로 전문성은 최소한의 시간을 필요로 한다. 그런데 2년마다, 아니 어느 날 갑자기 담당 상임위원회가 바뀌어 버리는 상황에서 차분히 시간 갖고 내용을 천착하며 공부하고 그에 따라 전문성을 키운다는 것은 지극히 비현실적인 얘기가 아닐 수 없다. 보좌진은 내용을 모르고 전문지식이 없더라고 바뀐 상임위원회에 맞게 일을 해야 한다. 바로 이 때문에 보좌진에게 진짜 필요한 능력은 '순발력'과 '감각'인 것이다.

이렇게 볼 때, 보좌진 입장에서 '팔방미인'은 전문성과 상치되는 의미를 갖고 있다. 그럼 이 같은 조건 속에서 어떻게 하면 보좌진이 '전문성'을 키울 수 있을까? 세상은 점점 더 스페셜리스트를 원하고 있다. 전문가만이 가치를 인정받는 세상으로 변해 가는 것이다. 전문성은 다른 말로 표현하면 '대체 가능성을 낮추는 것'이다. 나 아니면 안 되기 때문에 누구도 대신할 수 없어 구조조정과 명예퇴직에도 굳건히 자신의 자리를 지킬 수 있는 것을 의미한다.

그런데 국회는 세상과 정반대로 움직이고 있다. 이 경우 보좌진이 할 수 있는 방법은 하나의 상임위원회를 중심으로 의원을 바꾸는 것이다. 다시 말해 건축학을 전공해 건설교통위원회를 담당했는데, 어느 날 갑자기 상임위원회가 바뀌면 건설교통위원회를 하는 다른 의원실로 옮기는 것이다. 하지만 때맞춰 자리가 나는 것도 아니고, 또 이 같은 자리 이동이 아직 보편적인 방식도 아니어서 어려움이 뒤따른다.

의원들은 보좌진을 처음 선발할 때는 상임위원회와 관련된 '전문성'을 보면서도 상임위원회가 바뀌었다고 해서 보좌진을 교체하지 않으며, 그 이면에는 자신에 대한 '충성도'가 깊게 자리하고 있다. 다시 말해 의원들은 처음에는 전문성에 근거해 보좌진을 선발하고도 상임위원회가 바뀌었어도 교체하지 않는 '모순'을 연출하며, 오히려 상임위원회를 중심으로 의원을 바꾸는 보좌진을 '충성심'이 약하다고 꺼려 하는 것이다.

한편 보좌진을 팔방미인으로 만드는 조건은 동시에 의원실 업무 구조를 피라미드형이 아닌 수평형으로 만들어 버린다. 물론 조직 형태는 보좌관과 비서관, 비서로 이어지지만 이처럼 2~3명이 여러 가지 많은 업무를 처리하는 데 따라 피라미드형 구조로 업무를 분장할 수 없어 결국 모든 일을 일정부분 나눠 서로 분담하는 형태로 처리한다.

'인턴'도 예외는 아니다. 단 여기에는 비중과 부담이라는 부분이 전제돼, 인턴에게는 비중과 부담이 작은 부분의 일이 주어지고 비서관과 보좌관은 비중이 좀더 크고 부담도 많은 부분의 일을 담당한다. 인턴이 보좌관과 마찬가지로 자료를 요구하고 질의서를 써야 하는 것도 바로 이 같은 상황에 근거한 것이다.

### '한 사람'만을 위한 존재

둘째, '임면권'과 그에 따른 의원과 보좌진간의 상대적 자율성 문제이다. 보좌진에 대한 의원의 임면권 보유는, 기본적으로 보좌진을 '한 사람만을 위한 존재'로 만들어 버린다.

현재 국회 보좌진들은 의정활동 '보좌'라는 역할과 동시에 의원의 '개인비서'라는 개념이 혼용되면서 하루 24시간 직장에 매어 있다. 물론 대한민국의 직장치고 야근과 특근이 없거나 직장에서의 호출에 '휴일'이라고 나 몰라라 할 수 있는 곳은 많지 않을 것이다. 그러나 국회의 경우 그 정도나 내용면에서 차이가 있다.

흔히 외국인들이 우리를 보고 가장 놀라는 것 가운데 하나가 바로 야근과 특근을 밥 먹듯 하는 것이라고 한다. "고용이란, 한정된 시간과 노동력을 돈을 주고 사는 것"이라고 생각하는 서구의 사고방식에서 볼 때, 야근과 특근이 일상화된 한국사회는 분명 이상한 나라가 아닐 수 없을 것이다. 하지만 국회는 이보다 더하다. 왜냐하면 단순히 야근과 특근만이 아니라 24시간을 의원에게 얽매여 있기 때문이다. 이는 바로 보좌진이 정책 업무를 담당하는 '실무인력'임과 동시에 자신에 대한 임면권을 갖고 있는 국회의원의 '개인비서'이기 때문이다.

그러다 보니 같은 공무원이라고 해도 행정부 공무원들과 달리 출·퇴근시간이 정해져 있는 것도 아니고, 자기 영역의 일이나 업무만 처리하면 되는 것도 아니다. 특히 임면권자의 '눈치'를 보지 않고 행동하는 것은 쉽지 않은 일이다. 여기에는 행정부와 달리 모시는 상사가 의원이자 바로 임면권자라는 중요한 차이가 존재하기 때문이다.

일반 공무원의 경우 자신이 모시는 분이 상사나 기관장일 수는 있지만 곧 임면권자는 아니다. 예컨대 행정의 최말단 조직인 동사무소만 하더라도 직원마다 각자 자기 영역과 행동반경이 존재하고, 나아가 이와 관련해서는 배타적 권한을 행사할 수도 있다. 물론 계장이나 과장이니 하는 사람들이 있지만 이들이 곧 자신의 '존재' 자체에 직접적인 영향을 미칠 수 있는 건 아니다. 이들은 단지 역할에 따른 연장자 또는 상사 이상의 의미를 갖지 못한다.

그러나 국회는 상황이 다르다. 보좌진의 경우 의원이 상사인 것은 물론 자신의 '생사여탈권'을 쥐고 있는 임면권자이다. 따라서 그들의 의사나 판단과 사고방식에서 자유로울 수 없다. 더 중요한 것은 국회의원을 보좌하는 데 따라 새벽과 공휴일을 가리지 않고 하루에도 몇 차례씩 연락을 주고받는 것은 물론 지시사항을 이행하고 그 결과를 보고함으로써, 개인적 시간을 확보하는 데 어려움이 있다는 것이다. 이는 업무가 많든 적든 또 그 강도가 세든 약하든 상관없이 보좌진이면 너나 할 것 없이 '정신적' 측면에서 의원에게 얽매이지 않을 수 없다는 것을 의미한다.

대부분의 직장은 오너-임원-중간간부-직원 등의 다층적인 구조를 이루고 있어 임원을 제외한 나머지 직원들이 '오너', 즉 이른바 생사여탈권을 쥐고 있는 임면권자를 직접 대면할 수 있는 기회는 많지 않다. 오너를 직접 대면해 업무를 지시받고 보고하거나 의견을 제시하는 것 등은 임원 몇 명과 비서에게 국한된 일이다. 일반 직원들은 특별한 행사가 있을 때 어쩌다 먼발치에서 오너를 보는 게 전부다.

그러나 국회는 그렇지 않다. 일단 보좌진은 늘 임면권자인 의원과 함께 생활한다. 그것도 제한된 공간에서 얼굴을 맞댄 채 온종일 함께 있다. 오너와 사무실 공간이나 층 또는 근무지역을 달리하는 사람들은, 다른 것은 차치하고라도 오너와 하루 종일 얼굴 맞대고 근무하는 것이 결코 쉽지 않은 일이라는 것을 잘 모를 것이다. 더욱이 출입구가 서로 다른 것도 아니며, 공간이 넓어 뚝 떨어져 앉는 것도 아니다. 조금만 목소리를 높이면 의원이 들을 수 있을 정도로 공간이 협소해 큰소리도 내지 못한다. 만약 의원의 기분이 좋지 않은 날이면, 내 의사와 무관하게 의원실 분위기 또한 하루 종일 무거울 수밖에 없는 게 바로 이곳 생리다. 일반적으로 각 의원실의 벽시계는 5분 정도 빠른데, 이는 의원이 한시라도 빨리 사무실에서 퇴근하기를 바라는 보좌진의 마음이 만들어 낸 결과이다.

### 양식 있는 의원이 가족 같은 의원실 만들어

퇴근 후와 공휴일에는 휴대폰을 매개로 의원에게 얽매여 있다. 대한민국의 어떤 직장 어떤 직원들이 퇴근 후와 공휴일에도 수시로 오너와 전화를 주고받으며 지시받고 그 결과를 보고하겠는가? 일반회사의 경우 오너와 늘 전화를 주고받는 사람은 구체적인 실무를 담당하지 않을 것이고, 반대로 실무를 맡는 사람은 직접 오너와 전화를 주고받지 않을 것이다. 그런데 보좌진은 이 두 가지 일을 다 해야 한다. 아마 보좌진이라는 자리가 힘들고 어려운 것도 바로 이 때문일 것이다. 다시 말해 보좌진은 의원이 언제 찾을지 모르고 또 뭘 묻거나 시킬지 모르기 때문에 늘 '긴장의 끈'을 늦출 수 없다는 것이다.

한편 임면권을 통해 행해지는 '생사여탈권'은 의원과 보좌진의 관계를 규정하는 중요한 요소로 작용한다. 생사여탈권으로 보좌진이 의원에 대해 그만큼 독립적인 영역이나 역할 또는 상대적 자율성을 갖고 있지 못하다는 것이다. 한 쪽이 임면권을 갖고 있는 상황에서 보좌진이 의원에 대해 자율권을 확보하거나 독립적 영역을 구축하는 것은 말처럼 쉬운 일이 아니기 때문이다. 특히 조직의 규모가 작을수록 임면권은 더 큰 힘을 갖고 즉각적으로 발휘되는 경우가 많다. 예를 들어 구멍가게 주인이 종업원을 내치는 것은 마음만 먹으면 언제든지 가능한 일일 것이다. 여기에 복잡한 절차나 과정이 있을 리 없다. 단지 "내일부터 나오지 마라"는 말 한마디면 모든 게 끝난다. 이 경우 종업원이 주인에게 상대적 자율성을 확보하는 것은 어려운 일이 아닐 수 없다.

전체 1,800여 명에 달하는 보좌진이 개별화·파편화돼 있는 것도 이처럼 임면권을 갖고 있는 의원에 개별적으로 종속된 데 따른 측면이 강하다. 현재 국회에는 1,794명의 보좌진과 600여 명에 달하는 '인턴'이 근무하고 있다. 그러나 이들에 대한 임면권은 국회의원 299명이 갖고 있어 보좌진과 인턴은 각각 개별화·파편화된 채 존재하고 있다. 이 말은 2,400여 명에 이르는 보좌진과 인턴이 같은 처지와 상황에 놓여 있음에도 불구하고 단일한 대오를 이루지 못하는 것은 물론 노조와 같은 단체도 꾸리지 못한다는 걸 의미한다.

글쓴이는 앞서 국회가 '정보의 바다'라는 점을 첫 번째 장점으로 거론했다. 그러면서 바로 이 때문에 국회가 얼마나 공부(?)하기 좋은 곳인지, 또 다양한 자료와 정보를 쉽게 접할 수 있는 곳인지를 설명했다. 그럼에도 불구하고 국회에는 연구소 출신들이 많지 않고 또 이들은 상대적으로 오래 근무하지 못한다. 여러 가지 이유가 있을 수 있겠지만, 의원과 보좌진간의 상대적 자율성 부재를 하나의 원인으로 지적할 수 있다.

연구소는 일반 직장에 비해 상대적으로 자유로운 분위기다. 연구 주제에 대한 것은 물론 시간도 비교적 자기가 편한 대로 사용할 수 있다. 그러나 국회는 다르다. 설혹 보좌진이 매일 처리하는 업무와 성격이 연구자의 그것과 비슷하더라도 중요한 것은 바로 '비서'라는 특성 위에 기초하고 있다는 것이다.

물론 경우에 따라서는 동료의식으로 묶여 자율성이 보장되는 가운데 한 가족처럼 지내는 의원실도 없지 않다. 의원과 보좌진으로 만나기 이전부터 서로 관계를 유지하고 있었거나 오래 전부터 동료의식을 갖고 함께 일했던 경우, 예컨대 과거 동지로서 함께 '운동'을 했거나 혹은 그렇지 않더라도 '이념적 지향'이 같은 사람들에게서는 이런 현상이 나타난다.

이 밖에 의원이 훌륭한 '개인적 소양'과 '양식'을 갖고 있어 가족 이상으로 화목하게 조직을 운용하는 의원실도 적지 않다. 임면권으로 인해 의원과 보좌진이 꼭 종속된 관계를 유지하는 것은 아니라는 것이다. 그건 의원이 어떤 소양과 양식의 소유자이냐에 따라 달라지는 것이다.

### "보좌진의 질이 국회의 질"

셋째, 조직의 한시성과 업무 노하우 부재 그리고 개인기의 문제이다. 국회의 조직적 업무처리 시스템과 그에 따른 축적된 업무 노하우 부재는 무엇보다 국회가 4년 간 한시적인 조직이라는 데 기인하고 있다. 이는 자연 실무인력의 개인기에 의존해 의원실 업무가 처리되고 있다는 것을 의미한다. 조직 규모가 크고 영속성을 갖는다면 시스템과 체계에 의해 일이 처리되고 관련 노하우도 쌓이겠지만, 국회는 그렇지 않다는 것이다. 실무인력이 고작 2~3명에 불과하고 4년마다 새로 만드는 조직이다 보니 모든 것을 '개인기'를 갖춘 실무인력에 의존하지 않을 수 없는 것이다. 이 때문에 국회에는 "보좌진의 질質이 의원실의 질이다"라는 말이 있다.

실제로 보좌진이 의원의 의정활동과 관련된 자료를 모두 준비하고 만드는 상황에서 보좌진의 경험과 능력은 의원실의 질을 좌우하는 중요한 요소가 아닐 수 없다. 물론 개중에는 의원의 역량에 따라 결과에 차이가 나기도 한다. 보좌진이 아무리 최선을 다해 자료를 준비하더라도 의원이 이를 제대로 소화할 역량을 갖추고 있지 않다면 애초 기대했던 것과 다른 결과를 낳을 수 있을 것이다. 따라서 여기서는 수준이 낮고 역량이 부족한 의원은 예외로 하고 의원이 최소한의 지적 능력을 가졌다는 것을 전제로 한 것이다.

이 경우 보좌진의 경험과 역량에 따라 자연 결과에 많은 차이가 존재한다. 글쓴이가 "보좌진의 질이 의원실, 아니 국회의 질이다"라고 자신 있게 말하는 것도 이런 맥락에서 이해할 수 있다.

세상은 직원의 가치가 점점 중요한 시대로 변하고 있다. 과거에는 고객이 제일 중요했는데, 그에 앞서 직원의 가치를 중요시하는 것이 최근의 글로벌 경영 트렌드다. 2008년 초 '직장인의 천국을 구현하는 한미파슨스'란 채용 공고문은 사회적으로 큰 반향을 불러일으켰다. 이는 "모든 경영 현안의 최우선 순위를 내부 구성원들에게 둔다"는 김종훈 한미파슨스 대표의 경영철학을 보여 주기 때문이다. 여의도 국회 바로 건너편에 있는 현대카드는 장시간 근무해도 피곤하지 않도록 모든 직원에게 개당 100만 원이 넘는 의자를 제공하고 있다. 이 또한 직원 중시 경영의 한 예이다.

그런데 국회는 구조적으로 직원을 중요시하지 않으면 안 되는 조직이다. 일차적으로 모든 자료가 보좌진 차원에서 준비되는 데 따라 실무인력 한 사람의 역량에 의해 의원의 의정활동 결과가 달라지기 때문이다. 그래서 그 동안 쌓아 온 노하우를 제대로 발휘할 수 있는 경험 많은 직원 한 명이 아쉬운 곳이 바로 국회다. 임기 4년의 한시적 조직이라는 것과 함께 조직적 업무 노하우의 부재로 의원들은 실무인력에 기대지 않을 수 없는 것이다.

이는 초선이나 재선 의원 모두 크게 다르지 않다. 초선이라도 경험 많고 능력 있는 사람들로 보좌진을 구성한다면 곧바로 보좌진의 경험과 능력을 자신의 것으로 만들 수 있다. 하지만 재선이라도 그 반대의 상황이 벌어지면, 제대로 된 질의서 한 장 없이 빈손으로 회의에 참석해야 하는 것이다.

그런데 이처럼 국회의 '경험자 우대'는 동시에 외부인에게는 진입장벽으로 작용하는 측면이 강하다. 다시 말해 경력자가 선호되는 데 따라 국회 경험이 없는 외부인이 보좌진이 되는 데는 적지 않은 어려움이 있다는 것이다. 각 의원실의 보좌진 구인 광고 중 '경험자 우대'라는 조건이 빠지지 않는 것은 이런 사실을 뒷받침해 주고 있다.

한편 각 의원실의 실무역량인 보좌진의 개인기도 서로간에 차이가 있다. 이는 보좌진 각자의 노하우가 국회 차원의 교육이 전제되지 않은 가운데 개별적으로 축적되고 만들어진 데 따른 것이다. 여기에 '오너'가 서로 다른 299명이라는 조건 또한 영향을 미치는 요소로 작용했다.

그 결과 국정감사를 준비하는 방법에서도 글쓴이는 피감기관을 상대로 '자료요구 고정메뉴 20가지'부터 보내는 데 반해, 누구는 피감기관의 업무보고서를 읽는 것으로 국정감사를 시작하기도 한다.

### 국회는 보좌진의 발전을 '강제'하는 곳

넷째, 조직 내에서의 성장의 한계와 성과물의 타인 귀속에 따른 개별적인 몸값 상승 노력의 문제이다. 앞서 살펴본 보좌진의 '개인기' 문제도 그렇지만, 성장의 한계와 자신의 성과물이 없다는 것은 보좌진으로 하여금 '1인 기업가'가 되도록 하는 조건으로 작용하고 있다. 조직의 한시성 또한 이에 적지 않은 영향을 미치고 있다.

그 결과 보좌진은 직업적 안정성을 유지, 즉 다른 의원실로 이동하기 위해서는 스스로 전문성을 쌓지 않으면 안 되며, 그렇지 못할 경우에는

4년마다 찾아오는 조직적 변동기에 자연 도태되지 않을 수 없는 것이다.

이와는 다른 차원에서 조직 내에서의 성장의 한계와 성과물 부재라는 두 가지 요소는 '선출직'을 희망하는 보좌진에게도 자신만의 성과물 내지 특별한 이력을 만들도록 강제하는 역할을 하고 있다. 왜냐하면 보좌진 10년 한다고 자연 국회의원 되는 것도 아니고, 또 보좌관 했다는 경력 하나만으로는 제아무리 국회를 잘 알고 있어도 다른 상대에게 경쟁력을 가질 수 없기 때문이다. 이에 따라 대학원을 다니거나 여타 사회적 참여를 통해 다양한 이력을 만드는 것은 선출직을 희망하는 보좌진들에게서 공통적으로 나타나는 현상이다.

이처럼 보좌진이라는 직업은 내부적 경쟁과 구조조정이 없음에도 불구하고 그 어느 직업보다 자기계발과 발전에 대한 '외부적 강제'가 강하다. 의원 1인당 보좌진이라야 겨우 6명에 불과하다 보니 직원간 경쟁은 존재하지 않는다. 4급 보좌관을 빼고는 직급당 직원이 1명밖에 안 되고, 더구나 7급과 9급 비서는 대부분 운전기사와 여직원인 마당에 보좌직원 간 경쟁은 애초부터 불가능한 일이기 때문이다. 물론 승진과 관련한 경쟁을 얘기할 수도 있다. 그러나 승진 또한 이를 위한 시험이나 최소한의 조건, 예컨대 근속연수나 나이제한이 없는 만큼 밖에서 보는 것과 달리 승진과 관련된 경쟁은 사실상 거의 없다.

승진이 단순히 나이 위주로 이뤄지다 보니 국회에는 승진을 위해 반드시 이수하지 않으면 안 될 '연수과정'도 없다. 한편 승진 못지않게 직원들의 자기계발을 강제하는 외적 요소로는 '구조조정'을 들 수 있다. 그러나 최고의 이익을 남겨야 하는 영업조직도 아니고, 그렇다고 경비 절감의 과제가 주어지지도 않는 국회에서 구조조정이란 말은 존재하지 않는다.

이렇게 보면 승진 경쟁과 구조조정이 없다는 점에서 보좌진이 대단히 편한(?) 직업으로 느껴지기도 할 것이다. 더욱이 별정직 공무원인데다 우월적 지위에, 자료에 대한 자유로운 접근권까지 갖고 있다고 할 때 매력적인 직업으로 받아들여지지 않을 수 없다.

그러나 의원의 낙선에 따른 실직과 재직 중 행해지는 의원의 면직 처분으로, 보좌진은 오히려 '상시적인 위험' 속에 살고 있다. 바로 이 때문에 다른 의원실로의 이동을 통해 직업의 안정성을 꾀하며, 이를 위해 전문성을 쌓고 자기 발전을 모색하는 것이다.

### 직업으로서의 보좌진

보좌진이 어떤 직업인지를 잘 아는 사람들의 말을 빌리면, 그들은 "보좌진이 겉은 화려하고 연봉도 많은 것 같지만 의원에 따라 안정성이 좌지우지되는 비정규직이다"라고 단정 짓는다.

글쓴이가 생각하는 보좌진은 이렇다. 흔히 일반인들이 말하는, 의원에 대해 종속성이 심하고 상대적으로 직업적 안정성이 떨어지는 것은 사실이다. 그러나 여기에도 개인차가 존재하는데, 이는 제2장 「직업으로서의 보좌진과 직업적 안정성」에서 다시 설명하겠다.

우리 사회의 일반적인 통념과 다른 조직 운용, 거기다 서로 다른 299명의 오너로 인해 의원의 캐릭터가 모든 것을 좌우하는 것 또한 크게 틀린 말은 아니다. 특히 보좌진의 임명과 면직이 조직과 시스템을 대신해서 '사적 방식'으로 처리되곤 하면서 이것이 직업적 안정성을 해치는 주요한 요인으로 작용하기도 한다.

그러나 이를 달리 생각하면 곧 긍정적 요인이 될 수도 있다. 당장 나이나 성별에 구애받지 않고 누구나 시험 없이 4급 보좌관이 될 수 있다. 9급 공무원 시험이 거의 '고시' 수준인 요즘, 누구나 시험을 보지 않고 4급부터 9급 공무원이 될 수 있다는 건 분명 '행운'임에 틀림없다. 4급 보좌관 같은 경우 일반직이라면 21년을 근무해야 할 연봉과 지위를 누린다. 또 9급 여직원 가운데는 여고 졸업자나 강원도 골짜기의 이름 없는 대학 출신도 있다.

이렇게 볼 때 '시험'이라는 노력과 대가를 치르지 않은 채 어느 날 갑자기 4급 보좌관이 되고 듣도 보도 못한 지방대 출신이 9급 비서가 됐으니, 그에 상응해 면직 절차가 쉬운 것 또한 자연스런 이치라 할 수 있다. 높은 리스크에도 불구하고 낮은 이익은 없고, 반대로 낮은 리스크에 높은 이익이 없는 것은 세상이치기 때문이다.

보좌관 입장에서 종속은 상사가 딸랑 한 명이라는 의미를 갖는다. 막말로 한 명만 구워삶으면 선거에서 낙선하지 않는 한 계속 갈 수도 있다. 층층시하의 구조를 이루고 있지 않고 신속한 의사결정도 가능하다. 단지 그 상사가 임면권을 가졌다는 것이 좀 다를 뿐이다.

사회 통념과 다른 조직 운영은 역으로 행정부 공무원처럼 제도나 틀로 얽매이지 않아도 된다는 걸 의미한다. 구두보고나 전화를 이용하는 데 따라 과장–국장–실장–차관–장관으로 이어지는 복잡한 결재과정도 생략된다.

직업적 안정성은 떨어지지만 전문성을 담보로 자리 이동을 통해 얼마든지 안정성을 연장할 수 있다. 특히 의원실을 바꾸는 것도 부정적으로 볼 일만은 아니다. 서로 다른 의원과 일하는 데 따라 각각의 특성을 보고 배울 수 있기 때문이다.

흔히 국회의원이 된 사람은 뭔가 남과 다른 한 가지 특징이 있다고 얘기한다. 똑똑하든, 부지런하든, 대인관계가 좋든, 돈이 많든, 성격이 좋든, 하다못해 오지랖이 넓든 그 한 가지 남과 다른 차이가 의원이 될 수 있는 원동력으로 작용한 것이다. 따라서 자리를 이동하면 이처럼 서로 다른 의원의 특성을 경험할 수 있다. 경우에 따라 그런 의원들을 인생의 선배나 '멘토'로 삼을 수 있다.

보좌관은 준비하기에 따라 4급에서 일약 장관급인 국회의원도 될 수 있다. 아마 4급 공무원 하다가 바로 장관급으로 계급 상승을 이뤄 낼 수 있는 직업은 보좌관 말고는 흔치 않을 것이다. 그래서 보좌진은 '벤처'라는 소리도 듣는다. 유시민 의원을 비롯해 17대 국회의원 중 보좌진 출신은 줄잡아 10명이 넘는다. 18대도 크게 다르지 않다.

## 17대 국회의원 중 보좌진 출신은 십수 명

그러나 무엇보다 보좌진의 장점은 젊은 날에 '국정운영'을 경험할 수 있다는 것이다. 실제로 국회가 아니면 20대 후반의 젊은 나이에도 불구하고 어디서 이처럼 한 나라의 국정현장을 지켜보고 체험할 수 있단 말인가?

우선 행정부의 작동 메커니즘이나 사무처리를 간접 경험할 수 있다. 이는 일상적 삶을 살면서 생기는 관官과의 어려움을 어떻게 풀어야 하는지를 알 수 있는 계기로 작용한다. 또한 정보의 바다에서 행정부와 산하 단체를 대상으로 갑甲의 지위를 누려 보는 것도 누구나 쉽게 경험할 수 있는 것은 아니다.

법이 어떻게 만들어지고 또 일반인들의 일상적 삶에 어떤 영향을 미치는지도 보고 배울 수 있다. 특히 '입법'은 단순한 문제제기를 뛰어넘어 구체적 해결을 모색한다는 점에서 법의 현실적 힘을 체득할 수 있다. 257조에 달하는 한 해 나라 살림이 어떻게 구성·운영되는지도 보좌진이 아니면 결코 배울 수 없는 소중한 경험이다. 이는 자신이 낸 세금에 대해 다시 한 번 생각해 볼 수 있는 기회를 제공해 준다.

결론적으로 보좌진은 정책 개발과 행정부에 대한 견제와 비판, 그리고 입법을 통해 우리 사회가 직면하고 있는 모순과 문제점을 해결할 수 있어 다른 어느 직업과 다르게 국가 발전에 일익을 담당한다는 성취와 보람을 느낄 수 있다.

장담컨대 젊은 나이에 이 같은 경험은 앞으로 인생을 살아가는 데 큰 '자산'으로 남을 것이다. 그래서 어떤 자세로 임하고 배우려고 하느냐에 따라 보좌진 생활에는 큰 차이가 존재한다. 어디나 그렇겠지만 보좌진이라는 직업 또한 스스로 하기에 따라 일이 많거나 적을 수 있는 곳이다. 외부인에 대한 진입장벽이 높은 데 따라 '경험'에 기대 편히 지낼 수도 있을 것이고, 반대로 노력하기에 따라 전문성을 쌓아 많은 성취를 이룰 수 있는 것이다.

이런 점에서 스스로 준비를 거쳐 국회에 진입하고, 근무하는 내내 자기계발을 꾀한다면 얼마든지 많은 것을 얻을 수 있고 인생이모작도 미리 준비할 수 있는 직업이 바로 보좌진이다. 어떤 마음과 자세로 근무하느냐에 따라 10년 뒤 인생에 많은 차이가 발생한다. 국회 주변을 떠나지 못하며 '정치 브로커'로 살 것인지 아니면 또 다른 도약을 맞이할지는 보좌진이라는 직업 자체가 아닌 순전히 스스로의 노력여하에 달려 있다.

## 국회의 브레인, 보좌진

**류선경**(국회방송 뉴스팀장)

지방 방송사 기자 생활을 오래 하다 보니 취재과정에서 자연스레 국회의원을 알게 됐고, 보좌진과도 친분을 쌓았다. 그러나 당시 내 눈에 비진 보좌진은 '정치 브로커' 또는 흔히 말하는 '가방 모찌'에 불과했다. 물론 그 시절에는 정치에 대해서도 국회의원에 대해서도 부정적인 시각을 갖고 있었으니 보좌진이 고와 보일 리 없었다.

그런 내가 이러저러한 이유로 국회 밥을 먹은 지 5년째, 국회에서 국회의원을 바라보고, 보좌진을 지켜보며 그들에 대한 시선 또한 많이 변했다.

흔히 "국회의원들은 한 개인 개인으로서는 더할 나위 없이 훌륭한 사람들인데, 국회 안에 함께 모아 놓으면 모두 바보가 돼 버린다"고 얘기한다. 여기에는 국회의원들이 당론과 주요 당직자의 의중에 따라 흔들리며, 완장을 찬 선동가나 거수기로 행동하고 있다는 의미가 담겨 있다.

그러나 난 국회에 들어와 의원들을 곁에서 지켜보고, 현안과 관련해 개별적으로 취재하며, 그들의 가슴 한 켠에 담긴 나라와 민족, 국민과 서민을 위한 책임과 소명의식의 진정성을 알게 됐다.

그래서 국익을 위해 앞장서고, 행정부의 독주를 견제하며, 서민의 고통을 어루만지기 위해 국회의원들이 필요하다는 생각도 했다. 아울러 이 같은 의원들의 활동 뒤에는 이를 실질적으로 보좌하고 돕는 국회 보좌진이 있다는 것도 알았다.

국회에 첫 입성한 초선의원은 생소한 국회를 보좌진을 통해 체험해 간다. 법안을 발의하고, 예·결산을 심사하며, 보좌진이 파악한 행정의 난맥상을 국정감사라는 제도를 통해 지적하며 해결점을 찾아간다. 의원 혼자 의정활동의 전반을 처리한다는 것이 어불성설이고 보니, 보좌진을 통해 실무적인 지원을 받는 것이다.

보좌진은 세부적인 법안 개정안을 마련하고, 예·결산심사, 국정감사 등의 정책업무와 함께 지역 관련 실무를 모두 담당하고 있다. 다양하고 방대한 역할을 소화해 내는 보좌진을 가까이서 바라보고 확인한 것이다. 이러다 보니 보좌진의 역량이 바로 의원과 국회의 역량이라는 말이 회자되는 이유도 알게 됐다.

국회에 들어와 가장 먼저 내 시선을 사로잡은 한 여성 보좌관, 만삭의 몸에 로션조차 제대로 바르지 않아 각질이 일어난 맨얼굴로 매일 매일 국회에서 선잠을 자며 국정감사를 치러 내는 그녀는 내게 참으로 신선하고 놀라운 모습으로 다가왔다. 더구나 그녀는 보좌관으로서 자긍심을 느끼고 성취감과 보람을 맛보며 자발적으로 기꺼이 업무에 임하고 있었다. 비록 의원을 통하기는 하지만 자신이 만든 법안이 실제 입법으로 연결되고, 국정감사를 통해 제기된 문제가 해결되는 모습을 보며, 항상 열정적으로 새로운 변화에 대한 꿈을 꾸고 있다.

그리고 또 한 사람, 이 책의 저자인 서인석 보좌관은 간단한 질문에도 박식함을 자랑(?)하듯 상세하고 방대한 설명에 "이렇게 실무에 밝은 보좌관도 있구나" 싶을 만큼 꼼꼼하고 빈틈없는 사람이다. 국회 건설교통위원회 국정감사를 7번이나 치러 낸 경력에 맞게, 관련 업무를 줄줄이 꿰고 있다. 그뿐이 아니다. 자신의 노하우를 매뉴얼로 정리해 책까지 내며, 후배를 양성할 줄 아는 선배이다. 매우 부지런한 아침형 인간인데다, 마티즈를 10년째 'BMW'라 부르며 타고 다니는 실속형이다.

차량의 크기가 신분표시이고, 자기과시인 현실과는 너무도 동떨어진 서 보좌관의 이 같은 행동은 과거 '허세'와 '겉멋'이 몸에 밴 보좌진에 익숙한 나의 선입견을 확실히 깨뜨렸다.

어디 이 두 사람뿐이랴? 출퇴근과 휴일을 철저히 보장받는 공무원 세상에서 새벽과 야밤, 휴일을 관계치 않고 기꺼이 시간을 투자해 주어진 업무를 이행하고 바로 거기서 보람을 찾는 보좌진, 자신이 준비한 법안이 통과되고, 행정부를 견제하는 데서 성취를 맛보는 보좌진 하나하나로 인해 국회에 들어와 정치에 대한 생각, 의원에 대한 선입견, 보좌진을 바라보는 시선이 많이 변했다.

의원 뒤에서 묵묵히, 열심히 국회의 제 역할 찾기에 주력하고 있는 보좌진들이 든든하다. 감히 제대로 알지 못하고 멋대로 그들을 평가해 왔던 게 미안하고, 주어진 일에 최선을 다하는 그들에게 존경과 박수를 보낸다.

## 정책과 세상을 바꾸는 보이지 않는 힘

**김현기**(서울특별시의회 의원, 행정학 박사)

나의 보좌진 생활

정확히 20년 전 주변의 많은 사람들의 우려 속에 그 좋다는 정부 산하 공공기관을 그만뒀다. 요즘 말로 신도 부러워하는 직장이다. 안정적인 구조 속에 다양한 발전 기회가 기다리고 있기에 시각에 따라서는 분명 현명한 선택이 아니었다. 더구나 당시는 국회 보좌관 시스템이 지금처럼 확립된 시기도 아니었다.

그러나 더 이상 정돈된 틀 속에 안주하고 싶지 않았다. 비록 세찬 난관에 내몰리더라도 세상을 보는 눈을 보다 확대하고, 이를 토대로 국가와 사회에 다양한 기여를 통해 나름의 자기성취를 염원했다. 이것이 보좌관 생활의 시발점이다.

국회 보좌관 생활 중 가장 큰 매력은 국정에 관련된 다양한 경험 축적을 먼저 제시할 수 있다는 것이다.

일반적으로 기업조직이나 공공조직에 근무하는 경우 제한적 영역만을 접할 수밖에 없는 한계가 있지만, 국회 보좌관은 그야말로 광범위한 국가 및 지방의 정책결정과정과 집행에 대하여 체계적인 지식과 시스템을 습득할 수 있다.

특히 이슈가 된 정치적, 사회적 제반 문제와 정책들이 국회의 입법과정과 토론을 통해 심층적으로 반영되고, 그 과정 속에 보좌관의 참여와 역할이 증대될 때 성취감은 크게 신장된다. 이러한 경험은 향후 본인의 진로 결정에 결정적으로 기여하며, 국회 보좌관을 거친 수많은 인사가 각 분야에서 사회적 지위를 확보하고 있음이 이를 반증한다.

다음은 인적 네트워크 형성과 구축이 광폭으로 이루어진다.

휴먼 릴레이션, 즉 인간관계는 조직 구성원이라면 가장 중시하는 분야이다. 복잡한 사회적 구조 속에서 난해한 문제의 해법을 찾아내는 것은 지식만으로는 절대적 한계가 있기 때문이다.

보좌관 직역은 광범위한 인적 네트워킹을 통해 인간관계를 발전시킬 수 있는 최상의 활동 그라운드다. 정부와 민간에는 뛰어난 인재들과 성공한 인사들이 활동하고 있지만 이들과 자연스럽게 친화적으로 교류할 수 있는 직책이 보좌관 외에 더 비교우위에 있는지 반문하고 싶다.

보좌관은 국정에 필요한 정보 확보를 위해 누구나 접촉하고 면담할 수 있는 사회적 인식이 확립되어 있다. 사법, 행정, 문화, 언론, 기업, 스포츠 등 어디든 필요한 정책정보와 아이디어를 가진 인물이 있다면 면담할 수 있고, 그로 인해 형성되는 인적 네트워크는 가장 큰 유무형의 자산이 아닐까 한다.

다음은 정치입문의 출발점으로 활용된다는 이점이다.

정치는 '공기'와 같은 존재이다. 평소에는 그 중요성과 필요성을 인식하지 못하다가 사회적·국가적 문제가 부상하면, 비로소 우린 정치를 주목한다. 문제 해결을 위한 필요불가결한 역할이 정치이고, 규모가 커지고 세계화된 국가 조직일수록 정치의 비중은 더욱 중시된다.

보좌관 생활로서 축적된 각종 문제인식은 곧장 정치 분야 입문의 계기가 된다. 누구보다 날카로운 문제 진단과 탁월한 해법 제시 능력이 함양되어서다. 지금까지 수많은 인사들이 중앙과 지방 정치에 입문, 그 진가를 발휘하고 있음을 우리는 목도하고 있다. 문제를 치유하고 사회를 변혁하는 정치적 역할은 진정 보람 있으며, 진입에 가장 우위에 있는 보좌관 직역은 가장 큰 이점이 아닐까 한다.

이런 중요한 직역에 대해 이 계통에서 최고의 이론적 토대와 실무적 능력을 겸비한 저자에 의해 지침서가 출간되어 진심으로 반갑고, 이를 계기로 새로운 도약이 될 것을 확신한다.

제2장

# 국회 보좌진, 무엇 하는 사람인가?

1. 보좌진의 지위와 역할
2. 연봉과 상여금
3. 직업으로서의 보좌진과 직업적 안정성
내가 본 국회 보좌진 _ 국회의 숨은 보배, 그 이름은 보좌관
나의 보좌진 생활 _ 보좌진, 한국 정치의 동량으로 거듭나라!

# 1. 보좌진의 지위와 역할

> 보좌진이 뭐하는 사람인지에 대한 일반인들의 생각은 참으로 다양하다. 외부인 눈에 비친 보좌진의 모습은 '가방 모찌'부터 '전화 한 통화로 모든 것을 해결하는 사람'까지로 천차만별이다. 이는 의원의 캐릭터와 의원실의 특성에 따른 것이기도 하거니와 더 크게는 지역구냐, 몇 선이냐, 여당이냐, 당직을 맡았느냐에 따라 보좌진의 역할과 업무영역에 많은 차이가 존재하기 때문이다.

### 보좌진에 대한 다양한 인식

'보좌진'이라는 말은 일반인들에게는 별로 익숙하지 않은 단어이다. 여기서 보좌진은 국회의원과 함께 일하는 사람들, 즉 4급 보좌관과 5급 비서관 그리고 6·7·9급 비서들을 총칭하는 말이다.

보좌관이나 비서관 호칭 또한 일반인들 귀에 낯설기는 마찬가지다. 유일하게 '정치권'에서만 이 같은 직위와 호칭이 존재하기 때문이다. 그러다 보니 대부분 신문이나 방송을 통해 간혹 '청와대 안보보좌관'이나 '국회의원 보좌관'을 접하는 것이 일반인들이 알고 있는 보좌진에 대한 전부인 경우가 많다. 예외적으로 민원 등으로 국회를 방문했거나 선거 때 함께 선거운동을 해본 사람들 혹은 '국회의원 사무소'(구 지구당)에 소속돼 활동하는 사람들 정도만이 보좌진의 존재 그리고 그 지위와 역할 등에 대해 어렴풋하게나마 알고 있을 것이다.

이런 가운데 최근 들어서는 보좌진이 하나의 '전문직'으로 알려지면서 국회에서 근무하기를 희망하는 사람들이 늘고 있지만, 그럼에도 불구하고 보편적으로 널리 알려진 것은 아니라는 점에서 아직도 일반인들에게는 생소한 직업임에 틀림없다. 그나마 국회에서의 근무를 희망하는 사람이 증가하는 것도 보좌진 근무를 전제로 국회 밖 몇몇 곳에서 이뤄지는 '보좌진 양성과정'에 힘입은 바 크다.

아마도 보좌진에 대해 가장 많이 알고 있는 사람은 1년에 한 차례씩 의무적으로 국정감사를 치러야 하는 피감기관 직원들일 것이다. 행정부처 공무원을 비롯해 공사·공단 등 정부의 투자 및 출연·출자기관 직원들, 그리고 일선학교 교사 등이 여기에 속한다. 그러나 업무로 인해 빈번히 보좌진을 접하는 이들간에도 '인식의 편차'는 존재한다. 왜냐하면 보좌진에 대한 인식이라는 것이 기본적으로 자신이 경험한 것에 근거하다 보니 부정확하거나 혹은 일부를 과장해 왜곡된 측면 또한 없지 않기 때문이다.

국정감사는 물론 예산과 결산, 법률 제·개정, 임시회 때마다 이뤄지는 업무보고와 그에 따른 질의·응답 등 자신들의 주요 업무를 국회와 함께해야 하는 일선 공무원들은 그 누구보다 보좌진의 지위와 역할에 대해 잘 알고 있을 것이다. 그러나 보좌진을 직접 대면하지 않은 채 1년에 단 한 차례 국정감사만 치르는 공공기관의 직원들은 그렇지 않은 경우가 많다. 특히 시·도교육청에서 요구하는 자료를 작성·제출해야 하는 일선학교 교사들의 경우, 국회에 제출할 자료를 작성함에도 불구하고 직접 접촉하지 않는 데 따라 보좌진에 대한 인식은 일반인과 크게 다르지 않다. 오히려 경우에 따라서는 일반인들에게는 흔치 않은 '부정적 인식'만 갖고 있는 사람도 없지 않다.

사정은 이렇다. 국정감사는 「국회법」에 따라 매년 9월 초에 시작된다. 그러나 보좌진은 이를 위해 대개 8월 초, 이르면 7월 중순부터 자료를 요구한다. 그렇게 되면 일선학교 교사들은 여름방학임에도 불구하고 출근해 국회에서 요구한 자료를 작성해야 한다. 다시 말해 교사들은 각 시·도교육청을 상대로 한 국회의 자료요구에 답하기 위해 7~8월이 방학임에도 불구하고 제대로 쉬지 못하는 것이다.

자연 불만이 생기지 않을 수 없다. 한 달이 넘는 긴 방학 중 답변 자료 작성을 위해 도중에 며칠 잘라먹고 출근해야 하니 짜증이 나는 것은 어쩌면 당연한 일일 것이다. 거기다 답변해야 할 자료 또한 적지 않다. 때에 따라서는 작성하기 어려운 것도 많다. 그러다 보니 자료를 준비하는 입장에서 국회, 그리고 자료를 요구하는 보좌진에 대해 좋은 감정을 가질 리 만무하다.

준비하는 입장에서는 이렇게 많은 자료를 요구해 도대체 뭐에 쓰려고 하는지, 혹 다 보기는 하는지 의문을 갖지 않을 수 없을 것이다. 심한 경우 일은 안 하고 괜스레 많은 자료를 요구해 자신들을 괴롭히는 것으로 보일 수도 있을 것이다.

20일 간 치러지는 국정감사가 대개 추석 연휴와 겹침에 따라 자료 준비로 추석 연휴를 제대로 즐기지 못하는 주요 공공기관 직원들이 국회와 보좌진에 대해 불평을 늘어놓는 것도 이와 크게 다르지 않다.

### 보좌진은 뭐하는 사람인가?

보좌진에 대한 인식의 비대칭성 또는 부정확성은 그 지위와 역할에 대한 왜곡된 이해를 낳기 마련이다. 가방이나 들어 주고 의원이 타고 내릴 때 자동차 문이나 열어 주는 비서 정도로 생각하는 극단에서부터 국정에 참여하는 것은 물론 전화 한 통화로 골치 아픈 민원까지 해결하는 힘있는 사람으로 생각하는 또 다른 극단까지 제각각이다.

양극단의 중간 어디쯤, 그러니까 때로는 가방도 들어 주고 또 때로는 '국회'라는 현실적 힘을 바탕으로 어려운 민원도 해결하며 아울러 의원을 대신해 의정활동 자료도 챙기고 정책을 입안하는 전문가로 인식하는 사람도 많다. 간혹 정보기관의 기관원들처럼 고급정보를 취급하기도 하고, 국가의 대소사를 논하면서 국정에도 참여하는 힘있는 자리라고 생각하는 사람도 없지 않다.

그럼 보좌진이 뭐하는 사람인지에 대해 이처럼 다양한 평가가 존재하는 이유는 뭘까? 그건 아마도 보좌진은 4급 보좌관부터 9급 비서까지 6명으로 구성됐고, 각 직급마다 그 지위와 역할이 다르며, 여기에 각 의원실, 즉 국회의원 299명의 캐릭터에 따라 같은 직급이라고 하더라도 역할과 임무가 서로 다르다는 것을 인식하지 못한 데 따른 것으로 보인다.

실제로 보좌진은 각 직급별로 주어진 임무와 담당해야 할 역할에 많은 차이가 있다. 또 같은 직급이라고 하더라도 의원실의 특성에 따라 역할이 달라지기도 한다. 여기에 시대의 흐름에 따라 보좌진의 위치가 단순 업무를 처리하는 전통적 개념의 비서에서 이제는 정치·경제적 상황에 근거한 종합적 판단을 내려야 하는 전문가로 바뀐 것 또한 보좌진에 대한 다양한 평가의 한 원인으로 작용하고 있다.

누군가 글쓴이에게 보좌진이 뭐하는 사람이냐고 묻는다면, 헌법이 국회의원에게 부여한 3대 역할인 행정부 감사, 예산 및 결산 심사, 법안 제·개정을 실무적으로 내용적으로 준비하고 돕는 사람이라고 하겠다. 그러나 이는 어디까지나 '교과서적인 답변'에 지나지 않으며, 실제로 보좌진은 앞서 언급한 양극단의 인식까지를 포함한 그 어떤 것을 하는 사람이다.

여기서 '양극단의 인식까지를 포함한 그 어떤 것'이란, 때로는 가방을 들어 주기도 하고 또 때로는 정책 전문가 역할을 하기도 하지만, 이것 말고도 선거, 지역관리, 홈페이지 관리, 후원회 조직 및 관리 등 겉으로 드러나지 않아 일반인들이 잘 모르는 다양한 역할과 임무를 수행하는 것을 의미한다. 이하에서는 보좌진의 구성부터 직급별 역할과 임무 등에 대해 자세히 알아보자.

### 보좌진의 임무와 역할

국회의원 1명당 보좌진은 총 6명이다. 4급 2명, 5급 1명, 6·7·9급 각 1명씩이다. 보좌진은 모두 별정직 공무원이다. 이 밖에 최근 들어서는 1년에 2,400만 원의 예산 내에서 인원 제한 없이 '인턴'을 쓸 수 있지만, 이는 정식 보좌진이 아니라는 점에서 별도로 다루도록 하겠다.

4급은 보좌관이라고 호칭하고 5급은 비서관, 나머지는 모두 비서로 부른다. 17대(2004년 5월~2008년 5월) 현재 국회의원의 수가 299명인 점을 고려할 때, 보좌진은 정확히 1,794명이다. 그나마 이것도 16대 국회(2000년 5월~2004년 5월)가 시작되면서 4급 한 자리가 늘어난 데 따른 결과이다. 15대 국회(1996년 5월~2000년 5월)까지 보좌진은 5명에 불과했다. 따라서 당시 보좌진 총수는 1,495명(299×5)이었다. 그러나 16대 국회는 IMF로 인해 국회의원 숫자도 줄이자는 사회적 분위기로 인해 총수가 지금보다 26명 작은 273명에 그쳐 보좌진은 총 1,638명(273×6)이었다.

1,794명의 보좌진이 담당하는 업무는 크게 국회 고유 업무와 선거 등 지역관련 업무로 나뉜다. 먼저 선거 및 지역과 관련해 보좌진이 담당하는 업무를 살펴보면, 선거기획부터 공약개발, 홍보물제작, 그리고 지역관리 등이다.

그러나 이 또한 어디까지나 크게 분류했을 때 나눌 수 있는 범주일 뿐 실제로 선거운동 하나만을 대상으로 보좌진이 담당하는 업무를 자세히 적어 보면, 유세문 작성, 후보 일정 기안, 각종 언론 인터뷰 응대, 여론조사 실시와 전화홍보문안 작성, 전화홍보요원 교육, 선거관리위원회와 관련된 행정업무, 상대후보의 비위 사실에 대한 고소·고발장 작성, 현수막 문안 작성 및 제작, 선거차량 제작, 당 공천과 관련한 후보등록 서류 준비, 선거법 숙지 및 당원 교육, 투개표 참관인 준비 및 교육 등 이루 헤아릴 수 없이 많다.

지역구 관리와 관련해서는 지역 특성 이해, 각 동별 민원 해결, 지역 주민들 국회 견학 안내, 의정보고서 제작 및 지역주민에게 발송, 연하장 제작 및 발송, 지역의 중요한 행사 챙기기 및 축사 또는 격려사 작성, 지역주민의 개별 민원 해결 등이다.

국회 고유 업무와 관련해서는 가장 대표적인 게 상임위원회와 국정감사 및 예·결산심사 그리고 인사청문회 등의 질의서 작성, 대정부질문 원고 작성, 법안 검토 및 제·개정안 입안과 제안설명서 작성, 이상과 관련된 보도자료 작성 및 중앙과 지방의 기자 관리 등이다. 만약 임기 1년의 예·결산특별위원회에 소속되면 전 부처를 대상으로 한 예산 및 결산 심사와 관련한 질의서를 상임위원회 예·결산과는 별도로 준비해야 한다.

이 밖에도 각종 행사 기획, 공청회 개최, 토론회 참석, 정책자료집 발간, 홈페이지 관리와 같은 사이버 업무 등은 앞서의 일보다 중요성은 떨어지지만 보좌진이 담당해야 할 국회 고유 업무들이다.

질의서 작성이라는 게 말로 하면 별것 아니지만 이를 위해서는 먼저 자료를 요구해야 하고 제출된 자료를 해석하며 부족한 경우 추가로 요구한 뒤 비로소 쓸 수 있다. 이것으로 모든 일이 끝난 게 아니다. 보도자료 배포라는 더 중요한 일이 남아 있다. 이를 위해 보도자료를 만든 뒤 국회에 출입하고 있는 정치부 기자는 물론 지방언론에도 이메일과 팩스 등을 이용해 배포해야 한다. 보좌진들은 이 같은 일을 위해 국정감사 기간 동안에는 통상 두 달 넘게 휴일도 없이 야근을 밥 먹듯이 한다. 심한 경우 야전침대를 갖다 놓고 사무실에서 며칠씩 먹고 자고를 반복한다. 추석 명절 또한 제대로 즐길 수 없다.

법안 제·개정안 제출은 어떤 의미에서 국정감사 이상으로 중요한 의미를 갖고 있는 국회 고유 업무라 할 수 있다. 특히 통합민주당은 18대 총선을 대비한 공천과 관련해 현역 의원의 입법활동을 중요한 평가 기준의 하나로 삼았는데, 이 때문에 제·개정안 제출 및 법안 통과율은 앞으로 더욱 중요한 의미를 가질 것이다. 이 밖에도 언론 또한 가끔씩

의원별 제·개정안 제출 현황을 통계로 보도해 입법활동을 평가하고 있다. 입법전문주간지인 「여의도통신」은 법안발의 상위 15걸, 법안처리율 상위 15걸, 제정안 발의건수 상위 15걸 등 3개 분야로 나눠 매주 의원들의 입법활동을 보도하고 있다.

의원이 토론회에 패널로 참석하거나 라디오 방송에라도 출연하면 자료를 준비하고 토론문 혹은 답변 내용도 만들어야 한다. 신문이나 외부 잡지의 기고문도 의원을 대신해 써야 한다. 간혹 선거 등을 앞두고 의원 명의의 저서를 대신 쓰기도 한다.

의원실 주최로 공청회나 토론회를 개최하기도 하는데, 행사기획이라는 것도 말처럼 쉬운 일은 아니다. 왜냐하면 행사 자체야 고작 2시간여면 끝나지만, 이를 위해서는 우선 주제 선정부터 패널과 장소 섭외, 토론문 제작, 행사 포스터와 이름표 제작, 초청장 제작 및 발송, 다과 준비, 식당 예약, 참석 여부 확인 또는 참석 독려 전화, 비용 정산 등의 과정이 수반돼야 비로소 한 가지 행사를 치를 수 있기 때문이다.

정책자료집 발간은 공청회와는 별도로 의원실의 연구성과물 같은 의미를 갖고 있다. 일반적으로 각 의원실은 국정감사를 앞두고 몇 권의 정책자료집을 발간한다. 경우에 따라 정책자료집 자체를 질의자료로 활용하는 의원도 있으나 대부분은 국정감사를 대비한 참고자료 정도로 제작한다. 이와 관련, 국정감사를 모니터 하는 시민단체가 정책자료집 발간 여부를 의정활동에 대한 평가의 잣대로 삼으면서 이제 정책자료집 발간은 모든 의원실에서 의무적으로 만들어야 할 과제가 됐다.

인터넷이 발달하면서 의원의 홈페이지 제작 및 관리와 같은 사이버 업무도 중요한 과제로 등장했다. 과거 종이로 제작하던 의정보고서도 이제는 컴퓨터로 작성해 이메일로 보내기도 한다. 이에 따라 이메일 발송을 위한 DB 구축 및 관리를 비롯해 디지털 카메라를 이용해 의원의 활동상을 찍고 이를 홈페이지에 올리는 것과 같은 일도 과거와 달리 보좌진에게 새롭게 부과된 업무이다.

한편 후원회 구성 및 관리와 후원금 모금은 국회 고유 업무와 밀접한 관련을 맺고 있지 않지만 의정활동을 경제적으로 뒷받침해 준다는 점에서 중요한 의미를 갖는다. 이를 위해 보좌진은 후원회 구성 및 후원금 모금에 힘을 기울여야 하는 것은 물론 활동보고서 등을 제작해 후원회원들을 대상으로 발송함으로써 이들을 관리한다. 경우에 따라 후원회원의 생일이나 기념일을 맞아 축하카드나 화환을 보내기도 한다.

1년에 한 차례씩이긴 하지만 선거관리위원회 회계보고와 의원의 재산신고 또한 무시 못할 일 가운데 하나이다. 총선과 관련한 회계보고가 잘못되면 의원에게 치명적인 영향을 미치며 재산신고 또한 매년 언론에 보도되기 때문이다. 매일 국회 일정을 비롯해 지역구 일정 등 의원의 하루 동선動線을 챙기고 관리하는 것, 그리고 외부인과의 약속 같은 스케줄 조정 등 의전 업무 또한 소홀히 할 수 없는 일이다. 이 밖에 만약 의원이 중앙당 당직을 맡을 경우 이에 따른 업무도 추가로 부과된다.

### 직급별 담당 업무

이처럼 종류도 다양하고 성격도 서로 다른 많은 일을 불과 6명의 보좌진이 모두 담당한다. 그러나 여기에도 예외는 있다. 가령 비례대표 의원실은 지역구와 관련한 업무가 없다. 지역민원이 없는 것은 물론 주민들의 국회 견학도 없다. 후원회 관련 업무도 없거나 설혹 있더라도 지역구 의원실에 비해 상대적으로 미미하다. 지역주민을 대상으로 의정보고서와 연하장을 제작해 발송하지도 않는다.

이런 점에서 보좌진의 업무는 기본적으로 의원의 캐릭터와 의원실의 특성, 즉 여당이냐 야당이냐, 초선이냐 다선이냐, 지역구냐 비례대표냐, 당직이 있느냐 없느냐에 따라 많은 차이를 보인다. 직급별 담당 업무와 보좌진간의 역할 분담 또한 이에 크게 영향받는다. 따라서 이 자리에서는 직급별 담당 업무와 관련해 가장 대표적인 업무 혹은 누구나 하고 있는 업무를 중심으로 설명하겠다.

1) 보좌관

보좌관은 국회 고유 업무라 할 수 있는 상임위원회와 국정감사 및 예·결산심사와 관련된 질의서 작성, 대정부질문 원고 작성 및 법률 제·개정안 입안 등에서부터 사무실 운영 및 관리와 의원에 대한 보고, 민원 처리, 지역관리, 그리고 보도자료 작성 및 중앙과 지방의 기자 관리 등 모든 업무를 총괄한다. 단, 의원실에 2명의 보좌관이 함께 근무하는 경우에는 이상의 업무를 서로 나눠 담당하기도 하는데, 크게 '정책'과 '정무'로 구분된다. 즉 한 명의 보좌관이 질의서 등 문서작업과 관련된 일을 담당하고 나머지 보좌관은 의전을 비롯해 지역관리와 민원 처리, 기자관리, 외부인과의 접촉 및 섭외 등 대외적 업무를 담당하는 것이다.

글쓴이는 개인적으로 2명의 보좌관이 정책과 정무로 구분돼 업무를 분장하는 것이 올바른 인력운용방식이라고 생각한다. 정책은 아무래도 해당 상임위원회에 대한 지식 등 전문성을 요구하는 데 반해 정무는 '대외적 활동력'이 중요한 요소로 작용하기 때문이다. 더욱이 한 사람이 이처럼 서로 다른 업무와 그에 따른 상반된 성격을 요구하는 두 가지 일을 모두 다 잘 처리한다는 것도 불가능하기 때문이다.

　보좌관의 업무 추진형태와 관련해서는, 주로 업무 전반에 대해 기획하고 보좌진 회의를 통해 비서관 이하 실무진에게 업무를 분담시킨 뒤 이에 대한 지휘·점검 등을 통해 모든 업무가 제대로 수행될 수 있도록 업무 전반을 관장하는 방식으로 이루어진다. 여기서 역할분담과 관련해 일반적으로 보좌관은 정무의 역할을 맡고 정책 등 실무는 비서관 이하 보좌진이 담당한다. 그러나 경우에 따라 보좌관이 정무 역할과 함께 정책의 일부를 담당하거나 반대로 보좌관이 정책 업무를 전담하고 비서관이 정무 역할을 담당하는 의원실도 없지 않다. 특히 비서관이 의원과 같은 지역 출신이거나 혹은 개인적으로 특별한 관계일 때 이 같은 현상이 더 두드러진다.

### 2) 비서관 및 6급(혹은 7급) 비서

　이들은 보좌관과의 긴밀한 협조 아래 구체적인 실무를 담당한다. 일차적으로 상임위원회와 국정감사, 그리고 예결산과 입법 등의 업무를 담당한다. 이를 위해 행정부에 대한 자료요구부터 이를 근거로 한 질의서 작성, 보도자료 작성 및 배포에 이르기까지 의정활동에 대한 실무를 책임진다. 또한 외부 강연이나 TV토론, 잡지 기고문 등의 원고 작성 및 관련 자료 준비 등의 업무도 맡는다. 이 밖에 의원회관과 지구당 사이를 오가며 업무를 챙기고 필요한 경우 지구당 업무를 지원하기도 한다.

　그런데 여기서 비서관과 6급 비서의 업무영역을 한꺼번에 묶어서 설명하는 것은 대개의 경우 비중의 차이만 있을 뿐 비서관과 6급 비서가 담당하는 업무 사이에 큰 차이가 없기 때문이다. 이는 의원실의 업무영역 혹은 업무분장의 특성과 밀접히 관련돼 있는데, 의원실의 업무처리 특성은 행정부와 같은 수직적 구조로 돼 있지 않다. 이는 실무 인력이 몇 명 되지 않는 데 따른 측면이 강하다.

위로 올라갈수록 실무는 적어지고 결제할 것만 많아지는 게 우리가 알고 있는 행정부나 회사의 일반적인 업무처리방식이다. 그러나 여기서 의원실은 예외다. 운전을 담당하는 수행비서와 사무실의 일상적인 행정업무를 담당하는 직원을 제하고 나면, 보좌관 입장에서 같이 일할 수 있는 인력은 기껏해야 2~3명에 불과하다. 그런데 앞서 열거한 많은 일들을 비서관이나 6급(혹은 7급) 비서 둘이서 모두 담당하고 보좌관은 총괄만 한다고 생각해 보자. 당연히 무리가 따를 것이다.

그렇기 때문에 의원실 업무는 피라미드 구조, 즉 부장 하나에 과장 약간 명, 그리고 그 밑으로 이어지는 여러 명의 대리 등과 같은 형식으로 업무분장이 이루어지지 않는다. 정확하게 말하면 오히려 담당해야 할 전체 일을 일정부분씩 떼서 서로 나눠 담당하는 형태를 유지한다.

그래서 실제로 비서관이 담당하는 일이나 인턴이 담당하는 일에는 큰 차이가 존재하지 않는다. 단지 비중과 부담에서 차이가 있을 뿐이다. 국정감사를 예로 들어 설명하면, 국토해양부와 같이 일도 많고 부담도 크며 중요한 기관은 보좌관이 담당하고, 주택공사나 도로공사처럼 산하단체 가운데 덩치가 크고 상대적으로 중요한 기관은 비서관이 맡으며, 이보다 중요도가 떨어지는 교통공단이나 공항공단 같은 작은 기관은 비서와 인턴이 나눠 담당하는 것과 같은 방식이다.

만약 여기서 보좌관이 실무는 비서관 이하 후배들에게 모두 맡기고 자신은 의원에 대한 보고와 사무실 관리 등 총괄만 책임지겠다고 하면 그만큼 후배들의 부담은 커질 것이다. 보좌관과 비서관간에 알력이나 갈등, 나아가 비서관이 다른 의원실로 옮겨 가는 것과 같은 일들은 바로 이런 상황에서 발생한다. 상식적으로도 보좌관은 총괄이라는 명분 아래 실무에서 손을 떼고 있는 상황에서 비서관이 실무의 대부분을 담당한다면, 불만을 갖지 않을 사람은 많지 않을 것이다. 이 경우 다른 의원실에서 보좌관을 구한다고 한다면 자리를 옮기는 것은 자연스런 일일 것이다. 다시 말해 누구든 과거와 똑같이 일한다고 해도 비서관보다 급수가 더 높은 보좌관이 되고 싶은 것은 너무나 당연한 일이라는 것이다.

보좌진이 분야별로 전문성을 기르지 못하고 '팔방미인'이 되는 것도 이처럼 다양하고도 많은 양의 업무를 고작 두세 사람이 모두 처리하는 데 따른 것이다. 6, 7급을 동일하게 처리한 것은, 보편적으로 운전을 하는 수행비서가 7급을 차지하지만 나이가 많거나 경력이 오래된 경우 6급으로 등록되기 때문이다. 이 경우 7급 비서가 정책비서가 된다.

### 3) 9급 비서

사무실의 일상적인 행정업무를 비롯해 돈 지출 등 회계업무를 담당한다. 그러면서 외부에서 걸려 오는 전화도 받고 손님을 응대하며, 주요 일정도 챙긴다. 한마디로 사무실 살림과 기본적인 운영을 맡는다.

간혹 이처럼 사무실의 일상적 업무를 챙기는 가운데 다른 보좌진이 담당하는 '정책업무'를 배워 7급이나 6급으로 승진하거나 이를 위해 사무실을 옮기는 9급 비서도 있다. 그러나 사무실과 관련된 기능적인 업무를 책임지면서 과외로 정책업무를 배워 승진한다는 것이 말처럼 쉬운 일은 아니다. 전화 받고 차茶 준비하는 것과 같이 자신에게 주어진 기본 업무를 챙기다 보면, 차분히 자료 읽을 수 있는 시간조차 잘 주어지지 않기 때문이다.

이 때문에 대학 졸업 후 9급으로 시작해 몇 년이 지났음에도 불구하고 계속 9급 비서인 사람도 적지 않다. 그런데 이렇게 되면 자신보다 나이 어린 사람, 그것도 여성이 대학원을 마쳤다고 6급이나 7급 비서로 등록하면 그건 곧 두 사람간에 적지 않은 갈등요인으로 작용한다. 시험을 치르지 않고 서류 전형과 면접만 거쳐 보좌진으로 채용되는 상황에서 직급에 대한 정당성은 나이와 경력에 의해 좌우된다.

그런데 이처럼 자신보다 나이도 어리고 경력도 짧은 사람이 위 직급으로 오면 서로 갈등을 빚는 것은 당연한 일이다. 따라서 이런 일을 당하지 않기 위해서라도 9급 비서 또한 기능적인 일을 담당하는 것에서 벗어나 정책 업무를 배워 승진하려고 노력해야 한다.

한편 글쓴이가 알고 있는 9급 비서 가운데 의원이 자주 찾는 전화번호 200여 개를 외우고 있는 사람이 있다. 의원이 물어 볼 때 마다 전화번호부 찾는 번거로움 없이 바로 불러 주는 것이다. 또 재산신고와 연말정산, 선거관리위원회 회계보고까지 복잡한 회계와 관련해 회계사 못지 않은 전문성을 갖고 있는 여직원도 있다.

9급 비서는 일의 특성상 299개 의원실 모두 비슷비슷한 일을 담당한다. 다시 말해 정책을 담당하는 보좌진과 달리 전문성으로 남과 다른 차별성을 만들기가 쉽지 않다. 이 경우 의원이 자주 묻는 전화번호 200여 개를 외우고 복잡한 회계업무를 전문가 수준으로 할 수 있다면, 이 또한 299명의 9급 비서 가운데 자신만이 갖고 있는 경쟁력이 아닐 수 없다.

## 2. 연봉과 상여금

> 보좌진의 지위와 역할 다음으로 일반인들이 궁금해 하는 것은 "월급이 얼마냐 되느냐" 하는 것이다. 별정직 공무원이라는 데 과연 얼마를 받는지, 법정 월급을 다 받지 못하는 사람도 있다는데 그러면 어떻게 되는지, 또 일반직과는 얼마나 차이가 있는지 등등이 자주 묻는 질문이다.

### 4급 보좌관 연봉은 6,400여 만 원

"보좌진이 뭐하는 사람이냐"는 것 다음으로 일반인들이 갖는 궁금증은 바로 보좌진이 "얼마를 받느냐" 하는 것이다. 보좌진도 공무원인 만큼 매년 초 행정안전부에서 정하는 공무원 보수규정에 의거해 월급을 받는다. 2008년 현재 4급 보좌관의 연봉은 6,400여 만 원이다. 비서관은 이보다 약 1,000만 원 작은 5,300여 만 원이다.

보좌진 연봉 현황(2008년도) (단위: 원)

| 구 분 | 보좌관<br>(4급 21호봉) | 비서관<br>(5급 24호봉) | 비서<br>(6급 11호봉) | 비서<br>(7급 9호봉) | 비서<br>(9급 7호봉) |
|---|---|---|---|---|---|
| 1. 월정급여(1개월) | 4,984,510 | 4,100,540 | 2,832,840 | 2,447,090 | 1,887,330 |
| 본봉 | 3,020,300 | 2,812,000 | 1,851,900 | 1,545,200 | 1,139,200 |
| 초과근무수당 | - | 146,940 | 124,680 | 111,850 | 89,890 |
| 관리업무수당 | 271,820 | - | - | - | - |
| 의원보조수당 | 218,000 | 152,000 | 132,000 | 132,000 | 113,000 |
| 정액급식비 | 130,000 | 130,000 | 130,000 | 130,000 | 130,000 |
| 교통보조비 | 140,000 | 140,000 | 130,000 | 130,000 | 120,000 |
| 가계지원비 | 504,390 | 469,600 | 309,260 | 258,040 | 190,240 |
| 직급보조비 | 400,000 | 250,000 | 155,000 | 140,000 | 105,000 |
| 월정직책급 | 300,000 | - | - | - | - |
| 2. 상여금 등(1년) | 4,832,480 | 4,499,200 | 2,963,040 | 2,472,320 | 1,822,720 |
| 정근수당 | 1,208,120 | 1,124,800 | 740,760 | 618,080 | 455,680 |
| 명절휴가비 | 3,624,360 | 3,374,400 | 2,222,280 | 1,854,240 | 1,367,040 |
| 월평균 | 5,387,210 | 4,475,470 | 3,079,760 | 2,653,110 | 2,039,220 |
| 연 급여액 | 64,646,600 | 53,705,680 | 36,957,120 | 31,837,400 | 24,470,680 |

※ 정근수당은 보좌진 재직기간 4년 이상 5년 미만을 기준으로 한 것

그러나 여기에는 가족수당과 같은 기타수당을 비롯해 1년에 한두 차례 주어지는 성과급이 포함되지 않았다.

우선 보좌진 연봉 중 특이한 것은 초과근무수당이 '정액제'로 지급된다는 것이다. 행정부는 물론이고 국회에 근무하는 다른 직원들, 예컨대 본청이나 도서관 할 것 없이 5급 이하 직원들은 초과 근무한 시간에 비례해 수당을 지급받는다. 그러나 보좌진의 경우 5급 비서관에게는 매달 14만 6,940원, 6급 비서에게는 12만 4,680원이 초과근무수당으로 정액

지급된다.

같은 직급일 경우 호봉에 차이가 없다는 것도 특이한 점이다. 보좌관은 21호봉이고 비서관은 24호봉이다. 여기서 '호봉'은 가령 기존에 공무원 경력이 없더라도 4급 보좌관으로 등록하면 무조건 21호봉이 된다는 것을 의미한다. 단 공무원 또는 그에 준하는 경력, 이를테면 교사 등으로 이미 21년 이상 근무했으면 그에 따라 호봉이 조정된다. 다시 말해 보좌관으로 등록하기에 앞서 과거에 지방 공무원으로 23년 간 근무했으면 4급 24호봉이 되는 것이다. 이런 경우를 제외하고는 오늘 처음 보좌관으로 등록된 사람이나 10년째 보좌관으로 근무하고 있는 사람이나 똑같이 21호봉이고, 그에 따라 가족수당과 같은 것을 제외하면 매월 받는 월급엔 큰 차이가 없다.

가족수당은 배우자의 경우 월 4만 원이 지급되고 자녀의 경우 1인당 2만 원씩 지급되는데, 정부의 출산장려정책에 의해 셋째자녀에 한해 3

가족수당 및 학비보조수당

| 구 분 | 비 고 |
|---|---|
| 가족수당 | • 배우자 4만 원, 기타(직계존비속) 2만 원(셋째자녀 가산금 3만 원 별도)<br>• 직계존속의 경우 만 60세(여성 만 55세) 이상, 직계비속의 경우 만 20세 미만<br>(단 폐질상태의 정도가 심한 경우 연령제한 없으며, 형제자매도 가능)<br>• 지급요건: 해당공무원과 주민등록표상 세대 같이하며, 함께 거주할 것<br>(단 배우자와 자녀는 예외이며, 배우자와 세대 및 거주 같이하는 직계존속도 인정)<br>• 가족수당 지급한도: 4인<br>(단 자녀에 대해서는 부양가족수 4인 제한을 적용하지 않고 가족수당을 지급) |

| 자녀학비 보조수당 | • 중학교: 수업료, 육성회비 또는 학교운영비<br>• 고등학교: 수업료, 육성회비 또는 학교운영비<br>• 지급시기: 분기별(2, 5, 8, 11월)<br>• 신청시 해당연도분 지급(연도변경시 새로 신청) |
|---|---|

만 원이 지급된다. 60세 이상 부모(여성은 만 55세)나 20세 미만의 직계 비속에게도 가족수당이 지급되나 그 수는 총 4인으로 한정된다. 단, 자녀에 한해서는 4인이라는 제한을 두지 않는다.

보좌진의 경우 성과급은 직급별 차이만 있을 뿐 개인간 차이는 존재하지 않는다. 다시 말해 일반적으로 직전년도 업무성과를 평가해 그에 따라 개인별로 차등을 두는 것과 달리 보좌진은 이 같은 평가 없이 n분의 1, 즉 성과급 총액을 머릿수로 나눠 동일하게 지급한다. 이는 평가 근거가 별도로 마련돼 있지 않은 데 따른 것이다.

가족수당과 성과급을 연봉에 포함할 경우 실제 수령액은 앞에 있는 도표보다 조금 더 많아진다. 이 밖에 제1장 국회의 특징에서 언급한 '연가보상'까지를 포함한 경우 연봉은 조금 더 늘어난다. 여기에 1인당 연간 70만 원씩 주어지는 매식비, 가족수 및 근무연수에 따라 차이가 있기

### 보좌진 상여금 현황(2008년도)

| 구 분 | 지급월 | 비 고 |
|---|---|---|
| 정근수당 | 1월, 7월 | 본봉의 0%에서 50%까지 지급(1년 미만 0%, 10년 이상 50%)<br>근무연수에 따라 매년 5%씩 추가 |
| 정근수당가산금 | 매월 | 5년 이상 5만 원, 10년 이상 6만 원, 15년 이상 8만 원, 20년 이상 11만 원, 25년 이상 13만 원 |
| 명절휴가비 | 설날, 추석 | 각 본봉의 60%(연 120%) |

는 하지만 연간 1인당 평균 40~50만 원씩 제공되는 선택적 복지제도까지 포함할 경우 4급 보좌관이 받는 연봉은 대략 7,000만 원 정도이다.

보좌진에게 주어지는 상여금은, 정근수당과 정근수당가산금, 그리고 명절휴가비 등으로 구분된다. 먼저 정근수당가산금의 경우 다른 기관에서의 공무원 경력을 포함해 5년 이상 근무한 사람에게는 5만 원, 10년 이상 6만 원, 15년 이상 8만 원씩 매달 지급된다. 25년 이상 근무한 사람에게는 최고 13만 원이 지급된다. 정근수당은 전년도 근무를 기준으로 최고 본봉의 50%까지 주어지는데, 근무 경력이 1년 이상일 때 본봉의 5%를 지급하고 2년 이상일 때는 10% 지급하는 식으로 근무연수에 따라 매년 5%씩 추가로 지급된다. 따라서 오래 근무할수록 정근수당은 많아진다.

여기서 전년도 근무를 기준으로 한다는 말은, 이전 년도에 근무한 개월 수를 전제로 한다는 것을 의미한다. 이해를 돕기 위해 예를 들어 보자. 과거 11년 간 공무원(혹은 보좌진)으로 근무한 사람이 2007년 10월 1일부터 보좌관으로 근무하기 시작했다고 가정한다면, 이 사람이 2008년 1월에 받을 정근수당은 4급 보좌관의 본봉인 302만 300원의 50%인 151만 150원에서 하반기 6개월 중 절반인 3개월만 근무한 데 따라 75만 575원이다. 명절휴가비는 설날과 추석에 한 해 본봉의 60%가 주어진다.

# 3. 직업으로서의 보좌진과 직업적 안정성

> 보좌진과 관련해 일반인들이 가장 궁금해 하는 것 가운데 하나가 바로 4년 간 '한시직'이냐 하는 점이다. 다시 말해 "임기 4년의 국회의원이 다시 당선되지 않을 경우 보좌진 또한 실업자가 되는 것 아니냐" 하는 것이다. 우리 사회에서도 직업의 안정성 문제는 IMF를 계기로 오래 전에 사라졌다. 공무원과 교사 등 특수한 직군을 제외하고는 이미 대부분의 노동자들이 상시적인 구조조정의 위기에 내몰리고 있다. 보좌진 또한 마찬가지다. 그러나 분명한 사실은 '실력'과 '능력'만 있으면 언제든지 나머지 298개 회사(?)로의 재취업이 가능하다는 것이다.

### 국회 보좌진은 하루살이(?)

글쓴이가 『국회 보좌진 업무 매뉴얼』을 쓰면서 인터넷 포털 사이트를 통해 검색해 보니, 보좌진과 관련해 일반인들이 갖는 가장 큰 궁금증은 뭐하는 사람이냐는 역할과 함께 '직업의 안정성'인 것으로 나타났다. 특히 이 가운데 국회의원이 다음 선거에서 떨어지면 보좌진은 어떻게 되느냐는 질문이 가장 많았다. 이에 대해 "그날로 끝이다"라는 것에서부터 "다른 의원실로 옮겨 갈 수 있다" 혹은 "옮겨 갈 수 있기 때문에 오히려 더 오래 근무할 수 있어 꼭 나쁜 것만은 아니다"라는 것까지 다양한 답변이 게재돼 있었다.

결론부터 말하자면 이 같은 답들은 부분적으로만 옳다. 왜냐하면 보좌진의 직업적 안정성은 경우에 따라 모두 다르기 때문이다. 다시 말해 보좌진간에도 직업의 안정성에는 개인적으로 커다란 차이가 존재하는데, 이는 크게 다음과 같은 세 가지 형태로 구분된다. 첫째, 직업의 안정성이 지속되는 경우이다. 둘째, 직업적 안정성이 단 '하루'에 불과한 경우이다. 셋째, 4년 혹은 8년, 12년 등 4년 단위로 연장되는 경우이다.

그럼 어떻게 해서 이 같은 차이가 발생하는 것일까? 왜 누구는 직업적 안정성이 하루인 데 반해 누구는 4년이고, 또 누구에게는 제한이 없는 것일까?

이와 관련, 우선 일반인들이 보좌진의 직업적 안정성을 4년이라고 생각하고 있는 것에 대해 알아보자. 이 같은 인식은 아마도 국회의원 임기가 4년인 것과 무관치 않을 것이다. 이에 따라 4년 간 함께 일하다가 재선되면 다시 4년 간 일할 것이고, 그렇지 않으면 4년으로 끝날 것이라는 게 보좌진의 직업적 안정성에 대한 일반인들의 생각이다.

그러나 4년이라고 생각하는 것 자체가 틀린 얘기다. 이는 4년 이상 안정성을 보장한다는 것을 의미하지 않으며 동시에 4년 그 자체도 꼭 보장되지 않는다는 의미를 갖고 있다. 일견 모르는 사람이 들으면 헷갈릴 수 있는 말인데, 사정은 이렇다.

의원이 다음 선거에서 낙선했다고 해서 보좌진이 그 길로 바로 실직자가 되는 것은 아니다. 오히려 모든 것이 끝나는 당사자는 의원이다. 보좌진끼리 하는 농담 중에 "국회의원은 선거에서 떨어지면 그날로 끝이지만, 보좌진은 영원하다"라는 말이 있다. 말 그대로 국회의원은 선거에서 떨어지면 그것으로 모든 게 끝이다. 엄청난 '신분추락'에 직면하는 것이다. 그러나 보좌진은 다르다. 국회의원 총수總數가 줄어들지 않는 한 떨어진 만큼 새롭게 당선된 의원이 들어올 것이고, 그렇게 되면 그들은 무엇보다 국회를 잘 모르기 때문에 경력이 오래된 보좌진을 찾지 않을 수 없다. 따라서 함께 일하던 의원이 낙선하더라도 보좌진에게 직접적인 영향을 미치는 것은 아니다.

실제로 국회 내에서의 자리 이동은 흔한 일이다. A 의원실에서 B 의원실 그리고 C 의원실로 옮겨 가며 근무하는 일이 많다. 심지어 여·야를 구분하지 않고 의원실을 넘나들기도 한다. 단, 이처럼 직업적 안정성을 이어 나가기 위해서는 경험이 많고 유능해야 한다는 전제가 깔려 있다. 다시 말해 의원의 낙선에도 불구하고 다른 의원실로 옮겨 가기 위해서는 단순히 국회에 오래 근무했다는 것만으로는 부족하며, 「보좌진의 지위와 역할」에서 언급한 것처럼 보좌진에게 주어진 다양하면서도 많은 일들을 잘할 수 있을 때 비로소 가능할 수 있는 것이다. 이것이 바로 보좌진의 직업적 안정성과 관련해 앞서 언급한 세 가지 가운데 첫 번째 경우이다.

### 능력 하나면 안정성은 계속된다

능력과 경험만 전제된다면, 설혹 낙선이라는 계기를 통하지 않고서라도 평소 의원을 바꿔 가며 10년 넘게 근무하는 보좌진도 많다. 글쓴이 또한 이런 경우에 해당한다. 사실 한 의원과 10년 이상 함께 일한다는 게 말처럼 쉬운 것은 아니다. 우선 의원이 중간에 낙선 없이 내리 3~4차례 당선되는 게 말처럼 쉽지 않기 때문이다. 또 승진이나 갈등 해소 등 여러 가지 이유로 의원실을 바꾸는 경우도 많아 10년 넘게 근무한 보좌진 가운데는 최소 2명 이상의 의원과 일한 경험을 갖고 있는 사람이 많다. 현재 50대 후반으로 27년째 근무 중인 보좌진도 있다.

한편 '승진' 때문에 다른 의원실로 이동하는 것은 앞서 「보좌진의 지위와 역할」에서 이미 설명했다. 의원실 이동의 또 하나 원인인 '갈등 해소'는 국회의 특성과 밀접히 관련돼 있다. 각 의원실은 비좁은 공간에 6명의 보좌진이 함께 근무하는 구조를 이루고 있다. 여기에 인턴 2명까지 보태지면 12.5평의 공간에 8명이 함께 근무한다. 개인공간은 1인당 1.5평에 불과하다.

만약 이처럼 좁은 공간에서 하루 종일 얼굴을 맞댄 채 근무하는 가운데 갈등이 불거지면 감정적 대립은 더욱 노골화될 수밖에 없다. 보좌진 상호간뿐만 아니라 의원과 보좌진간에 대립과 마찰이 생겨도 마찬가지다. 갈등과 마찰을 피하기 위해 일반회사와 같이 부서를 옮기거나 근무지를 지방으로 옮길 수도 없기 때문이다. 유일한 해결방법은 끝까지 참고 지내거나 그게 안 되면 다른 의원실로 이동하는 것밖에 없다. 이런 의미에서 다른 의원실로의 이동은 일반회사에서 부서를 바꾸거나 근무지를 지방으로 옮기는 것과 같은 의미를 갖기도 한다. 그러므로 보좌진이 의원실을 바꾸거나 특히 여야를 가리지 않고 옮겨 다닐 수 있는 것도 승진 및 갈등 해소와 무관치 않다.

능력이 뛰어나면 의원의 낙선과 무관하게 자리를 옮길 수 있지만 반대로 그렇지 못할 수도 있다. 본인의 능력 부족으로 자리 이동이 불가능한 경우에는 자연 4년조차 온전히 보장되지 않는다. 이 경우 엄밀히 말하면 직업적 안정성은 '하루'에 불과하다. 의원의 낙선이 아니어도 얼마든지 면직될 수 있기 때문인데, 이는 특히 보좌진에 대한 임면권을 의원이 갖고 있는 것과 무관치 않다. 다시 말해 보좌진의 능력이 부족하면 언제든지 또 얼마든지 잘릴 수 있는 것이다. 이것이 두 번째 경우이다.

한편 의원과 정치적 생명을 같이하거나 친인척과 같이 사적으로 특별한 관계를 맺고 있는 경우에는, 보좌진의 직업적 안정성을 4년으로 보는 게 맞다. 이 경우에는 의원이 다음 선거에서 재선되면 4년을 추가로 보장받는다. 현재 10년 넘게 보좌진으로 근무하는 사람 가운데 이런 사람 또한 적지 않다. 물론 그렇더라도 의원의 임기가 4년이라는 태생적 한계로 인해 이들 또한 4년마다 한 번씩 실직의 위험에 내몰리는 상황에 처한다. 이것이 세 번째 경우이다.

보좌진의 직업적 안정성과 관련해 세 가지 경우를 살펴봤는데, 능력이 부족하거나 의원과 사적으로 맺어진 특별한 관계가 아니라고 한다면, 사실상 안정성은 다른 직업보다 오히려 더 높다고 할 수 있다. 보좌진 스스로 실력과 능력으로 무장한다면 얼마든지 자리를 이동할 수 있기 때문이다. 특히 이를 가능케 하는 조건은 다름아닌 동종업계, 더 정확하게 말하면 같은 목적 아래 똑같은 일을 하는 똑같은 회사(?)가 299개 존재한다는 것이다.

### 299개 회사(?)의 집합체, 국회

아마도 공공기관 가운데 이런 조건을 가진 곳은 국회 말고는 없을 것이다. 어떤 이유에서건 누구라도 한 번 면직되면 그걸로 끝인 게 공직사회의 특징이다. 물론 민간인 신분으로 일반회사에 취업할 수는 있지만, 다시 공무원 신분을 회복할 수는 없다.

그런데 국회는 다르다. 같은 성격과 목적 아래 같은 일을 하는 의원실이 무려 299개나 돼 얼마든지 옮겨 다닐 수 있다. 자신의 노력여하에 따라 신분과 지위를 계속 유지할 수 있는 건 물론 경우에 따라서는 이동을 계기로 승진도 할 수 있다. 잠시 공무원 신분을 상실했다 하더라도 다른 의원실로의 이동을 통해 이를 부활시킬 수도 있다.

물론 과거와 같은 전통적 개념에서는, 국회 보좌진의 직업적 안정성은 많이 떨어진다고 할 수 있을 것이다. 하지만 IMF를 계기로 우리 사회에서도 직업의 안정성이라는 개념은 사라진 지 이미 오래다. 오히려 너나 할 것 없이 상시적인 구조조정에 내몰려 있다. 단지 일반직 공무원과 교사 정도가 여기서 예외로 남아 있을 뿐이다.

이렇게 본다면 능력과 실력만 겸비할 경우 얼마든지 자리를 이동할 수 있고 그 대상이 자신이 속해 있는 의원실을 제외하고 무려 298개나 된다는 것은 어떤 면에서 커다란 장점이 아닐 수 없다. 특히 이처럼 의원의 낙선을 계기로 한 불가피한 자리 이동은 보좌진으로 하여금 능력을 개발하고 나아가 자신의 몸값을 높이도록 만든다는 점에서 현실에 안주할 수 없는 조건으로 작용하고 있다.

사실 글쓴이가 지금처럼 보좌진의 기본업무와 관련한 책을 출간하는 것은 물론 앞으로도 몇 권 더 낼 계획을 갖고 있으며, 국정감사를 전공 분야로 삼아 전문성을 쌓는 등 글쓴이만의 퍼스널 브랜드를 만들어 가는 것도 이와 무관치 않다. 하지만 만약 글쓴이가 보좌진이 아닌 일반 공무원이었다면, 확언컨대 지금처럼 자기계발을 통해 실력과 노하우를 키우고 가꾸며, 인생설계를 통해 이모작을 준비하지는 않았을 것이다.

실제로 글쓴이가 지금 일반 공무원이라면, 당장 60세까지 안심하고 근무할 수 있다는 사실 하나만으로도 절대 지금처럼 자기계발에 힘쓰지 않았을 것이다. 실직의 위험이 없고 또 누가 나보고 몸값을 높이라고 강제하지도 않는 상황에서 스스로 알아서 변화를 꾀한다는 것이 말처럼 쉬운 일은 아닐 것이기 때문이다. 이보다는 오히려 무사안일이라고 표현되는 여타 공무원들과 마찬가지로 적당히 일하며 지냈을 것이다. 글쓴이가 담당하는 일에 대한 노하우를 쌓고 이를 저서로 묶어 내는 일은 꿈도 꾸지 않았을 것이다. 더욱이 책 출간과 관련해서는 회사로부터 그에 대해 경제적 보상이 주어지거나 혹은 승진에 큰 도움이 되는 것도 아니라는 점에서 아예 생각도 못했을 일이다. 그럼에도 불구하고 굳이 뭔가를 했다면 아마도 남들처럼 승진에 도움이 되는 속칭 남는 장사(?), 즉 학위를 받거나 그렇지 않으면 정부의 지원 아래 외국 유학을 다녀왔을 것이다.

## '안정'에는 얻는 것만큼 잃는 것도 많다

공무원의 가장 큰 장점은 60세까지 정년이 보장된다는 것이다. 퇴직 이후 평생 지급되는 '연금' 또한 무시할 수 없는 장점이다. 우리 사회가 상시적인 구조조정 체제로 접어든 것을 감안하면 '직업적 안정'과 '연금'은 모든 사람의 부러움을 사기에 충분하다. 하지만 이 같은 두 가지 장점은 동시에 현실에 안주하게 만드는 '마약'과 같은 단점으로 기능하기도 한다.

2008년 현재 평균적인 한국인들은 54세에 주된 직장을 떠나고 68세에 노동시장에서 퇴장하며 80세까지 살고 있다고 한다. 공무원은 평균적인 한국인들과 비교하면 분명 행복한 사람임에 틀림없다. 평균적인 한국인들보다 '안정적'으로 6년 더 일할 수 있고, 퇴직 후 지급되는 연금으로 인해 68세까지 노동시장을 전전하지 않아도 되기 때문이다. 하지만 문제는 60세 정년퇴직 이후 적어도 20년 간 더 살아야 한다는 것이다. 그런데 현재 30~40대는 대부분 평균수명 100세 시대를 살 것이라는 게 미래학자들의 전망이고 보면, 공무원들의 위험은 더 커진다.

 먼저 연금 문제를 살펴보자. 연금이 안락한 노후를 보장해 주는 '필요충분조건'이 되지 않는다는 것은 누구나 알고 있다. 더욱이 연금이 바닥날 날도 멀지 않았고, 그래서 어떤 식으로든 개혁이 이뤄지지 않을 수 없는 게 지금의 상황이다. 그렇다면 과거와 같이 노후를 전적으로 연금에 의존할 수 없는 것은 분명한 사실이다. 그러므로 연금과는 별도로 노후를 대비하지 않으면 안 된다.

 안정의 문제는 또 어떤가? 이미 적지 않은 사람들이 시간이 지날수록 공무원의 직업적 안정성이 흔들릴 것이라는 데 동감하고 있다. 특히 이명박 정부 들어 지위고하를 막론하고 무능한 공무원을 특별교육대상자로 선정해 6개월 뒤 평가를 통해 명예퇴직 시키려고 하는 것을 보면, 이제 공무원 사회에도 구조조정이 본격화됐다고 해도 과언은 아닐 것이다. 따라서 이제 공무원도 회사원처럼 실직과 노후를 걱정해야 할 처지에 놓인 것이다.

 한편 퇴직 후 짧게는 20년에서 길게는 30~40년 동안 무얼 하며 어떻게 보낼 것인가는 또 다른 별개의 문제로 다가온다. 다시 말해 설혹 60

세까지 안정적으로 근무하고 퇴직 후에는 생활에 곤란을 겪지 않을 정도의 연금이 지급된다고 하더라도 노후에 무엇을 하며 소일할 것인가는 대단히 중요한 문제라는 것이다. 이는 적어도 40~50대, 아니 늦어도 퇴직 전에는 준비를 마쳐야 하는 일이다. 고향으로 내려가 농사나 지으며 소일하겠다는 소박한 생각을 갖고 있더라도, 이를 위해 미리 준비할 것은 한두 가지 아니기 때문이다. 만약 사업을 하겠다면 얘기는 완전히 달라진다.

그런데 이 경우 60까지 갑甲의 위치에서 안정적으로 직장생활을 하고 연금에 기대 노후를 보내겠다고 생각한 공무원들이 '시장'에서 생존경쟁을 벌여 온 일반인들에 비해 경쟁력이나 자생력이 높지 않을 것이라는 것은 재론을 요하지 않는다.

여기서 삼성경제연구소 연구위원인 공선표 박사의 말을 인용해 보자.

> 정년이라는 보호막이 높게 쳐져 있는 조직에서 오랫동안 일정한 보수를 받으며 일해 온 직장인의 경우에는 지금 당장은 신분상의 혜택으로 비춰질지 몰라도 좀더 깊게 생각해 보면 얻는 만큼 잃는 것도 많다는 사실을 알게 된다. (중략) 보호막이 높게 쳐져 있는 직장인들은 남은 20년 인생에 닥쳐올 리스크를 인식할 능력도 없을 뿐 아니라 이에 대처할 수 있는 능력도 없다.

공병오 박사 또한 『명품 인생을 만드는 10년 법칙』에서 "변화의 속도가 느리고, 경쟁은 없이 근무 햇수에 비례해서 승진이나 보상이 이루어지는 조직에서 일하고 있다면 각별한 주의와 노력이 필요하다"고 '안정'이라는 이름 아래 주어지는 삶의 위험성을 경고하고 있다.

이제 공무원이 선망의 직업인 시절도 얼마 남지 않은 것 같다. 지금 벌어지고 있는 사회적 변화를 모른 채 과거에 안주하고 있다면, 그 사람은 곧 "아무런 준비 없이 황량한 들판에 내팽개쳐진 자신을 만나게 될 것"이기 때문이다.

### 보좌진은 '1인 기업'

하지만 보좌진은 다르다. 늘 '실직'이라는 위험에 놓여 있고 따라서 자기계발에 소홀할 수 없으며 몸값을 높이지 않을 수 없기 때문이다. 그래서 절대 공무원처럼 주어진 일만 하면서 편히 지낼 수 없다. 만약 그랬다가는 도태되기 십상이다. 설혹 당장 도태되지 않는다 하더라도 4년마다 한 번씩 실직이라는 위험에 내몰리지 않을 수 없다. 따라서 그렇게 되지 않기 위해서는 뭐든 하나는 잘해야 한다. 선거전문가가 되든 예·결산전문가가 되든 홍보전문가가 되든, 아니면 행정부의 비리나 잘못만을 파헤치는 폭로전문가라도 돼야 하는 것이다.

이와 관련, 공병오는 "변화가 빠르거나 경쟁이 치열하거나 성과에 대한 평가와 차별화된 보상이 제대로 이루어지는 시스템이나 기업 문화가 자리잡고 있다면, 심신은 다소 피곤할지 모르지만 장기적으로 도움이 되는 환경이다"라고 주장하고 있다. 물론 보좌진의 근무환경이 공병오의 주장에 모두 부합하는 것은 아니지만, 보도자료를 뿌리고 나면 그 성과 여부가 2~3시간 뒤 인터넷에 의해 금방 평가받는 것과 함께 일반 공무원처럼 주어진 '안정'에 기대어 넋 놓고 살 수 있는 직업이 아닌 것만은 분명하다.

  글쓴이가 나이 40에 새롭게 인생을 설계하고 생활습관까지 바꿔 매일 아침 6시 30분이면 사무실에 출근해 남보다 2시간 반 일찍 하루를 시작하는 것도 바로 이처럼 보좌진에게 주어진 '위험' 때문이다. 2003년 『국정감사 실무 매뉴얼』도 바로 이런 과정에서 출간했다.

  『경제수명 2050시대』라는 책을 쓴 권영설에 따르면, 미래의 회사는 코끼리와 벼룩으로 양극화될 것이라고 한다. 여기서 코끼리란 삼성, LG, 현대와 같은 대기업을, 벼룩은 1~5인으로 구성된 소기업을 가리킨다. 또한 회사 조직은 일이 있을 때만 뭉치고 끝나면 흩어지는 잠정조직으로 점차 변화할 것이라고 한다. 결국 남는 것은 개인뿐이라는 것이다.

  권영설의 주장에 비춰 볼 때, 의원실 구조는 이미 '벼룩'과 같은 형태이고 바로 이곳에서 일하는 보좌진은 '1인 기업'과 다를 것이 없다. 보좌진이라고 해봐야 기껏 6명에 불과하고, 보좌진은 이미 보좌진이라는 직업이 처음 등장했을 때부터 자신의 성과로 평가받아 왔기 때문이다. 따라서 보좌진의 생존도 오로지 능력과 몸값 그리고 경력과 노하우, 전문성에 좌우됐다.

  한때 우리 사회에는 디지털 유목민Digital Nomad이라는 말이 유행했다. 여기서 디지털 유목민은 "한 자리에 안주하지 않고 유목민처럼 조직을 가볍게 하며 열린 자세로 네트워크를 활용해 기회를 빠르게 포착하고 끊임없이 도전하는 사람" 정도로 해석할 수 있다. 이렇게 보면 오로지 자신의 몸값 하나로 평가되고 그로 인해 직업적 안정성을 스스로 연장해 가는 보좌진 또한 디지털 유목민과 다를 것이 없다고 하겠다.

  혹자는 보좌진을 두고 비정규직이고 1인 기업인 동시에 그렇기 때문에 '벤처'라고도 한다. 어느 날 갑자기 보좌관에서 국회의원이 될 수도 있기 때문이란다. 그러고 보면 4급 공무원 하다가 국회의원 되는 것은 좀처럼 찾아보기 힘든 일이지만 17대 국회의원 299명 가운데 보좌진 출신은 줄잡아 10명이 넘는다. 대표적으로 이해찬 의원 보좌관을 지낸 유시민 의원을 들 수 있다. 과연 수직적 계급상승을 '벤처'로 표현할 수 있을지 의문인지만, 보좌진이 국회의원이 될 수 있는 첩경 가운데 하나인 것만은 틀림없는 사실이다.

"감당할 수 있는 위험은 이미 위험이 아니다"라는 게 글쓴이의 생각이다. 어떤 위험이든 자신의 노력으로 넘어설 수만 있다면 오히려 발전을 도와주고 안주하는 삶을 거부케 만들어 준다는 점에서, 스스로를 채찍질할 수 있는 좋은 계기로 작용한다. 더욱이 299개의 똑같은 회사가 존재한다는 것은 4년마다 주어지는 실직의 위험이 외부에서 보는 것과 달리 실은 아무것도 아니라는 것을 의미하고 있다.

이런 점에서 끝없는 자기 발전을 통해 1인 기업으로 우뚝 설 수 있는 보좌진이라는 직업이, 변화하는 사회를 보지 못한 채 머지않아 아무 준비 없이 황량한 벌판에 내동댕이쳐질 일반 공무원에 비해 더 못하다고 누가 감히 얘기할 수 있겠는가?

## 국회의 숨은 보배, 그 이름은 보좌관

**공아영**(KBS 기자)

지난 2003년 가을, 그러니까 기자질을 처음 시작하던 그 해, 첫 부서로 정치부를 배치받았던 나에게 낯선 전화 한 통이 걸려 왔다.

"여보세요?" "전 ○○의원실의 서인석 보좌관이라고 합니다." "그런데 무슨 일이시죠?" "네, 국정감사 앞두고 자료를 하나 준비했는데, 한 번 뵙죠." 신입 기자로, 짧은 단신 기사 한 줄 제대로 쓸 줄 몰랐던, 그래서 소위 인간취급 못 받던 그 시절. 생면부지의 보좌관 전화는 날 어리둥절하게 만들었다.

그렇게 시작된 서 선배와의 인연은 기자와 취재원과의 사이만을 떠나, 때로는 오라비처럼, 때로는 인생선배로 이어져, 어느새 내 연차와 같은 6년째를 맞았다.

요즘은 많이 사라지긴 했지만, 국정감사 때 일부 국회의원들이 자료뭉치를 그대로 들고 읽는 모습은 낯선 풍경이 아니다. 토씨 하나 바꾸지 못하고, 상대방의 대답은 들을 생각도 하지 않는다. 대답을 듣고 논리적인 지적을 해야 할 텐데, 맥을 끊는 엉뚱한 질문을 또다시 그대로 읽어 내려가는 의원들을 보면, 때론 가여울 정도다. 그만큼 정책보좌관에 대한 의원들의 의존도는 지대한 것이었다.

하루는 모 의원 인터뷰를 갔었다. 역시 보좌관이 준비해 놓은 보도자료와 관련해서였다. 방송 인터뷰 특성상 길어야 10초 들어가는 인터뷰지만, 그것조차 NG를 내기 일쑤였다.

그 짧은 인터뷰까지 보좌관이 옆에 서서 내용을 써 주고, 고쳐 주고. 해도 해도 너무한다 싶은 생각이 들 때가 한두 번이 아니었다. 그러라고 보좌관두고 월급주고 하는 거라고 따지면 할말은 없지만 말이다.

자료를 기획하고, 모으고, 얘기되는 자료로 만들어 내고, 하나에서 열까지 모든 과정을 알고 있는 주인공은 배지단 의원이 아니라, 보좌관이었다. 부고만 빼면, 비판 기사든 어떤 기사든 한 줄이라도 기사 나는 걸 좋아한다는 정치인들이지만, 기자 입장에선 보좌관들이 인터뷰해 줬으면 싶은 생각 많이 하는 게 사실이다. 물론 어떤 조직이든 각자의 맡은 역할이 있게 마련이지만, 실무를 가장 잘 아는 사람이 하는 것이 훨씬 생생하고 사실감 있을 테니 말이다.

그래서 보좌관은 기자와도 닮아 있다. 국정감사가 한창이던 어느 날, 한 보좌관 선배 사무실을 찾았다. 국감자료를 받기 위해서였는데, 자정이 가까워 오는 시간이었지만 대낮같이 환했다. 그 선배는 물론, 함께 일하는 보좌진 대부분이 남아 자료 준비에 여념이 없었다. 수습 시절, 경찰서 하리꼬미(밤샘 취재) 돌 때, 새벽에 당직 경찰들과 족발에 소주 한 잔 기울이며 서로를 위로하던 기억이 떠올랐다. 남들 다 자는 시간에 잠 못 자고 고생하는 모습 보면 비록 일정 거리를 둬야 하는 취재원들일지라도 인간적인 끈끈함은 본성인지라 억지로 선긋기가 어렵다. 그래서 옛 추억에 젖어 떡볶이, 오뎅, 순대 사들고 의원이 비운 소파에 한 상 차려 놓고 깊은 밤을 함께했었다.

어떤 보좌관을 보면, 국감자료 만드는 노하우에 무릎을 칠 때도 한두 번이 아니다. 각 피감기관들에 정보공개요청해서 문제점들을 끄집어내 엮어 내는 능력은 정치적 행보만을 중시하는 보좌관들에게선 찾아보기 힘든 뛰어난 취재력과 구성력이다. 그런 노력들을 거쳐 좋은 국정감사자료들이 탄생하고 의원의 질문지가 나오는 거였다.

공개채용 과정을 거치지 않고 인맥을 통해, 별다른 경험도 없이 의원의 친인척이란 이유만으로 보좌관으로 오는 경우가 적지 않다.

때론 피감기관들로부터 뇌물을 받는다거나 해서 물의를 일으키는 보좌관들도 보게 된다. 또, 상당수가 후일 배지를 꿈꾸는지라, 벌써 의원 다 된 것처럼 거들먹거리는 보좌관들도 본다. 하지만 그네들의 생명력은 그다지 길지 않았다. 모시던 의원이 다음 회기 국회를 떠나면 여로를 함께할 수밖에 없는 고로 말이다. 하지만, 묵묵히 자기 분야에서 전문성을 기르며 의원과 상관없이 한 길을 걷는, 그야말로 실력 있는 정책보좌관들은 오래오래 국회에서 함께할 수 있었다. 그런 보좌관들은 국회의원의 보좌를 넘어 그 의원을 진짜 정치인으로 재탄생시키고, 최일선에서 접한 민원인들의 고초를 정책으로 담아 낸다. 그야말로 국회의 숨은, 그렇지만 빛나는 보배다.

## 보좌진, 한국 정치의 동량으로 거듭나라!

**정광윤**(한나라당 부대변인)

나는 1996년부터 2006년까지 만 10년 동안 국회의원 보좌관을 지냈다. 보좌관 활동을 통하여 많은 것을 배웠고, 좋은 사람들을 많이 만날 수 있었다. 부족한 내가 정치적 도약을 꿈꾸고 있는 것은 무엇보다도 보좌관 10년의 경험이 소중한 밑거름이 되었다고 해도 과언이 아니다.

보좌관이라는 자리가 주는 강점 가운데는 국정에 대해 폭 넓게 학습할 수 있다는 점을 우선적으로 꼽을 수 있다. 소관 부처의 업무는 물론이고, 대정부질문, 예·결산 심사 등을 통하여 국정 전반에 대해 꼼꼼히 살펴볼 수 있는 기회를 가질 수 있다는 것은 대단히 소중한 기회라고 할 수 있을 것이다.

그리고 보좌관은 직업 특성상 각계의 다양한 사람들을 만날 수 있다. 관계, 정계, 학계, 시민사회 등 전문가와 활동가들을 많이 만나게 된다. 이런 사람들과의 지속적이고 폭 넓은 교류를 통하여 양질의 지식과 정보를 접할 수 있다. 뿐만 아니라 국회 일원으로서의 입장과 시각을 이들에게 전달할 수도 있다.

이런 점들 때문에 그 어떤 사람들보다도 보좌관은 '숲'을 바라보는 안목을 갖출 수 있다고 생각한다. 작금의 지식·정보 시대에 스페셜리스트도 필요하지만, 제너럴리스트의 존재 역시 중요하다는 점에서 보좌관의 역할이 결코 적다고 할 수 없다. 특히 거버넌스 governance의 중요성이 강조되는 시점에서는 더더욱 그렇다.

보좌관은 정치 개혁과 관련해서도 남다른 시각을 가지고 있다. 실무 활동과 다양한 소통을 통해 대한민국 현실 정치에 대한 투철한 문제의식을 갖고 있고, 그 해결책에 대해서도 진지하게 고민하는 편이다. 다만, 아직은 국회와 정당에서 하의상달의 문화가 정착되지 않았기 때문에 보좌관들의 참신한 발상이 전달되는 데 한계를 갖고 있다는 점이 아쉬울 따름이다.

또한 보좌관 신분의 제도화가 부족하기 때문에 각 보좌관들의 노하우가 사장死藏되기 쉽다. 이런 점에서 서인석 보좌관의 저서가 좋은 지침서가 되리라 믿는다. 또 다른 바람이 있다면, 각 의원실 사이의 칸막이 문화가 보다 열려야 한다는 점이다. 국회의원 개개인이 헌법기관이라는 점에서 일정한 독립성과 자율성이 불가피하지만, 같은 당 소속 의원실 상호간에 협력과 소통이 더욱 진작되어야 한다고 믿는다. 그럼으로써 일종의 시너지 효과를 낳을 수 있을 것이다.

나 자신 보좌관 출신이라서가 아니라, 보좌관 경험을 쌓고 국회라는 장場에서 검증받은 사람들이 국회의원으로 선출되는 것이 바람직하다고 생각한다. 아직은 변호사 등 외부 전문가들을 더 선호하는 풍토가 강하다. 물론, 다양한 분야의 인재들이 들어오는 것이 바람직한 측면이 없는 것은 아니다. 그러나 국회에서 다양한 경험을 쌓고 연구하고 공부한 보좌관 출신들이 국회 전문가라는 점에서 이들의 경험을 중시하는 것이 국회 발전에 크게 도움이 되리라 확신한다. 특히 보좌관들은 특권 의식을 갖고 있지 않기 때문에 '섬기는 정치'에 적합하다고 할 수 있다.

　의원에 따라 조금씩 다르지만, 보좌관을 정치 동지나 파트너보다는 '가신'으로 대하는 경향이 있다. 보좌관이 맡고 있는 역할이 중대하다는 점에서, 이런 태도는 의원들의 입지를 스스로 좁히는 자가당착이 될 수 있음을 명심해야 한다. 심지어 수시로 보좌관을 교체하는 의원들을 종종 볼 수 있는데, 이런 국회의원들은 그 자신의 자질에 문제가 있다고 간주해도 무방하다.

　새롭게 입문하는 보좌관들에게 조언하고 싶은 점이 있다면, 원대한 목표를 세우라는 것이다. 각자 처한 환경이 다르기 때문에 일률적으로 말할 수 없겠지만, 가급적이면 정치적 포부를 갖고 보좌관 활동을 한다면 동기 부여도 되고 자신의 인생 로드맵이 선명하게 그려질 수 있을 것이다. 그 어떤 길이든 한국 정치의 동량이라는 자부심을 끝까지 견지하기 바란다.

# 제3장

# 어떻게 하면 국회 보좌진이 될 수 있나?

1. 보좌진 채용과 지원 절차
2. 인턴십 제도
3. 의원실 선택 기준과 방법
4. 사전에 갖추면 도움 될 능력과 경험
5. 서류 작성과 면접
**내가 본 국회 보좌진** _ 행정부의 동반자, 국회 보좌진

# 1. 보좌진 채용과 지원 절차

> 인터넷 포털 사이트를 검색해 보면 중학교 2학년인데 국회 보좌진이 되고 싶다며 절차와 방법은 물론 대학에서 어떤 과를 전공하면 도움이 되겠느냐는 질문이 있다. 이제 겨우 중학교 2학년이 '보좌진'이라는 직업에 대해 알고 있다는 것에 놀라지 않을 수 없는데, 더 놀라운 것은 이에 대한 답이 "인맥이나 빽으로 뽑는다"는 것이다. 또 "비중 있는 의원들의 보좌관은 대학교수급이거나 차관을 하던 사람들도 있다"는 엉터리 답도 적지 않다. '장님 코끼리 만지기'가 아닐 수 없다.

### 보좌진 모집 정보는 국회 홈페이지에

뭐하는 사람인지, 연봉은 얼마나 되는지, 직업은 안정적인지에 이어 보좌진에 대해 일반인들이 가장 궁금해 하는 것은 바로 "어떻게 하면 보좌진이 될 수 있느냐?" 하는 것이다. 시대의 흐름과 함께 보좌진이 하나의 전문직으로 자리잡으면서 적잖은 사람이 보좌진이 되길 희망하고 있으나 정작 그 방법을 몰라 많은 사람들이 헤매고 있다는 것을 알 수 있다.

글쓴이는 2008년 3월 MBC 라디오 〈손에 잡히는 경제〉라는 프로그램에 출연해 보좌진이라는 직업에 대해 소개한 바 있다. 라디오 프로그램에서 보좌진이라는 직업에 대해 소개했다는 것은 많은 사람들이 보좌진이라는 직업에 대해 알고 싶어하는 데 반해 정보가 많지 않다는 것을 의미하는 것이라고 할 수 있다.

보좌진 모집과 관련한 정보는 국회 홈페이지의 '의원실소식'에 각 의원실에서 게재한 보좌진 및 인턴모집 공고를 통해 얻을 수 있다. 과거 글쓴이가 국회에 첫발을 내딛었던 1990년대 중반만 하더라도 지금처럼 인터넷이 발달하지 않아 보좌진 모집과 관련한 정보는 국회에 근무하고 있거나 혹은 그 주변사람만 접할 수 있었다. 정보에 대한 접근성이 제한되면 그를 유통하고 소비하는 사람 위주로 왜곡되기 마련인데, 그러다 보니 간혹 정실인사 또한 없지 않았다. 그러나 요즘은 인터넷을 통해 공개적으로 보좌진을 모집하는 데 따라 과정과 절차가 투명해진 것은 물론 희망하는 사람이면 누구나 국회의 문을 두드릴 수 있다.

단, 인터넷을 통해 공개채용을 하다 보니 지원자 범위가 확대돼 과거와는 비교할 수 없을 정도로 경쟁률이 높아졌고 지원자들의 학력 또한 높아지고 경력도 다양해져 선별하는 데 적지 않은 어려움이 뒤따른다. 가끔 "의원이 수십 명에 달하는 지원자를 직접 면접했다"는 언론보도는 이 같은 선발의 어려움을 묘사한 것이라 할 수 있다.

앞서도 얘기한 것처럼 보좌진에 대한 임면권은 299명의 의원이 갖고 있다. 따라서 보좌진 모집은 개별 의원실 단위로, 그리고 수시로 이루어진다. 그러므로 보좌진 총 수가 1,800여 명에 달한다고 해서 일반회사의 대규모 공채를 생각하면 안 된다. 쉽게 말해 전 직원이 6명인 회사가

299개 있으며, 각 회사는 결원이 생기면 그때그때 보충한다. 그런 만큼 시간 날 때마다 국회 홈페이지를 클릭하는 것이 보좌진 모집 관련 취업 정보를 빨리 그리고 많이 접할 수 있는 방법이다.

　물론 모든 의원실이 인터넷을 통한 공개채용으로 보좌진을 모집하거나 충원하는 것은 아니다. 간혹 가까운 주변사람으로부터 추천이나 소개를 통해 보좌진을 모집하는 의원실도 있다. 그러므로 주변에 국회에 근무하는 사람이 있으면 취업할 의사가 있다고 적극 알려야 기회를 잡을 수 있다.

　의원실이 인터넷을 통한 공개채용 대신 사적으로 추천 혹은 소개받는 데에는 그만한 이유가 있다. 첫째, 서류전형을 생략할 수 있다. 인터넷에 모집공고를 낼 경우 줄잡아 100여 명 안팎의 이력서가 들어온다. 이 가운데 5~10명 내외의 면접 대상자를 선별하는 것도 작은 일은 아니다.

　둘째, 면접 부담을 덜 수 있다. 의원실의 경우, 기업처럼 면접을 주관하는 인사팀이 별도로 존재하지 않는다. 결원이 생길 때마다 보충하는 식으로 인사가 이뤄지다 보니 즉자적인 경우가 많다. 이 말은 결국 인재 선발과 관련해 의원실이 전문성이나 노하우를 갖고 있지 못하다는 것을 의미한다.

　셋째, 무엇보다 사람 됨됨이는 물론 능력에 대해서도 검증을 거쳤다는 것이다. 너나 할 것 없이 좋은 인재를 쓰려는 것은 인지상정이다. 그러나 자신에 꼭 맞는 훌륭한 인재를 구한다는 게 어디 말처럼 쉬운 일이겠는가? 흔히 인사 담당자들이 "사람은 많지만 쓸 만한 사람이 없다"고 하는 것도 바로 이런 사정을 대변하는 것이다. 그런데 누군가를 추천 혹은 소개하는 것은 의원실이 필요로 하는 능력을 갖고 있으며 사람 또한 괜찮다는 것을 의미한다. 특히 누군가가 데리고 써 본 사람을 추천받는 것보다 더 좋고 확실한 인재 선발 방법도 많지 않을 것이다. 바로 이런 점들 때문에 추천과 소개를 통해 보좌진을 충원하는 의원실도 일부 존재한다.

### 모집공고문과 자격조건

보좌진 모집을 알리는 공고문을 보면, 모집분야와 인원, 자격요건, 주요 업무, 근무조건, 제출서류, 전형방법, 제출기간 등으로 구성돼 있다. 이 가운데 국회 근무를 희망하는 지원자와 밀접히 관련돼 있는 것은 자격요건과 주요 업무, 그리고 제출서류 세 가지다.

먼저 자격요건과 주요 업무를 살펴보자. 자격요건에 주요 업무를 포함하는 것은 보좌진에 대한 일반적인 자격요건과 업무 성격에 따른 자격요건이 서로 다르기 때문이다.

일반적인 자격요건은 다음과 같다. 보좌관부터 비서까지 6명 모두 나이나 성별 혹은 여타의 자격과 관련한 특별한 제약조건은 없다. 누구나 할 수 있는 것이다. 단 신분이 별정직 공무원이다 보니 국가공무원법 제33조의 임용결격사유, 즉 금치산자와 한정치산자, 금고 이상의 형을 받고 그 집행유예의 기간이 완료된 날로부터 2년을 경과하지 않은 자, 해임·파면 처분을 받은 때로부터 각각 3년과 5년을 경과하지 않은 자 등에는 해당되지 않아야 한다.

한마디로 범죄를 저지르지 않고 평범하게 살아온 사람에게는 해당되지 않는 얘기다. 따라서 이보다는 담당업무와 관련된 자격요건이 더 중요한 의미를 갖는다. 이 밖에 경력자 또는 상임위원회, 지역을 기준으로 자격요건을 제시하는 경우가 적지 않아 지원자 입장에서는 오히려 이런 것들이 더 중요한 의미를 가질 수 있다.

1) 경력자 우대

보좌진 모집공고문 가운데 우대조건으로 '경험자'를 제시하는 곳이 적지 않다. 예를 들면 '국회의원 의정활동 보좌 업무 전반에 대한 실무 능력을 갖춘 자 우대'와 같은 조건을 제시한다. 한마디로 선발과정에서 국회 경력자를 우대하겠다는 것이다.

아마 각 의원실에서 제시하는 조건 가운데 가장 흔한 것이 바로 '국회 유경험자'를 우대하겠다는 것이다. 이는 국회가 보좌진에 대한 훈련 및 교육을 제대로 실시하지 않고 있는 것과 무관치 않다. 제4장과 제5장에서 자세히 설명하겠지만 국회는 보좌진에 대한 교육과 연수 등 훈련체계를 제대로 갖추고 있지 못하다. 아니 제대로 실시하지 않고 있다. 모든 보좌진은 제대로 된 오리엔테이션도 거치지 못한 채 채용 당일부터 실무를 담당해야 한다. 수습기간은 당연히 없다. 그렇다고 국회 고유업무, 이를테면 국정감사나 예·결산심사, 입법, 인사청문회, 민원, 선거 등 보좌진이 담당하는 업무와 관련한 매뉴얼이나 업무지침서가 있는 것도 아니다.

단지 글쓴이가 2003년에 출간한 『국정감사 실무 매뉴얼』이 유일하다. 그러나 이는 어디까지나 개인적 차원에서 낸 것일 뿐 국회 차원에서 출간된 것은 없다. 총리실은 2006년 범정부 차원에서 「국정감사 수감 매뉴얼」이라는 자료집을 발간했다. 제목 그대로 국회의 국정감사에 대한 대응논리나 자세를 담고 있다. 그런데도 지금껏 국회는 그 문제성만 지적할 뿐 조직적으로 국정감사 매뉴얼을 출간하거나 수감 매뉴얼을 무력화시킬 수 있는 대응책을 개발하지 않고 있다.

상황이 이와 같을 때 보좌진에 대한 교육과 훈련 등은 모두 개별 의원실의 부담으로 떠넘겨지지 않을 수 없다. 그런데 보좌진이라야 기껏 6명밖에 안 되는 상황에서 누가 누구를 가르칠 수 있겠는가? 일단 시간부족으로 할 수 없다. 매일 실무를 담당해야 하는 상황에서 가르치는 사람과 배울 사람 2명이 학습에 열중하고 있다면 일은 누가 한단 말인가? 또 누구를 가르친다는 것은 단순히 경험이 많거나 알고 있는 것과는 차원이 다른 문제이다. 국회 경력이 많다고 해서 누구를 체계적으로 가르칠 수 있는 것은 아니기 때문이다. 그러기 위해서는 먼저 강의 내용을 정리해야 하고 교습법도 준비해야 한다. 바로 이런 문제 때문에 기업에서도 사내 교육팀을 별도로 운영하고 있는 것이다.

결국 이런 사정들 때문에 의원실은 채용 당일부터 바로 실무를 책임질 수 있는 경력자를 우대하지 않을 수 없다. 의원실은 어깨너머로 일을 배워 제 몫을 다할 수 있을 때까지 기다려 줄 수 있는 한가한 조직이 아니다. 또 앞선 사람의 실수를 그대로 반복하는 것과 같이 맨땅에 헤딩하며 일을 배우는 것을 기다릴 수 있을 만큼 시간이 많은 조직도 아니다. 「보좌진의 지위와 역할」에서 언급했던 것처럼 수많은 일을 쉴 새 없이 처리해야 겨우 굴러갈 수 있는 조직이다. 그러니 너나 할 것 없이 경험자, 그것도 경력 많고 유능한 사람을 보좌진으로 채용하려는 것이다.

물론 '국회 유경험자 우대'라는 조건이 이제 막 국회 진출을 준비하고 있는 사람에게는 커다란 '진입장벽'으로 작용하고 있다. 하지만 일단 높은 진입장벽을 뚫고 국회 진출에 성공하면 이는 반대로 경력자들에게는 대단히 유리한 조건으로 작용하는 것 또한 사실이다. 더욱이 국회의 고유 업무인 국정감사와 입법, 예·결산심사 등은 국회가 아닌 다른 곳에서는 경험할 수 없다는 것 때문에 외부인 진입을 어렵게 하는 요소로 작용하고 있다. 하지만 내부적으로는 직업적 안정성을 높이는, 다시 말해 의원의 낙선에도 불구하고 자리 이동을 통해 계속 근무할 수 있는 유리한 조건으로 기능하고 있다.

### 2) 특정 상임위원회 경험자 우대

간혹 국회 경험자에서 그치지 않고 특정 상임위원회로 범위를 더 좁혀 해당 상임위원회를 경험한 보좌진 출신을 원하는 의원실이 있다. 예를 들면 이런 식이다. '건설교통위원회 경험자 우대' 또는 '재정경제위원회 경험자 우대' 등이다.

어렵거나 전문성을 요구하는 상임위원회 소속 의원일수록 이런 경향을 더 많이 보인다. 가령 당장 한두 달 공부한다고 해서 제반업무를 모두 다 파악하는 게 불가능한 경제 분야 같은 곳이 대표적이다.

그러나 이처럼 상임위원회 경험을 우대조건으로 내세우는 것은 큰 의미가 없다는 것이 글쓴이의 생각이다. 일단 상임위원회는 2년 단위로 바뀐다. 즉 국회의원 임기 4년 동안 전반기 2년 동안 보건복지위원회를 담당하면 후반기 2년은 국방위원회를 하는 식이다. 물론 개중에는 4년간 한 상임위원회만 담당하는 의원도 없지 않다. 그러나 이건 어디까지나 예외적인 상황이며 원칙은 2년마다 교체하는 것이다. 특히 한 상임위원회를 4년 내내 하는 것은 경쟁이 없는, 다시 말해 다른 의원들이 선호하지 않는 비인기 상임위원회인 경우가 많다. 상식적으로도 건설교통위원회나 재정경제위원회처럼 의원들이 서로 하고 싶어하는 상임위원회는 혼자 4년 내내 할 수 없다. 자연 2년만 하고 교체하지 않을 수 없는 것이다.

또 하나, 처음에는 특정 상임위원회 경험자를 찾지만 2년 뒤 상임위원회가 바뀌는 상황에서도 특별한 문제가 없는 한 보좌진 교체는 이뤄지지 않는다. 상임위원회 경험자를 우대하는 것은 전문성을 보겠다는 것인데, 정작 2년 뒤 상임위원회 변경에도 불구하고 대부분 보좌진을 바꾸지 않은 채 그냥 가는 것이다. 이는 특정 상임위원회를 경험한 것이 별 의미가 없다는 것과 함께 상임위원회에 대한 경험보다는 다른 것, 예를 들면 사람 됨됨이나 충성도 등이 보좌진에 대한 평가에서 더 중요한 요인으로 작용하고 있기 때문이다.

글쓴이가 관련 상임위원회 경험자를 우대조건으로 내세우는 게 별반 큰 의미를 갖지 못한다고 한 것도 국회의 이 같은 분위기와 무관치 않다. 간혹 대학원 이상 혹은 경제학 전공자 우대와 같이 전공이나 학력을 우대 조건으로 제시하는 의원실도 없지 않은데, 이 또한 앞에서와 같은 이유로 불필요한 조건에 지나지 않는다.

특히 일단 한 분야에서 문리文理가 트이면 다른 것에도 똑같이 적용할 수 있다는 게 글쓴이의 생각이자 경험이다. 다시 말해 글쓴이가 「자료요구 고정메뉴 20가지」로 상임위원회나 피감기관에 구애받지 않고 국정감사를 치러 낼 수 있는 것도 한 분야에서 문리가 트인 것에 힘입은 바 크다는 것이다. 이와 관련해서는 『국회 보좌진 업무 매뉴얼』에 이어 곧 출간할 『국정감사 실무 매뉴얼』의 개정증보판에서 자세히 설명하겠다.

한편 국정감사가 단순히 해당 분야에 대해 아는 것이 많거나 전공했다고 해서 할 수 있는 것이 아니라는 점에서 '전공'이나 '학력'은 큰 의미를 갖지 못한다. 왜냐하면 전공이나 학력은 '연구'의 영역일 뿐 감시나 비판을 의미하는 감사監査와는 큰 관련성을 맺고 있지 않기 때문이다.

글쓴이는 건설이나 교통 혹은 도시계획, 항공 등과 관련해 이 분야를 전공한 박사들과 같은 전문지식을 갖고 있지 못하다. 그러나 적어도 이와 관련된 국정감사는 여느 박사 못지않게 잘 치를 수 있다. 이건 글쓴이가 13번 경험한 국정감사 가운데 7차례를 건설교통위원회로 치르면서 요령과 노하우를 터득한 데 따른 것이다. 여기서 요령과 노하우는 어떤 형식과 방법으로 요구해야 원하는 자료를 손에 넣을 수 있는지 안다는 의미이다. 또 주지 않는 자료를 받아 내는 방법도 경험을 통해 배웠다는 것을 의미한다. 나아가 어떻게 하면 문제점을 찾아낼 수 있는지, 또 어떻게 보도자료를 만들어야 하는지도 알고 있다는 의미이다.

하지만 제아무리 '박사'라 하더라도 보좌진처럼 훈련되지 않으면 다음날 조간신문 1면 머릿기사를 장식할 질의서를 만드는 것은 거의 불가능한 일이다. 이들이 자료집이나 보고서를 만들 수는 있겠지만 보좌진처럼 언론이 선호하는 보도자료는 만들 수 없기 때문이다. 아니 만드는 건 고사하고 언론이 어떤 내용과 형식의 보도자료를 좋아하는지조차 이들은 잘 알지 못한다. 한마디로 경제학자가 주식으로 돈을 벌지 못하는 것과 다를 것이 없다.

한편 보좌진이 되려고 이 책을 보거나 혹은 이제 막 보좌진으로 첫발을 내딛어 아직 뭐가 뭔지 잘 모르는 사람이라면, 가급적 하나의 상임위원회를 담당해 관련 전문성을 키우라고 얘기해 주고 싶다. 다시 말해 한 분야에서의 전문성을 확보키 위해 여러 개 상임위원회를 전전하지 말라는 것이다. 이는 특정 분야에 대한 전문성이 직업적 안정성은 물론 보좌진의 인생이모작에도 도움이 된다는 생각 때문이다.

우선 앞서 글쓴이가 특정 상임위원회 경험자가 큰 의미가 없다고 한 것과 달리 현재 의원실에서 새로 보좌진을 뽑을 때 가장 많이 제시하는 조건은 바로 관련 상임위원회 유경험자다. 이 밖에도 보좌진을 하다가 관련 업계나 분야로 진출한 보좌진들은 모두 하나의 상임위원회만을 선택해 전문성을 키웠다는 특징을 갖고 있다.

물론 하나의 상임위원회와 관련된 전문성을 키우기 위해서는 의원을 바꿔야 하는 부담이 뒤따른다. 그러나 한 의원을 계속 따라다니면 결국 상임위원회 교체로 전문성을 키우는 것이 쉽지 않다. 국회는 그렇지 않아도 그 특성상 보좌진에게 팔방미인이 될 것을 강요하는 곳이다. 「보좌진의 지위와 역할」에서 언급한 것처럼 성격이 서로 다른 다양한 일들을 작은 인원으로 모두 담당해야 하기 때문이다. 다시 말해 팔방미인이 되지 않고는 절대 살아남을 수 없는 직업이 바로 보좌진이다. 그런데 유일하게 전문성을 키울 수 있는 상임위원회마저 빈번히 바꾼다면 결국 어디서도 전문성을 키울 수 없다.

국회 밖 우리 사회는 이미 전문가를 우대하는 분위기로 바뀌었다. 외부로부터의 영향을 적게 받기 때문에 국회에서는 아직 이런 현상이 보편화되지 않고 있는데, 국회 또한 조만간 사회적 변화를 수용하지 않을 수 없을 것이라는 게 글쓴이의 생각이다.

### 3) 특정 지역 출신이나 거주자 우대

특정 지역 출신자나 혹은 특정 지역 거주자로 제한을 두는 경우는 대개 지역 관련 일을 맡기기 위해서인 경우가 많다. 예를 들면 이런 식이다. 지역구가 부산인 의원실이 보좌진을 뽑는 과정에서 부산 출신을 우대하겠다는 것은 적어도 지역 관련 일, 예를 들면 지역 사무실(과거 지구당) 근무로 활용하기 위해서인 경우가 많다. 따라서 이 경우 지역 사무실에서 근무하는 것인지 아니면 국회에서 근무하는 것인지를 확인할 필요가 있다. 양자간에는 근무환경에 많은 차이가 존재하기 때문이다. 더 나아가 지역 사무실에 근무할 경우 보좌진으로 등록되는 것인지 여부도 반드시 확인해야 한다. 보좌진은 별정직 공무원으로 등록되고 그에 따라 퇴직금이나 연금을 수령할 수 있지만 지역 사무실은 그렇지 않기 때문이다. 물론 지역 사무실에 근무하면서도 보좌진으로 등록되는 경우도 없지 않다. 이는 6명의 보좌진 정원 가운데 일부를 지역 사무실로 돌려 활용하는 데 따른 것이다.

한편 반드시 지역 사무실에 근무하는 건 아니라도 해도 평소 국회와 지역 사무실을 왔다갔다 하거나 지역 사무실 일과 관련한 심부름을 시키기 위한 목적인 경우도 없지 않다.

특정 지역 거주자를 선호하는 이유 또한 특정 지역 출신자를 우대하는 이유와 다르지 않다. 이는 주로 수도권에 지역구를 두고 있는 의원실에서 많이 활용한다. 예를 들면 안산이 지역구인 의원실에서는 안산 거주자를, 의정부가 지역구인 의원실에서는 의정부 거주자를 원하는 것이다.

특정 지역 출신이나 특정 지역 거주자에 대한 우대는 선거를 앞두고 더 많이 이루어진다. 당장 지역구 상황을 잘 안다는 점에서, 선거기간 동안 지역 사무실로 출퇴근하는 게 어렵지 않다는 점에서, 또 선거에 도움이 된다는 점 등의 이유 때문이다.

4) 사이버 업무 가능자 우대

글쓴이가 보좌진으로 첫발을 내딛었던 1995년과 달리 최근 들어서는 홈페이지 관리가 보좌진 업무영역으로 새롭게 추가되면서 관련한 인력 수요가 늘고 있다. 이에 따라 각 의원실은 홈페이지로 대표되는 사이버 업무를 전담할 수 있는 능력을 갖고 있는 직원을 별도로 선발하고 있다.

이 경우 자격요건은 엑셀이나 파워포인트, 그래픽 관련 프로그램을 능숙하게 사용해야 하는 것은 물론 홈페이지 관리를 위한 포토샵, 디지털카메라 촬영, UCC 제작, 더 나아가 웹진 편집 능력 등이다.

사이버 업무는 그 특성상 20대 젊은층이 전문가일 수밖에 없고, 그래서 그것이 갖는 중요성에도 불구하고 담당자의 신분은 대개 '인턴' 인 경우가 많다. 다시 말해 대부분의 의원실은 사이버 업무를 맡기기 위해 인턴을 별도로 뽑는다는 것이다. 인턴은 보좌진 6명에 포함되지 않는데, 인턴십을 비롯해 그 지위와 역할에 대해서는 뒤에서 별도로 설명하겠다.

### 제출 서류

보좌진 선발과 관련해 의원실에서 요구하는 서류는 크게 이력서와 자기소개서 두 가지다. 경우에 따라서는 '정책제안서' 라는 이름의 '소논문'을 요구하기도 하는데, 글 솜씨나 글의 논리적 전개 등을 살피기 위한 때문인 경우가 많다. 이는 보좌진의 주요 업무이자 기본이 바로 글쓰기인 것과 밀접히 관련돼 있다. 의원실에서 제출을 요구하지 않았더라도 보좌진이 주로 담당하는 업무와 관련한 '커리어 포트폴리오'가 있다면 제출하는 것도 무방하다. 이력서 및 자기소개서 작성과 관련해서는 뒤에 자세히 적겠다. 채용방식은 서류전형과 면접 등 2단계로 구분되는데, 면접 준비에 대해서도 후술하겠다.

참고로 각 의원실에서 보좌진 구인이 가장 많은 때는 바로 국회의원 선거가 끝난 4~5월이다. 공천을 받지 못했거나 낙선한 의원을 대신해 새롭게 국회에 등원한 의원이 보좌진을 뽑기 때문이다. 이 밖에 새롭게 국회가 시작된 해의 첫 번째 국정감사를 전후로 보좌진 구인과 관련한 큰 시장(?)이 선다. 예를 들면 2004년 가을, 2008년 가을 등이다. 이때가 바로 새롭게 국회에 등원한 초선 의원들이 논공행상 차원에서 데리고 온 지역 출신 보좌진으로는 도저히 경험 많은 보좌진을 당해 낼 수 없다는 것을 깨닫는 시기이다.

## 2. 인턴십 제도

> 인턴을 뽑겠다고 공고문을 내면 심한 경우 경쟁률이 100 대 1을 넘기도 한다. 그러나 국회 인턴제도는 기업의 그것과 성격이나 운영 방식 등에서 많은 차이를 보이고 있다. 보좌진에 앞서 반드시 거쳐야 할 과정도 아니고 인턴이라고 해서 반드시 보좌진이 되는 것도 아니다.

### 인턴 한 달 임금은 120만 원

국회는 6명의 보좌진 이외에 '인턴제도'를 운영하고 있다. 기업에서 운영하고 있는 인턴사원을 생각하면 이해가 쉬울 것이다. 그러나 국회의 인턴제도는, 인력은 부족한데 예산 문제 등으로 보좌진을 더 늘릴 수 없는 현실에 대한 타협물의 소산이다. 따라서 개념이나 운영방식 등에서 기업의 인턴사원과는 많은 차이가 존재한다.

기업의 인턴사원은 대학졸업예정자 혹은 막 사회에 발을 내딛은 산업예비군을 대상으로 선발 후 일정기간 실습사원으로 직무에 대한 적성과 능력을 평가한 뒤 본채용의 과정을 거치는 것이라고 규정할 수 있다.

그러나 국회 인턴제도는 본채용의 과정을 거치지 않는다는 점에서 가장 큰 차이를 안고 있다. 또 대학졸업예정자나 졸업한 지 얼마 안 되는 사람만을 대상으로 하지도 않는다. 이하에서는 인턴제도의 시행 배경부터 보수, 운영방식과 특징 등에 대해 자세히 알아보자.

2004년 17대 국회 시작과 함께 도입된 인턴제도는, 이에 앞서 1999년 8월부터 2000년 5월까지 운영된 바 있다. 당시는 우리 사회가 IMF를 겪는 어려운 상황이라 실업자를 구제하기 위해 대학원 출신 이상자를 대상으로 각 의원실별로 1명씩 채용하는 형태로 한시적으로 운영됐다.

제16대 국회가 시작된 2000년 5월부터는 4급 보좌진이 한 명 더 늘어난 데 따라 인턴제도가 없어졌다. 그러다 17대 출범과 함께 다시 운영되기 시작했다.

2007년 말 현재 인턴제도와 관련한 연간 예산은 의원실별로 2,200만 원이며, 정원은 2인까지이며 1인당 보수는 110만 원이었다. 이 말은 2,200만 원의 예산범위 내에서 각 의원실별로 자유롭게 인원과 기간을 결정할 수 있다는 것을 의미한다. 물론 선발권도 의원에게 주어져 있다. 이 경우 통상 인턴 2명을 10개월 간 쓸 수 있다.

그러나 대학원 이상 출신 혹은 회계사와 같은 자격증을 가진 사람을 인턴으로 채용할 경우 110만 원이라는 급여는 너무 작은 액수이기 때문에 당사자와 함께 다른 사람 이름을 빌어 인턴 2명으로 등록한 뒤 급여는 한 사람에게 몰아주는 의원실도 없지 않다. 다시 말해 인턴 2인 중 한 명은 실제 근무하지 않고 자신의 이름만 빌려 주는 것이다.

또 "인턴은 의원사무실에서 근무한다"는 규칙과 달리 예산을 전용해 지역 사무실에 근무하는 당직자 임금으로 사용하는 의원실도 적지 않다. 이 경우 2명 다 지역으로 돌리는가 하면 1명은 국회에 두고 1명만 지역 사무실 임금으로 충당하기도 한다.

인턴에게는 의료보험 등 소위 4대보험이 보장된다. 2008년 들어 인턴 보수는 120만 원으로 인상됐는데, 보험료와 세금 등을 제외할 경우 실수령액은 113만 원 정도 된다. 현재 비정규직 20대의 평균임금이 세전 기준으로 88만 원인 것을 감안하면 국회 인턴이 약간 많다고 할 수 있다.

### 인턴에서 보좌진으로

그러나 국회 인턴 가운데는 30대도 없지 않아 이 경우에는 120만 원이 결코 많다고 할 수 없다. 이처럼 인턴에 나이 제한을 두지 않는 것이 기업에서 시행하고 있는 인턴제도와의 차이라고 할 수 있다.

주어진 역할이 비서들과 큰 차이가 없다는 것도 국회 인턴제도의 특징이라 할 수 있다. 「보좌진의 지위와 역할」에서도 언급했던 것처럼 보좌진은 '피라미드식 형태'를 이루고 있지 않기 때문에 인턴 또한 보좌진이 담당하는 업무의 일부를 맡는 경우도 적지 않다. 물론 복사나 자료정리, 보도자료 배포 같은 잡무를 담당하기도 하지만, 의원실에 따라서는 부담이 많지 않고 중요도가 떨어지는 기관을 대상으로 한 질의서 작성 업무를 맡기기도 하는 것이다. 그러나 앞서 「보좌진 채용과 지원절차」에서도 언급한 것처럼 사이버 업무를 맡기기 위해 인턴을 선발하는 의원실이 가장 많다.

국회 인턴제도의 세 번째 특징으로는 기업과 달리 본채용을 전제로 하지 않는다는 것이다. 여기에는 여러 가지 이유가 있으나 보좌진 정원이 6명에 지나지 않는 것을 가장 큰 요인으로 꼽을 수 있다. 이 말은 아무리 열심히 일하고 능력 또한 인정받는다고 하더라도 6명 가운데 결원이 생기지 않는 한 보좌진으로 채용되는 것이 쉽지 않다는 것을 의미한다.

이 밖에 '나이' 또한 걸림돌이 되기도 한다. 가령 30대 초반의 인턴이 능력을 인정받았다고 하더라도 주로 30대 중후반에서 40대, 심한 경우 50대가 담당하는 4급 보좌관 자리에 결원이 생겼다고 보좌관으로 등록될 수는 없는 일이다.

국회에서는 '나이' 가 생각보다 중요한 요소로 작용한다. 보좌진은 '시험' 이라는 누구나 승복할 수 있는 절차를 통해 직급을 부여받은 것이 아닌 데 따라, 결국 나이가 차선책으로 부여받은 직급의 정당성을 인정하는 요소로 작용하는 것이다. 승진 또한 일반 공무원과 같이 시험이나 교육, 연수 등을 종합적으로 판단해 이루어지지 않기 때문에 여기서도 '나이' 는 가장 중요한 요소로 대두하는 것이다. 그래서 자신의 나이에 걸맞는 직급에 결원이 생기지 않는 한 능력이 있더라도 인턴에서 바로 보좌진으로 채용되는 것은 쉽지 않다.

물론 줄줄이 승진인사를, 다시 말해 5급 비서관을 4급 보좌관으로 올리고 아래 직급도 이런 식으로 승진시킨 뒤 인턴을 6급이나 7급에 등록시킬 수도 있겠으나 그건 어디까지나 '운' 이 뒤따라야 가능한 일이다.

이 경우 대신 다른 의원실로의 이동을 생각할 수 있다. 만약 인턴을 하고 있는 와중에 다른 의원실에서 자기 나이에 맞는 보좌진을 뽑는다는 공고가 나오면 이에 응시하고 채용과정을 거쳐 보좌진이 될 수 있다. 특히 근무하던 의원실에서 능력을 인정받을 경우 훨씬 더 수월하게 선발과정을 통과할 수 있다는 장점이 있다. 보좌진 채용에서 언급했던 것처럼 서류전형과 짧은 면접만으로는 개인에 대해 모든 것을 판단할 수 없기 때문에 국회 취업에서는 데리고 써 본 보좌관의 추천만큼 큰 힘을 발휘하는 것도 많지 않다.

## 평균 경쟁률은 수십 대 일

이런 점에서 인턴에서 보좌진으로 취업하기 위해서는 무엇보다 현재 근무하고 있는 의원실로부터 능력을 인정받는 것이 가장 시급한 과제이다. 아울러 평소 자신의 경험과 그런 가운데 이룩한 성과물이나 실적 등을 스스로 평가해 자료로 만들어 둔다면 자리 이동 때 많은 도움을 받을 수 있다. 사소한 실적이라도 꼼꼼히 챙겨 DB화 하고 이를 위해 틈틈이 이력서와 자기소개서를 갱신해야 한다. 특히 실적은 계량화해 한눈에 알아볼 수 있도록 해야 하며, 성과물을 만들어 내기까지의 과정에서 얻은 교훈이나 과제 등도 함께 정리하면 취업에 도움이 된다.

한 자료에 따르면, 2007년 한 해 동안 인턴십을 운영한 주요 기업들의 평균 경쟁률이 66 대 1이라고 한다. 국회 또한 이와 큰 차이가 없다. 심한 경우 100 대 1을 넘기도 한다. 이처럼 경쟁률이 높아지면서 최근 들어서는 인턴과정이 마치 보좌진이 되기 위해 사전에 거쳐야 할 과정으로 받아들여지고 있다. 특히 나이나 성별, 학력 등에서 특별히 구애받지 않는다는 점에서 보좌진에 앞선 '통과절차' 내지는 '등용문'으로 기능하기도 한다.

그러나 어디나 그렇듯 국회 또한 첫발을 어떻게 내딛느냐가 대단히 중요한 곳이다. 국회 경험이 전혀 없는 사람도 바로 보좌진으로 등록하는 경우도 적지 않으니 무조건 아래부터 천천히 배워서 올라가겠다는 자세가 꼭 옳은 것만은 아니라는 것이다. 또한 4급 보좌관이라고 하더라도 30대 초반부터 60대까지 넓게 분포돼 있는 만큼 자신의 나이를 무시하는 것도 좋은 것만은 아니다.

특히 자신의 나이까지 무시하고 인턴으로 출발하면 의원실에 결원이 생기지 않는 한 승진도 쉽지 않다는 점에서 급하다고 섣불리 결정하지 말고 자신이 처한 환경과 조건에 맞는 의원실을 선택하는 지혜도 필요하다. 또한 의원실에 따라 대우나 위치, 업무처리 등에서 많은 차이가 있는 만큼 사전에 할 수 있는 한 의원실 사정을 많이 알아보는 것도 실패 확률을 낮출 수 있는 좋은 방법이다.

나이가 아직 어려 부담 없이 인턴에 지원할 수 있는 사람이라면, 인턴 근무를 통해 보좌진 업무가 자신의 적성 및 능력과 부합하는지 여부를 사전에 판단하는 기회로 삼을 수 있을 것이다.

# 3. 의원실 선택 기준과 방법

> 299개 회사 중 내게 맞는 의원실은 어디일까? 어느 의원실에 지원하면 열심히 일도 하며 보람도 찾을 수 있을까? 의원실마다 업무처리 방식에서부터 처리해야 할 업무까지 차이가 존재한다고 하는데, 국회에 아는 사람 하나 없는 외부인은 무슨 기준으로 의원실을 선택해야 하나? 여·야와 상임위원회 등 객관적 기준과 지원자의 나이 등 주관적 조건을 의원실 선택의 기준으로 삼을 수 있다.

## 내게 맞는 의원실 고르기

국회 보좌진이 되겠다고 마음먹은 사람이 제일 먼저 닥치는 어려움은 어떤 의원실에 지원하느냐 하는 것이다. 299개 회사가 모두 다 제각각 차이가 있다고 하는데, 그럼 어느 의원실이 자신과 맞는지, 또 어떤 의원실이 까다로운지, 자신의 꿈과 비전을 이루려면 어떤 의원과 일해야 하는지 등등 고민이 한두 가지가 아니다. 그렇다고 무턱대고 아무 곳이나 지원할 수도 없다. 면접에서 "허구 많은 의원실 가운데 왜 우리 의원실에 지원했느냐"는 질문을 받으면 할말이 없기 때문이다.

 그렇다고 국회에 아는 사람 하나 없는 외부인이 각 의원실 사정을 속속들이 아는 건 불가능한 일이다. 그럼 어떻게 해야 자신과 맞는 의원실을 고를 수 있을까? 의원실을 선택하는 데 도움이 될 만한 기준은 없는 것일까?

 의원실 선택 기준은 크게 의원실과 관련된 객관적 조건과 지원자가 처한 상황에 따른 주관적 조건으로 나뉜다. 전자는 다시 △여야 △선수選數 △상임위원회 △의원의 전직 △지역구와 비례대표 △출신지 등 6가지로 구분된다. 후자는 △지원자의 나이 △사회경험과 성격 △전공과 인생설계 등 3가지로 나뉜다. 이하에서는 이를 하나하나 자세히 살펴보자.

1) 객관적 조건

❶ 여당과 야당

 객관적 판단 기준의 첫 번째 조건이다. 여당이냐 야당이냐는 단순히 글자 하나만 다른 게 아니다. 의원의 지위부터 민원해결, 심지어 후원금 모금액에 이르기까지 여러 가지에서 차이가 많다.

 일단 여당은 대통령 이하 행정부를 장악하고 있다는 점에서 현실적 힘을 갖고 있다. 그러다 보니 야당에 비해 누릴 수 있는 혜택이 더 많다. 외국 출장 기회도 더 많이 주어지고 방문단 대표도 대부분 여당이 맡는다. 과거에는 여당의 경우 지구당 조직부장 등을 비롯한 당직자 임금까지 지원됐다. 야당의원으로서는 꿈같은 얘기다.

 현실적 힘을 갖고 있기 때문에 피감기관이나 행정부처도 여당 눈치를 보고 여당 의원들을 더 신경 쓴다. 자연 여당 의원실은 민원도 쉽게 해결된다. 지역관련 예산 배정에도 여·야간에는 차이가 있다. 후원금 또한 힘있는 여당에게로 더 많이 몰리는 것은 당연한 일이다. 모든 정책이 당정협의를 통해 추진되고 걸러지기 때문에 정보에 더 쉽게 또 더 빨리 접근할 수 있다. 지역과 관련해 필요한 민원이나 정책도 이 과정에서 수용·해결되기도 한다. 이는 자연 정보에 대한 접근성은 높아지면서도 보좌진이 담당해야 할 부담이나 역할은 줄어든다는 걸 의미한다.

반면 야당은 상대적으로 이 같은 혜택이 적거나 없다. 대신 야당은 여당과 달리 국정을 책임지지 않는다는 점에서 무조건적인 파헤치기식 질의가 가능하다. 대안을 생각할 필요가 없기 때문이다. 때로는 근거가 약한 데도 집요하게 공격할 수도 있다. 특히 야당은 국정감사와 상임위원회에서의 성과를 토대로 지명도를 확보해야 하기 때문에, 보좌진 입장에서 이는 자연 여당에 비해 더 많은 실무가 주어진다는 걸 의미한다.

### ❷ 초선과 다선

여야를 불문하고 초선 의원의 경우 아직 업무가 익숙하지 않은 데 따라 실수나 좌충우돌 혹은 에둘러 가는 것과 같은 낭비가 적지 않다. 업무의 중요도에 따른 완급조절도 안 돼 모든 것에 전력 질주하는 데 따른 힘의 소진도 문제. 시행착오도 없을 수 없다. 또 모든 걸 새로 만들고 준비해야 한다는 부담도 뒤따른다. 시쳇말로 벽에 못 하나 박는 것부터 모두 새롭게 해야 하는 것이다. 여기에 처음 하는 탓에 의욕이 넘치다 보니 자연 일이 많을 수밖에 없다. 그러나 고생은 하겠지만 그만큼 다양한 경험과 학습도 가능하다.

다선 의원실은 이미 차려진 밥상에 숟가락만 하나 더 얹으면 되는 것과 같다. 업무와 관련한 시스템이나 인력에서 많은 게 구비돼 있기 때문에 전례에 따르기만 하면 된다. 무엇보다 의원 자신이 경험이 많은 데 따라 좌충우돌과 혼란을 피할 수 있다. 또 이른바 '중진'이라고 하는 3선選 이상의 경우, 정무역할이 더 중요시되는 데 따라 상임위원회와 국정감사 등 정책적 업무의 부담이 줄어든다. '정책적 실무' 보다는 '의전'이 더 중요시되는 것이다. 따라서 실무를 배우고 익히는 데는 일정한 한계가 있다. 하지만 계속해서 중진 의원실에서만 근무하면 상관없지만, 만약 '자리 이동'에 따라 초선 의원실로 옮길 경우 실무력 부진으로 어려움에 봉착할 수도 있다. 특히 숙련도가 높고 업무에 능숙한 사장이라야 직원들 손에 놀아나지 않고 제대로 일을 시킬 수 있는 것처럼, 보좌관 또한 본인이 실무를 줄줄이 꾀고 있을 때 비로소 후배들을 제대로 부릴 수 있다.

❸ 상임위원회

제17대 국회에는 현재 17개의 상임위원회가 존재한다. 운영위원회부터, 법제사법위원회, 국방위원회, 행정자치위원회, 건설교통위원회, 여성가족위원회 등이 그것이다. 여기에 여야의원 50명으로 구성된 예산결산특별위원회 그리고 윤리특별위원회 등의 2개 특별위원회가 존재한다. 17개 상임위원회 가운데 운영위, 정보위, 여성가족위원회는 복수複數 상임위원회다. 국회의원 299명 중 국회의장 1인을 제외한 298명은 14개 상임위원회에 모두 배치돼 있다. 3개의 복수상임위원회와 2개의 특별위원회는, 14개 상임위원회에 배치된 의원들이 중복으로 배치돼 활동한다.

　우리나라 국회는 상임위원회를 중심으로 움직이는 특성을 갖고 있어 의원들은 특별한 일이 없는 한 2년 간 자신이 배속된 상임위원회에서 활동한다. 이 말은 만약 재정경제위원회에 배치될 경우 재정경제부를 비롯해 국세청, 관세청, 통계청, 조달청, 그리고 산업·수출입·기업은행과 같은 국책은행, 조폐공사·예금보험공사 같은 공공기관들을 감사대상으로 하고 있다는 것을 의미한다. 따라서 이 경우에는 무엇보다 경제 관련 지식이 도움이 된다. 환경노동위원회의 경우 환경부와 노동부, 그리고 환경관리공단과 근로복지공단, 국립공원관리공단, 산업안전관리공단 같은 공공기관들을 감사대상으로 하고 있다. 이 또한 환경 및 노동관련 지식을 필요로 한다.

　그러나 앞서「보좌진 채용과 지원절차」에서도 언급한 것처럼 2년마다 상임위원회가 바뀐다는 점에서 '전공'이나 관련 지식은 큰 의미를 갖지 못한다. 반면 글쓴이가 언급한 것처럼 과거와 달리 상임위원회를 중심으로 의원을 바꾼다면, 그때는 전공과 관련한 지식이 일정한 의미를 가질 것이다.

　하지만 이 경우에도 잊지 말아야 할 것은 국회 경험이 많지 않은 초보자의 경우에는 전공 및 관련 지식이 생각만큼 국정감사에 큰 도움이 되지 않는다는 것이다. 왜냐하면 국정감사는 무엇보다 먼저 문제점을 파헤쳐야 하는데, 이를 위해서는 어떻게 자료를 요구하고 질의서와 보도자료는 어떻게 써야 하는지를 알아야 하기 때문이다. 다시 말해 국정감사는 문제점을 파헤치고 이를 언론에 보도하는 일련의 과정으로, '가방 끈' 긴 사람들이 서로 의견을 주고받는 토론이나 세미나와는 본질적으로 다르다는 것이다. 글쓴이가 제아무리 박사라고 하더라도 국정감사와 관련해서는 절대 경험 많은 보좌진을 따라잡을 수 없다고 한 것도 같은 맥락이다. 이는 다분히 토론이나 보고서 작성 같은 지식적 측면이 문제를 파헤치는 감사監査와는 본질적으로 별개의 영역인 것에 기인하고 있다.

특히 행정부는 기관을 가리지 않고 조직구성과 업무처리방식, 그리고 작동메커니즘이 똑같다는 특징을 갖고 있어 경험 많은 보좌진은 지식, 즉 내용적인 것 대신 행정적인 분야를 대상으로 해서도 얼마든지 국정감사를 치를 수 있다. 이 경우 상임위원회가 어디냐 또는 피감기관이 무엇이냐 하는 것은 중요한 의미를 갖지 못한다. 이와 관련해서는 7월에 출간 예정인 『국정감사 실무 매뉴얼』 개정증보판에서 자세히 설명하겠다.

결론적으로 감사와 관련한 경험과 노하우가 없는 한 관련된 지식은 국정감사에 큰 도움이 안 된다. 그래서 지식보다는 경험과 노하우가 더 먼저고 더 중요한 의미를 갖는다. 물론 경험과 노하우에 전문지식이 보태지면 그건 금상첨화다. 따라서 의원을 선택하는 데 '전공'을 너무 고민하거나 혹은 중시할 필요는 없다. 상임위원회를 중심으로 의원을 바꿔 가며 근무하겠다는 사람만 자신의 전공을 고집하면 된다.

### ❹ 의원의 전직前職

의원이 되기 전에 어떤 직업을 갖고 있었는지 또는 어떤 직종에 종사했는지 하는 문제는 보좌진 입장에서 의원실을 선택하는 6가지 기준 가운데 가장 큰 의미를 갖고 있다. 왜냐하면 의원을 간접적으로 판단할 수 있는 의미를 갖는 데다 가치관이나 업무처리, 조직 운영 방식 등을 미루어 짐작할 수 있는 요소이기 때문이다. 실제로 앞서 살펴본 여당이냐 야당이냐 하는 것과 초선이냐 다선이냐 하는 것은 일의 많고 적음 혹은 수월한지 그렇지 않은지와 관련된 문제일 뿐, 의원의 특성을 파악하는 데는 별반 도움이 되지 않는다.

사람은 누구나 자기 경험과 지식, 특히 자기가 주로 활동하고 일을 배운 것에 기초해 사고하고 움직이는 특성을 갖고 있다. 그러다 보니 자료정리나 일처리, 보좌진의 근무태도에 이르기까지 자신의 경험에 의거해 판단하고 더 나아가 그에 따라 주길 바라는 경우가 적지 않다. 국회 내 299개 회사가 일처리 방식부터 보좌진의 임무에 이르기까지 각기 서로 다른 차이를 갖고 있는 것도 바로 이에 연유한 것이다. 다시 말해 외부적으로는 의원 개개인의 특성으로 표현되는 것이 실은 어떤 직업을 갖고 있었는지 또 어떻게 일했고 주로 어떤 일을 담당했는지를 의미하는 것이라 하겠다.

가령 어떤 의원실은 의원이 있을 때면 남자 직원들이 양복 윗도리를 절대 벗지 못한다. 더운 여름이라도 마찬가지다. 그래서 직원들이 양복 윗도리를 벗고 있다는 사실 하나만으로도, 주변 사무실에서는 의원이 부재중이라는 걸 눈치챈다. 사무실에서 슬리퍼를 신지 못하는 의원실은 여럿 있다. 또 어떤 의원은 보좌진에게 검은색과 감색 이외의 양복은 입지 못하도록 한다. 또 다른 어떤 의원은 보좌진의 출퇴근 시간에 제한을 두지 않는다. 더욱이 자신이 근무하는 공간에 놓여 있는 소파에서 보좌진이 잠을 자더라도 뭐라 하지 않는 것은 물론 오히려 피곤한데 더 자라고 자리를 피해 준다.

슬리퍼를 신지 못하게 하거나 양복 윗도리를 벗지 못하도록 하는 의원은 짐작하듯이 행정 고위 관료 출신이다. 또 검은색과 감색 양복만 입으라고 하는 의원은 방송계 출신이다. 보좌진의 출퇴근 시간을 규제하지 않는 의원은 노동 운동 출신이다. 이처럼 의원들의 작은 행동 하나에도 직업적 특성은 고스란히 반영돼 있다.

조금 다른 얘기이긴 하지만 이명박 대통령은 전문가 의견과 예산 그리고 해외사례 등이 담긴 보고서를 좋아한다고 하는데, 이건 판에 박힌 정부 문서가 눈에 들어오지 않은 데 따른 것이라고 한다. 이는 아마도 이 대통령이 기업가 출신인 것과 무관치 않을 것이다.

의원들을 직업별로 구분해 보면 학계, 언론계, 법조계, 행정 관료, 경제계, 정치권 등 크게 6개 군으로 나뉜다. 먼저 앞의 3가지, 즉 교수와 기자, 변호사, 의사 등 1인 사업가 혹은 개별적인 성격이 강한 직업군 출신은 조직적 일처리 경험이 적은 데 따라 아무래도 행정 메커니즘에 약한 측면이 없지 않다. 반면 뒤의 3가지, 즉 행정부 고위 관료, 기업 CEO, 정치인 등은 주로 행정 업무를 담당했던 데 따라 조직적인 사고나 시스템, 그리고 행정 메커니즘에 밝다.

각 직업별 특성을 살펴보면, 사람을 부릴 줄 알고 베푸는 측면에서는 경제계가 가장 좋다. 우리 속담에도 "곳간에서 인심난다"고 아무래도 있으면 없는 사람에 비해 더 잘 베푼다. 또 사람을 고용해 돈을 벌어 본 사람은 어떻게 사람을 부려야 하는지, 또 언제 베풀어야 하는지를 알고 있어 함께 일하면서 사람 관리나 경제적 마인드도 배울 수 있다. 물론 예외가 없는 것은 아니나 대체로 그렇다는 의미다.

교수 출신들은 나름대로 원칙과 고집이 강하다. 자신의 제자들을 보좌진으로 데려오기도 해 경우에 따라 의원과 보좌진이기보다는 교수와

조교 같은 관계가 형성되기도 한다. 행정 관료 출신들은 자신들이 하던 일을 거꾸로 감사한다는 점에서 다른 어느 직업군보다 빠른 업무파악을 자랑한다. 단, 주어진 틀에 얽매이고 의전을 중시한다. 말 그대로 관료적인 측면도 강하다.

정치권 중 중앙당 당직자 출신들은 과거 자신들도 정치권에서 고생해 본 때문인지 다른 직업군과 달리 보좌진의 어려움을 제일 잘 이해하고 있다. 운동권은 동지적 유대나 이념적 성향을 강하게 내포하는 경우가 많다. 언론계의 경우 기자, 오락프로 사회자, 연예인 등에 따라 그 특성에 차이가 있다. 기자의 경우 일의 성격상 보좌진과 비슷하다는 점에서 다른 직업군에 비해 업무에 빨리 적응한다.

오랜 시간 지방지 기자를 하다 지금은 보좌관으로 근무하고 있는 사람의 말을 빌리면, "한쪽은 취재를 통해 다른 한쪽은 자료요구를 통해 문제를 파헤치며, 또 누구는 자신의 이름으로 보도하는 데 비해 누구는 의원의 이름으로 보도자료를 뿌릴 뿐이다"라며 보좌진과 기자간에 큰 차이가 없다고 말한다. 한편 아나운서나 연예인 등이 기자 출신 의원처럼 일하기 위해서는 좀더 오랜 시간이 걸린다.

같은 법조계라도 판사 출신이냐 검사 출신이냐에 따라 차이가 존재한다. 판사 출신은 주로 선비나 학자 같다는 평가를 받는 데 반해, 검사 출신들은 대체로 일을 까다롭게 처리한다는 평을 듣는다. 단 법조계 출신 의원과 일하면 보좌진 또한 법과 관련해 배우는 게 많다. 우선 법안 제·개정이나 법의 현실적 의미나 힘, 구조 등에 대해 배울 수 있다. 또 법을 어떻게 활용하고 도움을 받을 수 있는지에 대해서도 경험할 수 있다.

올해로 14년째 국회에 근무하고 있는 글쓴이에게 누군가 법이 무엇이냐고 묻는다면, "법은 아는 사람들끼리만 유통되는 우리 사회의 또 다른 언어이자 힘이다"라고 말하겠다. 글쓴이 또한 초보 보좌진 시절엔 이런 사실을 인지하지 못했다. 단지 "법은 어렵고 복잡하며 나와는 무관한 것이다"라고 생각했다. 14년이 지난 지금은 생각이 바뀌었다. 만약 글쓴이가 지금 보좌진으로 첫발을 내딛으면 제일 먼저 '법' 부터 공부할 것이다. 그 다음 대상은 예산이다. 잘 모르는 사람에게는 가장 중요하고 큰 의미를 가질 것 같은 국정감사는 제일 마지막에 공부할 대상이다. 이와 관련해서는 제4장의 「입법과 예·결산심사를 소홀히 하지 마라」는 대목에서 자세히 설명하겠다.

### ❺ 지역구와 비례대표

흔히 전국구로 표현되는 비례대표는 우선 지역구 의원실에 비해 선거를 치르지 않고 입성했다는 특징이 있다. 이 말은 적어도 지역구 출신이나 선거 결과에 따른 논공행상으로 보좌진이 된 사람은 없다는 것을 의미한다. 또 지역구가 없다 보니 보좌진 정원을 사적으로 사용치 않는 한 6명이 모두 함께 의원실에서 근무한다. 이 말은 지역구 의원들이 통상 경비를 줄이기 위해 보좌진 한두 자리를 지역 사무실로 할애하는 것에 비해 같이 일할 수 있는 인력이 더 많다는 걸 의미한다.

동시에 비례대표 의원실에서는 지역구가 없는 데 따라 여러 가지 지역 민원, 각종 행사를 챙기는 것과 같은 지역관리, 지역 인사 국회 방문 안내, 후원회 조직 및 관리, 의정보고서와 연하장 그리고 후원인 생일카드 등과 같은 인쇄물 제작 및 우편물 발송, 지역 관련 예산 확보 등 이른바 '지역'으로 대표되는 상당히 많은 일들을 하지 않아도 된다. 의원실에 따라 차이는 있겠지만, 지역관련 일은 보좌진이 담당하는 일 가운데 분량으로는 30~40% 정도를 차지하며, 중요도로는 때에 따라 한 해 의정활동의 성적표라 할 수 있는 국정감사보다 더 중요한 의미를 갖곤 한다. 비례대표 의원실은 국정감사와 상임위원회 같은 국회활동이 업무의 대부분을 차지한다. 그런 만큼 '지역'의 유무는 일의 양과 부담에서 큰 차이를 낳는다.

'지역' 관련 일이 가끔은 귀찮고 힘든 게 사실이지만, 이걸 몰라서는 절대 보좌진으로 제 역할을 다 할 수 없는 것은 물론 자리 이동을 통한 직업적 안정성을 높이는 데도 한계가 있는 만큼 누구든 적극적으로 배워야 한다.

비례대표는 몇몇을 제외하고는 대부분 초선이고 특정 직업군 출신이라는 성격을 갖고 있다. 임기 후반으로 갈수록 다음 선거를 염두에 두고 선거나 지역관리 경험이 많은 보좌진을 필요로 한다. 물론 비례대표 한 번으로 국회 생활을 청산할 의원에게는 적용되지 않는 말이다.

### ❻ 출신 지역

다 아는 얘기지만 한나라당은 영남을 기반으로 하고 있고, 민주당은 호남을 기반으로 하고 있다. 이 말은 의원들과 보좌진은 물론 심지어 수도권에 지역구를 두고 있는 지역 사무실의 주요 당직자들조차 대부분 특정 지역 출신이라는 것을 의미한다.

글쓴이는 1995년 국회에 첫발을 내딛으면서 당시 서울에 지역구를 둔 민주당 의원실에서 근무했는데, 지역 사무실의 당직자 대부분이 호남 출신이었다. 이 때문에 지역 사무실에서는 호남 사투리가 표준말이고 오히려 서울말이 소수 언어 취급을 받았다. 더욱이 글쓴이처럼 영남 출신은 아예 존재하지 않아 경상도 사투리는 사용할 수도 없었다.

한편 글쓴이는 2001년부터는 수도권에 지역구를 둔 한나라당 의원실에서 근무했는데, 여기서는 이전과 완전히 다른 현상이 벌어졌다. 지역 사무실에서는 온통 억센 경상도 사투리 일색이었다. 특별히 신경 쓰지 않으면 고향에 있다고 착각할 정도였다.

이처럼 '출신지'는 우리 정치와 밀접한 관련을 맺고 있다. 물론 기타 지역 출신에게는 해당사항이 없는 것이겠으나 영·호남 출신이라면 의원 선택과 관련해 한 번쯤 고민해 봐야 할 문제이다.

지금까지 의원실 선택 기준과 관련한 6가지 객관적 조건을 살펴봤는데, 글쓴이의 경험에 따르면 일을 배우기에는 초선에 야당에 지역구 의원실이 최고다. 의욕이 넘치는 초선인 상황에서 책임질 일 없이 정부를 비판할 수 있는 야당에 국정감사와 예·결산심사는 물론 '지역'까지 챙겨야 하는 지역구 출신이라면 자연 많은 일을 하려고 할 것이고 일도 많이 벌릴 것이니만큼 좌충우돌하며 고생은 하겠지만, 그런 가운데 자연스럽게 일을 배울 수 있는 것이다. 글쓴이가 그나마 지금과 같은 전문성을 확보하고 나아가 이를 책으로 출간하는 것도 초선에 야당에 지역구 의원실에서 국회생활을 처음 시작해 10년 넘게 정책 분야에 매진해 온 데 힘입은 바 크다.

### 2) 주관적 조건

**❶ 나이**

지원자가 처한 주관적 조건이나 환경과 관련해 고려할 기준은 나이,

사회경험과 성격, 전공과 인생설계 등 크게 3가지로 구분된다.

국회에는 직급에 따른 암묵적인 '나이'가 존재한다. 예컨대 보좌관은 사무실 운영 전체를 총괄해야 하는데 따라 사회적 경험과 그에 맞는 나이를 필요로 한다. 따라서 일단 사회적 경험이 일천한 20대는 보좌관이 될 수 없다. 간혹 보좌진 모집공고를 내보면 대학을 갓 졸업한 20대가 비서관 모집에 지원하는 것을 볼 수 있는데, 이건 아마도 비서관의 지위와 역할은 물론 비서관이 몇 급인지도 제대로 모른 채 무턱대고 서류를 낸 데 따른 것으로 보인다.

여기에 나이가 또 하나 중요한 이유로 작용하는 것은, 앞에서도 잠깐 언급한 것처럼 '시험'을 대신해 각 직급에 대한 정당성을 부여할 수 있는 요소이기 때문이다. 설혹 자신보다 능력이 부족하고 일을 덜하더라도 참고 넘길 수 있거나 반대로 능력이 뛰어나도 편하게 부릴 수 있는 것도 모두 '나이' 때문이라 할 수 있다. 이런 점에서 나이는 주관적 조건 3가지 가운데 가장 중요한 의미를 갖는다.

사무실의 일상적 업무 등을 담당하는 9급 비서의 나이는 20대 초반에서 30대 초·중반까지 넓게 분포돼 있다. 이는 대학 졸업 후 9급으로 시작해 계속 그 자리에 머물러 있는 데 따른 것이다. 간혹 9급 일을 하면서 정책 일을 배워 7급으로 승진하거나 반대로 나이가 많고 오래 근무했다는 이유로 7급으로 승진하되 과거와 똑같은 일을 담당하는 사람도 있다. 일반적으로 9급 비서는 대학을 졸업한 여성이 담당한다.

7급 또는 6급은 20대 후반에서 30대 초반의 나이가 차지한다. 대개 정책을 담당하는 제일 나이 어린 사람들이다. 이 경우 정책 비서는 운전을 담당하는 수행비서의 나이가 많고 국회 경력이 오래됐으면 7급을, 그렇지 않으면 6급을 부여받는다.

  5급 비서관은 주로 30대 초반에서 후반까지, 4급 보좌관은 30대 중반에서 40~50대까지 넓게 분포돼 있다. 간혹 의원실의 특성에 따라 30대 초반에 보좌관이 되기도 하는데, 의원의 나이가 젊거나 비서관 이하 직급의 나이가 모두 이보다 작을 때 가능한 일이다.

  국회 보좌진으로 지원하려는 사람은 이처럼 '나이'와 관련된 특성을 감안해 지원할 직급을 선택하는 게 좋다. 만약 이를 감안하지 않으면 '나이' 때문에 채용이 안 되는 결과를 초래할 수도 있다. 가령 보좌관이 30대 후반인 의원실에서 5급 비서관을 뽑는데 40대 초반이 지원한다면, 서류전형에서 제외될 확률이 높다는 것이다. 아래 직급의 나이가 더 많고 거기다 학력까지 높으면 지시하는 사람이나 지시를 받는 사람 모두 불편하지 않을 수 없기 때문이다. 따라서 지원하려는 의원실의 보좌진 나이를 먼저 알아보는 것도 필요하다. 만약 국회 경험이 전혀 없으면 나이보다 한 직급 낮게 지원하는 게 일반적인 지원형태다. 30대 후반으로 보좌관을 할 수 있는 나이라고 하더라도 아무것도 모른 채 보좌관으로 근무하는 데는 아무래도 무리가 따르기 때문이다. 사실 국회에 대해 전혀 모를 때는 1~2년 경험한 뒤 일을 제대로 할 수 있을 때 보좌관이 되는 것도 한 방법이다.

  만약 40대 이상으로 나이가 많으면 실무 부담이 적은 3선 이상이나 비례대표 의원실을 지원 대상으로 삼는 게 좋다. 40대에 국회 들어와 처음부터 모든 일, 특히 힘들고 어려운 정책 일을 모두 배운다는 게 말처럼 쉽지 않을 것이기 때문이다. 이보다는 의전 중심으로 일을 배우고 담당하는 게 국회에 쉽게 적응할 수 있는 방법이다.

### ❷ 사회 경험과 성격

공무원으로 대표되는 행정부는 모든 일을 '문서'로 처리하고 여기에는 법과 규칙(내규), 예산 등이 근거로 작용한다. 그러므로 이런 공무원들을 감시·비판하고 상대하려면 보좌진은 무엇보다 그들의 사고구조나 업무처리형태를 잘 알고 있어야 한다. 만약 그렇지 못할 경우에는 그런 조건을 갖춘 의원과 일하는 게 좋고 또 행정부에 대해서도 많이 배울 수 있다. 특히 보좌진 지원자가 공부만 하다 온 학교 출신이거나 기업 또는 큰 조직 경험이 없는 사람이라면, 조직적 마인드를 갖춘 의원을 지원 대상으로 삼는 게 좋다.

성격적으로는 외향적이며 활동력이 뛰어나고 대외업무에 능숙한 사람은 정무 관련 일을 담당하는 게 좋다. 반대로 성격이 차분하고 연구·분석·관찰 등 문서 작업에 뛰어나며 기획력이 좋은 사람은 정책 업무에 더 어울린다.

실제로 '정보의 바다'라는 측면만 고려한다면, 연구자적 기질을 가진 사람이 보좌진으로 근무하는 데 더 잘 어울린다고 할 수 있다. 자료를 뒤지고 질의서나 기고문 작성, 토론회 자료 정리 등 거의 매일같이 글을 써야 한다는 점에서 보좌진은 차분히 자리에 앉아 자료 읽는 것을 좋아하는 사람에게 어울리는 측면이 많다. 문제는 정부와 정책이 서로 다른 성격과 업무역량을 필요로 하는 것임에도 불구하고 보좌관 한 명에게 몽땅 맡기고 있다는 것이다. 단, 보좌관 정원을 지역 사무실에 할애하지 않고 2명 모두 의원실에서 근무하는 경우에는 두 사람의 역할을 크게 정책과 정무로 구분한다.

### ❸ 전공과 인생설계

　전공이 별로 중요한 게 아니라고 해도 초보자에게는 여전히 의원실을 선택하는 하나의 기준이 될 것이다. 국회에 대한 경험이 없는 상황에서 내용이라도 좀 알고 있으면 더 낫지 않겠나 하고 생각하는 건 당연지사다. 거듭 얘기하지만 자신의 전공을 중심으로 의원을 바꿀 생각이 아니면 전공을 고집할 필요는 없다. 이보다 국회에서는 어떤 상임위원회를 경험했느냐가 더 중요한 변수로 작용한다.

　인생설계를 어떻게 갖고 있느냐에 따라 의원실 선택은 많이 달라진다. 가령 보좌진으로 10년 이상 근무하려는 인생설계를 갖고 있는 사람이라면, 일이 많은 의원실에 지원하는 게 좋다. 힘들더라도 일을 제대로 배울 수 있기 때문이다. 특히 아무것도 모르는 초창기에 일을 제대로 배워야지 나중에 국회가 어떻게 돌아가는지를 알고 난 뒤에는 힘들여 일을 배우는 게 쉽지 않다.

　자신이 관심을 갖고 있거나 이모작을 할 분야 출신 의원은 나중에라도 진로와 관련해 도움이 될 수 있다. 자신과 같은 영역이나 출신이면 얻는 게 더 많을 수 있다. 우선 같은 분야 출신이라는 점에서 상호교감이 잘 이루어지고, 원래 분야로 되돌아갈 때도 인적 네트워크로 인해 다른 사람이나 자리를 소개받을 수도 있다. 물론 최근 들어서는 의원과 보좌진 사이가 과거의 주종관계나 의리로 얽힌 사이에서 계약에 의한 고용으로 바뀌면서 자기 사람 챙기는 모습은 많이 사라졌다.

## 4. 사전에 갖추면 도움 될 능력과 경험

> 보좌진이 담당하는 대부분의 업무가 서류 작업이라는 점에서, 논리적 글쓰기는 보좌진이라면 당연히 갖춰야 할 기본 능력이다. 행정부의 업무가 문서로 이뤄지듯 국회 또한 마찬가지다. 선거와 관련한 홍보 또는 여론조사 등의 경험이나 관련 자격증을 갖고 있는 것도 보좌진 채용에 도움이 된다. 의원실에 따라서는 시민단체에서 활동한 것도 좋은 경력으로 인정해 준다.

### 경력은 남과의 차별성 보여 줄 수 있는 자산

보좌진 채용과 관련한 능력이나 경험, 이력과 경력 등을 갖고 있다면, 남과의 차별성은 물론 초보자가 국회에 첫발을 내딛는 데 많은 도움을 줄 수 있다는 점에서 중요한 의미를 갖는다.

초보자가 사전에 갖춰야 할 능력이나 경험으로는 △논리적 글쓰기 △선거/홍보/조직관리 △사이버 업무 △각종 인쇄물 제작 △특정 상임위원회와 관련된 전문성 △시민단체 경험 등 6가지를 꼽을 수 있다.

1) 논리적 글쓰기

보좌진으로 지원하는 사람이면 누구나 갖춰야 할 가장 기초적인 능력이다. 행정부가 모든 일을 문서로 하듯 보좌진 또한 마찬가지다. 상임위원회와 국정감사 그리고 예·결산 심사, 인사청문회 등의 질의서를 비롯해 대정부질문, 5분 발언, 각종 기고문, 보도자료, 정책자료집에 이르기까지 모든 것이 서류와 글쓰기로 이뤄진다. 그것도 수미일관하게 완결적 구조를 갖춰 논리적으로 글을 써야 한다. 모든 것이 공문서의 성격을 갖기 때문에 일기나 낙서처럼 형식 없이 아무렇게나 써서는 곤란한 것이다.

선거도 마찬가지다. 유세문과 선거 홍보물, 서면 인터뷰, 전화 홍보문 작성 등 모든 것에 글쓰기 능력이 필요하다. 사람을 만나고 그들의 하소연을 들어줘야 하는 지역관리 정도가 글쓰기 능력을 필요로 하지 않는 일이다.

사실 아날로그 시대에서 디지털 시대로 바뀌면서 글쓰기 능력은 오히려 과거보다 더욱 중요한 요소가 됐다. 휴대폰 문자 하나 보내는 것에도 글쓰기 능력이 필요하다. 메일과 댓글은 말할 것도 없다. 그런데 요즘 인터넷에 떠도는 글들을 읽어 보면 무슨 말인지 이해 못할 글들이 부지기수다. 맞춤법 틀린 것은 아예 문제도 되지 않는다. 젊은이들만 이해할 수 있는 인터넷 용어는 애교로 넘길 수 있다. 문제는 무슨 말을 하는 것인지, 무얼 주장하기 위해 글을 썼는지 이해하기 곤란한 글이 넘쳐난다는 것이다. 주어와 서술어가 맞지 않은 것은 물론 시제가 불일치하는 글들이 널려 있기 때문이다.

10년 전 글쓴이가 대학 강사를 했을 때도 그랬다. 글쓴이의 전공이 정치학인 관계로 시험 답안지는 자연 서술형으로 작성될 수밖에 없었는데, 채점을 하다 보면 띄어쓰기와 맞춤법 틀린 것, 그리고 말이 안 되는 문장을 고쳐 주느라 시험지가 온통 빨간색 일색이었다.

이래서는 곤란하다. 국회에서 일하기 위해서는 '국어실력' 만큼은 갖추고 있어야 한다. 사실 요즘은 워낙 영어를 강조해 이력서와 자기소개서를 받아 보면 영어 못하는 사람은 거의 없다. TOEIC 900점을 넘는 지원자도 수두룩하다. 그런데 자기소개서를 읽어 보면 뭐라고 써 놓은 것인지 이해하기 어려운 사람이 한 둘이 아니다. 영어만 열심히 하다 보니 정작 자기 나라 말인 '국어'에 소홀한 것이다.

대기업에 근무하고 있는 대학 동기에게 들은 얘기다. 요즘 신입사원들이 영어는 기가 막히게 잘하는데 보고서 작성은 그렇지 않다는 것이다. 한자 실력은 더 엉터리란다. 기업들이 요즘 한자 시험을 보거나 관련 자격증을 우대하는 것도 이 때문이라는 것이다. 국회도 사정은 비슷하다. 영어는 기본이라 다들 웬만큼 한다. 헌데 정작 중요한 국어실력이 엉터리고, 한자 실력도 부족해 웃지 못할 일이 벌어지는 것이다.

예전에 글쓴이가 경험한 일이다. 연말에 의원 앞으로 배달된 연하장에 답장을 보내라고 여직원에게 시켰더니, 적지 않은 연하장이 반송돼 돌아왔다. 알고 보니 이 여직원의 한자 실력이 영 시원치 않았던 것이다. 다시 말해 한자로 된 보낸 사람의 주소나 이름을 제대로 읽지 못해 주소록이 엉터리로 작성된 것이다.

또 다른 사례도 있다. 후원회 명단을 작성하기 위해 의원이 갖고 있던 명함을 주소록으로 정리하라고 했더니 엉터리 명단이 작성된 것이다. 이 직원 또한 명함의 한자를 제대로 읽지 못해 이런 사태가 발생한 것이다.

어디나 그렇듯 '국어 실력'은 기본이다. 영어만 잘해서는 소용이 없다. 이 땅에서 모든 문서가 영어로 만들어지고, 영어로 대화하지 않는 한 국어를 몰라서는 국회에 들어올 수 없다. 또 한자 투성이인 법령집은 차치하고라도, 명함과 편지봉투의 몇 안 되는 한자조차 읽지 못한다면 국회에 근무할 수 없다.

2) 선거/홍보/조직관리

과거와 달리 이제 선거는 아주 일상화됐다. 대통령선거와 국회의원 선거에 지방선거가 더해졌기 때문이다. 이에 따라 매년 선거가 치러진다고 해도 지나친 말은 아닐 것이다. 이 말은 곧 선거 관련 경험이나 선거 홍보와 관련된 경험·경력이 우대받을 수 있다는 걸 의미한다. 이는 특히 총선을 앞뒀을 때 의원실에서 가장 많이 찾는 경력이다. 2007년 말부터 2008년 초까지 국회 홈페이지에 게재된 보좌진 모집 광고를 보면 '선거경험자 우대'라는 말이 빠지지 않고 등장했다.

선거와 관련한 경험이나 경력은 여러 가지가 있다. 과거 선거를 치러본 경험부터 여론조사나 선거 캠페인과 같은 강좌를 수강했거나 관련 자격증을 가지고 있는 것, 선거기획을 할 수 있는 능력, 복잡한 선거회계를 담당할 수 있는 것, 심지어 지역관리에 이르기까지 광범위하다. 이 가운데 하나 이상 경험했거나 전문성을 갖고 있다면 보좌진 채용에 도움을 받을 수 있다.

3) 사이버업무

「보좌진 채용과 지원절차」 및 「인턴십 제도」에서 설명했던 것처럼 과거와 달리 홈페이지 관리가 보좌진의 새로운 업무로 추가되면서 각 의원실마다 웹진 편집 능력 보유자를 별도로 선발하고 있다. 그러나 사이버업무의 중요성에도 불구하고 주로 20대의 대학을 갓 졸업한 젊은층이 능숙하다는 이유로 주로 인턴이 담당하고 있다. 따라서 사이버업무와 관련한 경험과 경력을 갖고 있는 사람은 주로 인턴으로 선발된다. 물론 사이버업무를 전담하는 인턴으로 국회에 첫발을 내딛더라도 본인의 노력여하에 따라 자체 승진이나 '자리 이동'과 같은 계기를 통해 보좌진으로 자리잡을 수도 있다.

4) 각종 인쇄물 제작

각 의원실은 외부에서 생각하는 것과 달리 인쇄물 작업이 적지 않다. 가장 크게는 1년에 1~2회 제작하는 '의정보고서'를 들 수 있다. 의정보고서는 국회의원의 1년 간 의정활동을 유권자인 지역주민에게 알린다는 점에서 중요한 의미를 갖고 있다. 의원실을 막론하고 적어도 1년에 1회 이상 인쇄물을 제작해 가가호호 배포한다.

의정보고서는 의원실마다 분량과 형태가 모두 다르다. 4쪽에서 8쪽 정도로 만드는 의원실이 있는가 하면 평소에도 20~30쪽 분량으로 제작하다가 선거를 앞두고는 4년 간의 활동상을 총 정리해 50여 쪽 안팎으로 제작하기도 한다. 4×6배판부터 타블로이드까지 그 형태 또한 다양하다.

의정보고서 외에도 '정기국회 활동 보고서'와 같은 이름으로 질의서와 피감기관의 답변을 함께 묶은 책자, 공청회나 세미나 자료집, 연하장과 각종 초청장, 행사 안내문과 포스터, 정책자료집 등이 의원실에서 제작하는 인쇄물이다. 따라 각 의원실은 잡지나 신문을 편집했거나 제작해 본 경험을 갖고 있는 사람을 필요로 한다.

### 5) 특정 상임위원회와 관련된 전문성

일차적으로 '전공'을 거론할 수 있다. 이와 관련해서는 앞서 여러 차례 설명한 만큼 여기서는 생략한다. 특정 전공을 제외하고 국회 업무와 관련해 일반적으로 적용될 수 있는 전문성으로는 '법학'을 들 수 있다. '입법'은 국회의 3대 역할 가운데 하나이다. 따라서 새로운 법을 제정하거나 시대에 뒤떨어지거나 현실과 괴리를 보이는 법에 대한 개정안을 제출하는 것은 보좌진의 중요한 과제이다. 이 경우 법학 이외의 학문을 전공한 사람은 아무래도 어려움을 겪지 않을 수 없다. 일반적으로 법과 무관하게 사는 게 우리네 삶이기 때문이다. 다른 것은 그만두고라도 일반인에게 법은 용어부터 아주 낯설다. 내용은 말할 것도 없다. 그 덕분에 법학을 전공한 사람들이 좀더 쉽게 그리고 좀더 빨리 국회업무에 익숙해진다. 사법시험을 준비했거나 대학원 이상 법학 전공자들은 자신의 이런 강점을 적극 알릴 필요가 있다.

단순한 '전공'에 그치지 않고 관련 기관에서 인턴이나 아르바이트를 경험한 것 또한 특정 상임위원회와 관련된 전문성의 성격을 띤다. 가령 건축이나 도시계획을 전공하고 주택공사나 토지공사 등에서 인턴이나 아르바이트를 했다면, 그건 건설교통위원회 의원실에 채용되는 데 약간의 도움이 될 것이다.

### 6) 시민단체 경험

한때 시민단체 경력이 각광받던 시절이 있었다. 진보정권이라 할 수 있는 김대중 정권과 노무현 정권을 잇는 10년 동안 그랬다. 청와대 보좌진 가운데 시민단체 출신이 적지 않았던 것도 이와 무관치 않다. 국회 보좌진, 특히 민주당 의원실 보좌진 또한 시민단체 출신이 제법 있었다. 이는 그들이 시민단체와의 정책적 공조나 외부 각종 단체와의 가교 역할을 한다는 점 때문이었다.

그러나 다시 보수정권으로 바뀐 지금, 이런 흐름이 계속될지는 좀더 지켜봐야 할 것 같다. 하지만 한나라당에 비해 상대적으로 진보를 지향하고 있는 민주당 의원실에서는 아직도 시민단체 경험이 보좌진 채용에 도움이 될 것이다.

이 밖에 '보좌진 양성과정'을 이수하는 것도 국회와 관련한 기본적인 사항들을 배웠다는 점에서 보좌진이 되는 데 도움이 된다. 출근 첫날 실무를 담당해야 하고 보좌진에 대한 교육 또한 제대로 이뤄지지 않는 상황에서 그나마 보좌진이 담당해야 할 기본업무와 관련된 교육을 이수했다는 것은 강점이 아닐 수 없기 때문이다.

서초여성인력개발센터를 비롯해 여성정치연구소와 (사)한국여성유권자연맹 등에서 비정기적으로 보좌진 양성과정을 운영하며, 이들 강좌는 대부분 입법과정을 비롯해 국정감사 이론 및 실제, 국정감사 자료수집 실무, 예·결산 실무 및 분석기법 등의 내용으로 채워진다.

# 5. 서류 작성과 면접

> '직무에 대한 이해'는 입사 서류 작성에 앞서 가장 신경 써야 할 부분이다. 조직구성부터 담당업무에 이르기까지 일반회사와 많은 차이를 갖고 있는 국회에 대한 이해가 전제되지 않고는 제대로 된 서류를 작성할 수 없기 때문이다. 또 현재 자신의 위치와 담당할 업무 그리고 장기적인 인생 계획을 포함한 자기소개서는 남과 다른 차별성을 보여 준다.

### 과장 허위 이력 없어야

누구에게나 이력서 작성은 구직활동의 첫 단추에 해당한다. 따라서 이력서라는 제한된 공간에 자신을 어떻게 담아 내고 표현하느냐에 따라 당락이 좌우된다. 특히 보좌진처럼 시험 없이 서류전형과 면접만을 통해 선발되는 경우에는, 이력서 작성이 1차 관문이라는 성격을 갖는다. 본인이 아무리 뛰어난 능력을 갖고 있고 많은 경험의 소유자라고 하더라도 이력서에 이를 제대로 담아 내지 못하거나 표현하지 못하면 절대 보좌진이 될 수 없기 때문이다.

　인터넷 검색창에 '이력서' 혹은 '이력서 작성방법'이라는 단어를 쳐 보면, 관련 양식은 물론 일반적인 작성방법부터 '이력서 작성 10계명', '때깔 나는 이력서 작성 방법', '인사담당자가 권하는 이력서 작성법', 심지어 '이력서 비법 모음'까지 많은 정보를 얻을 수 있다. 따라서 여기서는 인터넷을 통해 얻을 수 있는 정보는 생략한 채 국회 입사를 희망하는 초보자에게 실질적인 도움이 될 수 있도록 글쓴이가 이력서를 살펴볼 때 어떤 것에 주안점을 두는지에 대해서만 간단히 설명하겠다.

　첫째, 이력서 상의 내용이 진실한지 여부다. 허위 또는 과장된 것이 없는지를 살펴본다. 가령 원주 분교 출신임에도 불구하고 '연세대학교 졸업'이라고 적는 것과 같은 것이다. 간혹 고향을 명확히 하지 않는 경우도 눈에 띈다. 한나라당 의원실에 지원하는 호남 출신 지원자 중 가끔 이런 실수를 한다. 어떤 경우든 솔직한 게 최고다.

　둘째, 오·탈자가 있는지 여부다. 이력서를 검토하다 보면 의외로 오·탈자를 적지 않게 발견할 수 있다. 글쓴이가 대학 신문사 기자 출신이고 오랜 동안 글을 써 왔기 때문에 유독 민감한 것인지 모르겠지만, 맞춤법이 틀린 경우부터 띄어쓰기를 제대로 하지 않은 것, 오·탈자가 있는 이력서가 많다. 이 경우 대부분 성의가 없다고 느껴져 전형에서 제외된다.

　셋째, 속칭 인터넷 언어를 사용하는지 여부다. 인터넷 언어는 그 세대만 알아들을 수 있는 축약과 비유로 이루어지는데, 비공식적인 언어일 뿐만 아니라 표준말도 아니다. 그런데 간혹 이력서와 같은 공식 서류에 인터넷 언어를 그대로 사용하는 지원자가 있다. 간혹 이를 자기만의 특색이나 젊은 사람만이 사용할 수 있는 특권이라고 생각하는 사람이 없지 않은데, 보좌진이 되고 싶다면 절대 그렇지 않다는 걸 명심해야 한다.

넷째, 사진 부착 여부다. 전통적으로 사람을 보는 기준은 신언서판身言書判이다. 그중에서도 첫 번째가 외모다. 그런데 간혹 이력서에 사진을 붙이지 않은 채 제출하는 사람이 있다. 또 증명사진이 없다고 급한 나머지 여러 사람이 함께 찍은 일반 사진에서 자기 얼굴만 오려 붙이는 사람도 있는데, 그래선 안 된다. 사진은 자신을 보여 주는 첫 번째 조건이다. 서류전형의 경우에는 더욱 그렇다. 평소 자신의 모습을 여러 차례 찍었다가 그 가운데 가장 잘 나온 사진을 붙여야 한다.

### 지원에 앞서 국회에 대해 공부하라

서류전형에는 학력, 주요 경력, 학점과 외국어 성적 등을 기재한 이력서가 전부가 아니다. 단답형으로 작성되는 이력서는 특별히 개인적 차이를 보여 주지 못한다. 반면 서술형인 자기소개서는 어떻게 작성하느냐에 따라 오히려 서류전형의 당락을 좌우하는 중요한 요소로 작용한다. 이력서가 개개인을 개괄적으로 소개한 자료라고 한다면, 자기소개서는 한 개인을 보다 깊이 이해할 수 있는 자료라는 성격을 갖고 있기 때문이다.

이력서에서와 마찬가지로 인터넷상에서 얻을 수 있는 내용은 제외하고, 보좌관들이 어떤 것에 주안점을 두고 자기소개서를 판단하는지에 대해서만 알아보자.

첫째, 가장 중요한 것은 '직무에 대한 이해'다. 보좌진의 자기소개서는 회사나 혹은 다른 기관에 제출하는 그것과 내용적으로 많은 차이를 갖고 있다. 우선 용어부터 담당업무, 작동 메커니즘, 조직 구성에 이르기까지 어느 것 하나 외부와 같은 것이 없다. 국회에는 일반인들이 잘 사용하지 않고 익숙하지 않은 용어들이 많다. 보좌진이라는 용어도 그렇고 상임위원회라는 표현도 그렇다. 담당 업무 또한 국회가 아닌 외부에서는 경험할 수 없는 것들이 많다.

흔히 자기소개서 작성과 관련해 전문가들의 조언을 살펴보면 분명한 지원동기, 자신이 적임자임을 강조하라, 자신의 장점을 최대한 부각시켜라, 직무 연관성을 강조하라, 자신의 포부와 비전을 제시하라 등을 빼놓지 않고 언급한다. 맞는 얘기이자 꼭 필요한 내용이다. 글쓴이 또한 자기소개서를 살펴볼 때 지원동기는 분명한지, 과거 학·경력이 직무 연관성을 갖고 있는지, 정책 보좌진으로서 적임자인지, 어떤 부문에서 기여할 수 있는지 등을 눈여겨본다.

하지만 그러기 위해서는 국회를 잘 알아야 한다는 문제가 제기된다. 앞으로 담당할 일이 어떤 것인지도 제대로 알지 못한 채 자신이 꼭 필요한 사람이라고 강조할 수는 없을 것이기 때문이다. 또 자신이 해야 할 일이 무엇인지도 모르는 채 열심히 하겠으니 기회를 달라고 하는 것처럼 막연한 것도 없다. 취업을 희망하는 사람치고 열심히 하지 않으려는 사람은 하나도 없다. 따라서 무조건 열심히 하겠다는 것은 정답이 아니다. 어떤 일을 어떻게 할 것이며, 또 이를 위해 어떤 능력과 경력을 겸비하고 있다고 서술해야 비로소 설득력을 갖는다.

둘째, 장기적 비전과 포부다. 직무에 대한 이해만으로는 높은 점수를 받을 수 없다. 여기에는 장기적인 인생 계획이라는 점이 추가돼야 한다. 다시 말해 현재 자신의 위치와 담당할 업무, 장기적으로 가야 할 길 등이 세 가지가 서로 부합해야 남과 다른 차별성을 가질 수 있다. 가령 학자나 연구자가 되길 희망하는 사람이 보좌진에 지원한다면 과연 적당한 선택이라고 할 수 있을까? 이런 사람은 국회 대신 연구소나 대학원에 진학하는 게 옳다.

국회가 어떤 곳인지, 또 보좌진이 무슨 일을 하는지도 모르고 무턱대고 지원한다면, 설혹 운 좋게 취업하더라도 앞으로 근무하는 데 많은 어려움에 봉착하지 않을 수 없다. 인생설계를 갖고 있지 않다면 힘든 상황에 직면할 때마다 지금 하고 있는 일이 자신의 적성에 맞는지부터 과연 제대로 살고 있는지, 노후라는 위험은 어떻게 준비할 것인지 등등 보좌진이라는 직업과 자신이 처한 위치에 대해 매번 고민할 것이기 때문이다.

이런 점에서 직무에 대한 명확한 이해와 함께 분명한 인생설계는 단순히 취업의 관문을 넘는 것에 그치지 않고 앞으로의 국회생활에도 대단히 중요한 영향을 미치는 두 가지 요소라 할 수 있다.

참고로 자신의 인생설계와 연관된 활동계획서, 다시 말해 올해에는 어떤 업무를 할 것이고, 1년 뒤에는 어떤 일을 어떻게 하며, 이런 계획과 성과를 바탕으로 10년 뒤에는 어떤 인생을 살 것이라는 것을 설명하는 계획서를 제출한다면 높은 점수를 받을 수 있을 것이다. 인생설계를 반영한 활동계획서는 지원자가 얼마큼 보좌진에 대해 고민하고 준비했는지를 알려 주는 '바로미터'라 할 수 있기 때문이다.

### 면접은 2단계로 진행

서류전형을 통과하면 '면접'이라는 관문이 기다리고 있다. 면접은 대개 2단계로 이루어진다. 서류전형을 통과한 지원자들을 대상으로 보좌관이 먼저 면접을 보고 그 가운데 2~3배수를 정해 의원이 최종 면접을 보는 형태다. 단 보좌관을 뽑는 경우에는 서류전형을 거쳐 의원이 직접 면접을 보곤 한다. 또 의원실에 따라서는 인턴을 뽑는 경우에는 의원 면접 없이 보좌관 면접으로 결정하기도 한다.

글쓴이는 보좌진을 선발할 때 주로 지원자 및 조직의 미래와 관련된 것을 묻는다. 예를 들면 이런 식이다. 자신에 대해 2분 동안 소개해 보라고 묻는다. 그러면 예상 외로 자신에 대해 주어진 시간 안에 일목요연하게 소개하는 사람이 많지 않다. 글로는 여러 장 쓸 수 있지만 말로 하자면 어려운 게 자신에 대한 소개이기 때문이다. 이는 외국인에게 우리나라가 어떤 나라인지를 소개하는 것이 어려운 것과 같은 것이다.

둘째, 지원동기와 관련해 묻는다. 많은 회사 가운데 왜 보좌진을, 그것도 우리 의원실을 지원한 이유가 무엇이며, 보좌진이라는 직업을 어떻게 알았고 또 어떻게 생각하고 있는지에 대해서도 묻는다. 국회에 대한 이해와 함께 지원 대상 의원에 대해 어떻게 생각하고 있는지에 대한 물음도 빠지지 않는다. 이는 국회와 의원, 그리고 보좌진에 대해 얼마나 알고 있는지를 시험하는 의미가 포함돼 있다. 따라서 지원자라면 서류 제출에 앞서 국회 홈페이지와 함께 의원 홈페이지는 반드시 훑어봐야 한다.

셋째, 10년 후 자신의 모습이나 나이 50이 됐을 때 무엇이 돼 있을 것으로 생각하는지 등등을 묻는다. 비전과 목표, 인생설계가 있는지 등을 알아보기 위해서이다. 비전과 목표가 분명한 사람이 그렇지 않은 사에 비해 더 열심히 일할 것이라는 것은 재론을 요하지 않는다.

며 그간의 우리 사회와 국가 전반에 끼친 보좌진 여러분의 헌신적인 노력과 기여에 깊은 감사의 마음을 표한다.

   보좌진 여러분의 건승을 기원하며, 선진 일류국가를 만들어 가는 든든한 동반자로 보좌진 여러분을 국회 제18대에서 만나게 되기를 기대한다.

# 제4장

# 어떻게 일해야 하나?

1. 첫 출근, 무얼 해야 하나?
2. '학습'하듯 일 배우려 해서는 안 된다
3. 보좌진에게 필요한 능력은 '순발력'과 '감각'
4. 입법과 예산심사를 소홀히 하지 마라
5. 상임위원회와 법안 공부 방법
6. 메모하고, '업무일지' 쓰고, 책 출간을 대비하라
7. '인터넷' 대신 '종이신문'을 읽어라
8. 검색 대신 신문 스크랩을 해라
9. 골치 아픈 민원, 어떻게 해결할까?
나의 보좌진 생활 _ 법안 통과는 애 키우는 것만큼 어려운 일

# 1. 첫 출근, 무얼 해야 하나?

> 사무실 첫 출근 후 가장 당혹스러운 것은 아마도 "뭘 해야 할지 모른다"는 것이다. 누가 뭘 하라고 친절하게 알려 주는 것도 아니고, 매번 "뭘 해야 하나요?" 하고 물어 볼 수도 없고, 그렇다고 누가 매번 뭘 하라고 과제를 주는 것도 아니기 때문이다. 단지 누가 뭐든 하라고 시켜 주기만을 기다리다 일거리가 주어지면 그걸 하는 것이 국회 첫 출근한 사람의 모습이다.

### 어색한 출근 첫날

서류전형과 면접이라는 치열한 경쟁을 뚫고 마침내 고대하던 국회 출근 첫날, 누구나 그렇듯 가장 먼저 겪는 어려움 중 하나는 아마도 당장 "뭘 해야 할지 모른다"는 점일 것이다. 물론 누군가 나서서 사무실 직원들에 대한 소개 및 인사와 함께 뭔가를 해보라고 일거리를 던져 주면 이런 어려움은 없을 것이다. 그러나 대부분 그렇지 않은 게 현실이다.

실제로 글쓴이의 경험을 되돌아보더라도 첫 출근은 온통 어색함과 민망함 투성이었다. 이렇게 되면 "내일부터 출근하라"는 연락을 받았을 때의 기쁨은 모두 사라지고, 막연함과 어색함만이 그 자리를 대신한다. 특히 남들은 바쁘게 뭔가를 하고 있는데, 자신만 혼자 우두커니 앉아 있는 것은 생각만으로도 민망하기 짝이 없다. 여기에 남들과 달리 텅 빈 자신의 책상은 어색함을 더 가중시킨다.

이때 초보 보좌진이 할 수 있는 건 누구든 뭔가 시켜 주기만을 기다리는 것 말고는 없다. 컴퓨터를 켜서 인터넷을 살펴볼 수도 있겠으나 이 또한 목적 없는 방황에 지나지 않아 꿔다 놓은 보릿자루 신세를 면치 못한다. 혹 의원실에 따라서는 교정을 보라거나 축사 등의 부담 없는 글을 써 보라고 시키는 경우도 있다.

그러나 이마저도 여의치 않을 경우, 대개 과거 상임위원회와 국정감사 속기록을 던져 주면서 "이거나 읽어 보세요"라고 하는 것이 각 의원실이 갖고 있는 초보 보좌진에 대한 '교육'의 전부(?)인 경우가 많다. "그것만 읽어 보면 앞으로 뭘 해야 하는지 알게 될 것이고, 남들은 어떻게 일하는지도 알 수 있어요"라는 친절한(?) 설명과 함께 말이다. 혹 이 대목에서 "맞어, 나도 그랬는데" 하는 보좌진들이 의외로 적지 않을 것이다. 변변한 교육이나 오리엔테이션이 제도화돼 있지 않은 국회의 현실에서는 어쩔 수 없는 한계가 아닐 수 없다. 특히 당장 질의서를 쓰는 등 정책적인 업무를 담당할 것이 아니라고 한다면, 속기록은 나중에 읽어도 무방한 자료이다.

### 3가지 차원에서의 준비 필요

지난 13년 간 글쓴이의 경험에 따르면, 사무실에 첫 출근한 초보 보좌진이 당장 해야 할 일은 크게 3가지 차원으로 나눠 설명할 수 있다. 사무실 차원, 국회 차원, 그리고 상임위원회 및 국정감사 차원 등이 그것이다.

먼저 초보 보좌진이 사무실 차원에서 준비해야 할 것들에 대해 살펴보자. 초보 보좌진이 첫 출근 후 가장 먼저 해야 할 일은 아마도 그 의원실에 대한 이해를 높이는 점일 것이다. 자신이 모셔야 할 의원이 어떤 삶을 살아왔고, 어떤 비전과 정치적 전망을 갖고 있으며, 그 동안 어떤 의정활동을 펼쳐 왔는지 등은 직원이면 가장 먼저 알아야 할 내용이 아닐 수 없다. 이런 점에서 그 동안 만들어진 '의정보고서', 언론에 보도된 의정활동을 정리한 '스크랩북'과 '보도자료', 의원 본인의 '저서' 등은 사무실과 의원에 대한 이해를 높이는 데 큰 도움이 되는 자료들이다.

국회 차원에 대한 이해를 높일 수 있는 것으로는 '국회법'을 들 수 있다. 국회법은 국회의 지위와 역할 그리고 그 운영과정에 대한 규정들로 구성돼 있다. 따라서 상임위원회는 어떻게 운영되고 법은 어떤 과정과 절차를 거쳐 만들어지고 반포되며, 예산 심의는 어떻게 해야 하는지 등은 국회법을 봐야 알 수 있다. 가령 상임위원회를 통과한 법률안은 법제사법위원회로 이관되는데, 이 법은 법제사법위원회에 접수된 날로부터 5일이 지나야 논의될 수 있다. 또 법제사법위원회를 통과한 법률안이 본회의에서 논의되기 위해서는 본회의에 접수된 지 만 24시간이 지나야 하는데, 이런 것들은 모두 국회법에 규정돼 있다.

상임위원회가 2, 4, 6월 등 짝수 달에 1개월 회기로 열리고 9월 1일부터 100일 간 정기국회가 시작되며 9월 10일부터 20일 동안 국정감사가 진행되는 것도 모두 국회법에 따른 것이다. 따라서 국회법을 알 때만이 국회의 운영방식 및 절차를 제대로 이해할 수 있다. 그러므로 국회가 어떻게 운영되는지를 알아야 하는 초보 보좌진 입장에서 국회법은 반드시 읽어 봐야 할 자료이다. 국회의 운영방식과 절차, 그 과정에 대해 이해하지 못하고 있다면 국회 일정에 능동적으로 대응할 수 없다.

시간적 여유가 있으면 모든 법의 기본인 헌법도 함께 읽어 두면 좋다. 모두가 알다시피 헌법은 기본법이다. 그럼에도 불구하고 우리는 헌법 한 번 읽지 않고 삶을 영위한다. 따라서 이런 기회에 헌법을 한 번쯤 읽어 보는 것도 좋은 공부가 될 것이다. 법 전체에 대한 이해를 높일 수 있고, 국회와 행정부 등에 대한 새로운 문제의식도 가질 수 있다. 아울러 보좌진으로 일을 하다 보면 본인의 의사와 무관하게 간혹 헌법을 들춰 봐야 할 일이 생기곤 한다.

앞서 사무실 차원과 국회 차원에서 필요한 자료들을 모두 읽고 나면 그 다음으로 살펴봐야 할 것이 바로 상임위원회 및 국정감사 차원의 자료들이다. 여기에는 '업무편람', '규정집', '회의록' 및 '업무보고서', '속기록', '국정감사 공동요구자료', '서면답변서', 그리고 상임위원회 관련 '법' 등이 있다.

업무편람은 기관에 따라 직제편람 혹은 사무분장 등으로 불리기도 하는데, 피감기관의 업무처리와 관련된 기본적인 지침의 성격을 갖고 있다. 규정집은 내규집 혹은 사규집으로 불리기도 하는데, 한 조직을 운영하는 데 기본이 되는 법령·조직·총무·인사·재무 등의 내용을 담고 있다. 회의록은 주로 이사회나 운영위원회 회의록을 가리킨다. 업무보고서와 속기록, 국정감사 공동요구자료, 서면답변서 등은 앞서의 업무편람 등과 달리 각 의원실이 모두 확보하고 있는 자료들이다. 의원실이 요구하지 않더라도 피감기관에서 모두 갖다 주기 때문이다. 각 의원실의 책꽂이에 꽂혀 있으니 틈틈이 읽어 보면 상임위원회와 국정감사에 대한 이해를 높일 수 있는데, 각각의 자료가 갖는 의미와 활용방법에 대해서는 글쓴이가 2003년에 펴낸 『국정감사 실무 매뉴얼』의 42쪽부터 50쪽을 참고하기 바란다. 상임위원회와 관련된 법을 공부하는 방법에 대해서는 뒤에서 별도로 다시 언급하겠다.

이 밖에도 의원의 홈페이지를 섭렵하면 업무 이해에 큰 도움이 된다. 아울러 의원의 선거 인쇄물과 공약들도 챙겨야 한다. 여기에 지역 관련 자료들, 인구가 얼마나 되고 유권자는 몇 명이며 지난 선거 결과는 어떠했고, 관내 학교는 몇 개이며 등등과 같은 기본적인 개황, 그리고 지역지도 등을 챙겨 두고 틈틈이 읽어 본다면 지역구에 대한 이해도 높일 수 있다. 사족일 수 있겠지만 하나 더 추가한다면 국회의원 선거사무소(과거 지구당)에 근무하는 사람들의 현황, 즉 직위부터 나이와 이름 등을 챙겨 둔다면 어느 날 갑자기 국회의원 선거사무소에서 전화가 걸려 오더라도 당황하지 않을 수 있다.

## 2. '학습' 하듯 일 배우려 해서는 안 된다

> '긴 호흡' 갖고 쓰는 논문 형식의 일처리 방식은 '가방 끈' 긴 사람들의 국회 안착을 가로막는 가장 큰 장애물이다. 국회는 학습하듯 많이 배운 뒤 일을 하겠다고 해서는 안 되는 곳이기 때문이다. 국회에서는 경험이 있든 없든 아는 주제이든 아니든 상관없이 출근 첫날부터 바로 실무를 담당해야 한다.

### 출근 첫날부터 실무 담당해야

얼마 전 일이다. 열심히 근무하던 후배가 채 반 년을 버티지 못하고 국회를 떠났다. 대학원까지 나와 관련분야에 대한 지식도 많았고, 무엇보다 보좌진이 해야 할 일이면 뭐든 다 열심히 배우려고 했는데, 제대로 일 한 번 해보지 못한 채 국회를 떠난 것이다.

이에 앞서 글쓴이는 기회 있을 때마다 그 후배에게 "국회는 학교와는 다른 곳이다. 학교에서 논문 쓰듯 질의서를 쓰면 안 된다"고 충고하곤 했다. 13년 전 국회에 첫발을 내디뎠을 때만 해도 글쓴이 또한 그 후배처럼 긴 호흡 갖고 논문 쓰듯 질의서를 썼고, 그로 인해 하마터면 국회를 떠나야 할 위기에 처했기에, 곧 그 후배에게 닥쳐올 일이 어떤 것인지 잘 알고 있었기 때문이다. 그리하여 난 틈날 때마다 후배에게 "국회는 당장의 성과물을 요구하는 만큼 질의서 하나 쓰는 데도 그렇게 공부하듯 몇 날 며칠 매달리다가는 쫓겨나기 꼭 알맞은 곳이다"라고 얘기했던 것이다. 그러나 출근 첫날부터 당장 실무를 담당해야 하는 국회 현실을 잘 모른 채 이왕이면 제대로 일을 배워 보겠다고 학습하듯 한 후배의 근무자세는 '부적응' 만을 초래, 결국 실직으로 이어졌다.

아무튼 글쓴이는 이걸 보면서 또다시 국회에 근무하는 보좌진의 자세가 '긴 호흡 갖고 공부하듯 하는 것' 이어서는 안 된다는 사실을 확인할 수 있었다. 여기서 글쓴이가 굳이 '또다시' 라고 한 것은, 그 동안 이런 일을 많이 봐 왔기 때문이다. 이들 대부분은 학위 논문 쓰는 대학원생들처럼 일을 배우려고 했으나 끝내는 '부적응' 으로 국회를 떠난 것이다. 글쓴이는 이럴 때마다 "과연 보좌진에게 필요한 근무자세는 무엇일까?" 하는 고민에 빠져든다. 또 "시간을 갖고 열심히 배우려고 하는데도 이처럼 국회를 떠나야 하는 일이 벌어지는 것은 무엇 때문일까?" 하는 생각도 해본다.

결론부터 말하자면, 무엇보다 국회는 오랜 시간 공부한 후 성과가 나는 것을 기다려 주는 곳이 아니기 때문에 이 같은 일이 벌어지곤 하는 것이다. 이들 대부분은 학습하는 즐거움에 빠져 시간가는 줄 모르고 일을 배우려고 하지만, 국회는 학습하는 곳이 아니라 당장 성과물을 내기 위해 실무를 담당해야 하는 곳이다. 다시 말해 시간을 갖고 천천히 일을 배워 나간 뒤 이를 근거로 맡은 일을 하나하나 해 나가는 것이 아니라 출근 첫날부터 주어진 일을 바로 처리해야 하는 것이다.

국회의 업무처리 방법을 논문 쓰는 것을 예로 들어 설명해 보면 다음과 같다. 흔히 학위 논문은 말할 것도 없고 학기 중에 제출하는 보고서라도 하나 쓰려면, 우선 쓰고자 하는 주제와 관련된 참고자료를 챙겨 모두 읽어 본 뒤 목차를 잡고 그에 맞춰 조금씩 써 나가다가 자신의 문제의식이 맞는지 함께 공부하는 사람들과 토론도 해보고, 그러고도 다른 사람들은 어떤지 주변도 한 번 둘러보다가 뭔가 미흡한 것 같아 빠뜨린 것은 없는지 또다시 미세한 부분까지 파고드는 것이 아마도 가방 끈 긴 사람들의 보편적인 글쓰기 방법일 것이다. 그러나 만약 국회에서 이처럼 일했다가는 쫓겨나기 딱 알맞다. 특히 들어온 지 얼마 되지 않았다고 업무를 익힐 때까지 차분히 공부하겠다고 생각했다가는 그날부로 책상이 없어지거나 짐을 싸야 하는 곳이 바로 국회다.

### '수습', 그런 게 어디 있어!

국회 보좌진에게는 일반적으로 최소한의 것을 배우기 위해 신입사원들에게 제공되는 시간, 즉 '수습기간'이 없다. 그건 국회 밖에서나 존재하는 얘기다. 최소 3개월 정도 시간을 갖고 회사 전반에 대한 소개와 함께 자신이 담당해야 할 일과 관련한 기본업무를 배우고, 아울러 이 기간에는 업무 미숙이나 실수도 용인되는 수습기간은 국회 밖에서나 있는 일이다.

국회에는 출근 첫날부터 바로 처리해야 할 실무만 기다리고 있다. 국회에 대해 아는 것이 많든 적든 혹은 과거에 경험이 있든 없든 그건 중요치 않다. 보좌진으로 취업하기 전 국회 밖에서의 생활까지가 모두 수습기간이다. 그리고 채용된 그날부터 바로 실무를 담당하는 익숙한 일꾼이 돼야 한다. 그리하여 자기가 잘 아는 주제든 아니면 평소 전혀 관심조차 두지 않았던 주제이든 상관없이 과제가 주어지면 그날로 기고문을 쓰거나 토론 자료를 준비해야 한다.

만약 출근 첫날 상임위원회가 예정돼 있으면, 상임위원회가 뭔지 또 어떻게 진행되는지조차 잘 모르더라도 질의서를 써야 한다. 여기서 경험이 전혀 없으니까 다음부터 하겠다거나 혹은 이번만은 다른 사람들 하는 것을 보고 배우는 기회로 삼겠다는 얘기는 통하지 않는다. 다들 그렇게 일을 배웠고 처리했기 때문이다.

자신이 잘 모르는 주제라 학습이 필요하거나 혹은 어떻게 하는 것인지 방법조차 몰라 그것부터 배울 필요가 있다고 하더라도, 최소한 이 모든 것은 쓰는 일과 병행돼야 한다. 한편으로는 쓰고 다른 한편으로는 자료도 찾고 동시에 일처리에 대한 방법도 배워 나가야 한다는 것이다. 이 모든 행위가 각기 따로 놀거나 단계별로 이뤄져서는 안 된다. 융·복합되거나 함께 어우러져야 한다. 공사工事로 말하면 설계와 시공이 함께 이루어지는 패스트트랙fast-track 공법으로 일을 해야 하는 것이다. 설계, 그것도 기초설계인 기본설계와 본설계인 실시설계로 단계를 밟아 준비한 뒤 설계도면대로 차근차근 일을 하다가 뜻하지 않던 암석구간이 발견됐다고 공사를 중단하고 설계를 고친 뒤 비로소 다시 일을 시작하는 것과 같이 해서는 절대 안 된다는 것이다. 왜냐하면 그만큼 기다려 주지도 않고, 또한 그럴 여건도 안 되기 때문이다.

상황이 이렇다 보니 국회에서는 최소한의 기본업무와 관련한 것들을 배운 뒤 이를 근거로 하나하나 일을 처리해 나가는 것이 불가능하다. 선후도 없고 단계도 없이 무작정 주어진 일을 하면서 이를 통해 하나하나 배울 수 있을 뿐이다. 이런 과정에서 스스로 선후와 단계를 찾아내고 정립해야 한다. 한마디로 정해진 방식이나 절차 없이 모든 것이 뒤죽박죽인 채로 일을 하는 가운데 스스로 하나하나 익혀 나가야 하는 것이다.

혹시 자신이 담당할 업무와 관련한 내용 및 처리방식과 관련된 기본교육(국회에는 오리엔테이션조차 없는데 이는 뒤에 보좌진에 대한 교육 부분에서 자세히 살펴보겠다)조차 받지 못하다 보니 혼자서라도 학습을 통해 일처리 방식과 절차 등을 배운 뒤 주어진 일들을 처리하겠다고 생각하는 사람이 있을지 모르겠으나, 이는 대단히 위험한 생각이다.

### 논문과 질의서간에는 큰 차이 존재

특히 이런 현상은 이른바 '가방 끈' 긴 사람들에게서 잘 나타난다. 이는 최소한 대학원 이상 출신들이 보고서나 학위 논문을 쓰는 과정에서 '긴 호흡'을 갖고 공부하며 재차 자료도 뒤적이는 글쓰기 방식을 자신들의 고유한 업무처리 방법으로 체득했기 때문일 것이다. 더욱이 보좌진의 주요 업무도 대부분 문서작업, 즉 질의서나 토론문 작성 등 글쓰기로 이뤄지는 데 따라 이들의 학습하고 연구하는 형태의 글쓰기 방식은 국회에서도 그대로 재현되는 경우가 많다.

하지만 '논문'과 '질의서' 모두 글을 쓴다는 차원에서는 같을지 몰라도 절차와 방식, 그리고 요구하는 능력에는 많은 차이가 존재한다. 일단 학위논문은 시간에 구애받지 않는다. 만약 생각보다 작업이 좀 늦어지면 다음 학기에 쓰면 된다. 따라서 시간을 잘 준수하기보다는 쓰고자 하는 주제와 관련된 자료들을 찾아 문제의식이 분명히 부각될 수 있도록 일목요연하게 잘 정리하는 게 중요하다. 여기에 자신의 주장과 다른 사람의 말을 인용한 것인지를 구분해야 하고, 이를 위해 각주와 참고문헌도 필요하다. 무엇보다 논문은 자신이 관심을 갖고 잘 아는 주제 혹은 모르더라도 공부하고 싶은 주제를 대상으로 작성된다.

그러나 후자는 아니다. 굳이 예를 들면 기자들의 글쓰기와 같다. 우선 시간이 제약돼 있다. 당장 내일까지 질의서나 토론문을 써야 한다. 이처럼 시간이 제약된 상황에서 관련 자료를 모두 뒤져 보며 학습하는 것은 애초부터 불가능하다. 더욱이 질의서는 논문과도 다른 독특한 구조를 갖고 있다. 우선 글 말미에 '질문'을 달아야 하는 것부터 논문과는 큰 차이가 있다. 또한 자신의 주장과 다른 사람의 말을 인용했는지를 구분할 필요 없이 단지 주제에 걸맞게 서술하다가 마지막 부분에 가서 주장하는 내용대로 글을 몰아가야 한다는 점에서, 객관성을 담보해야 하는 학위논문과는 애초부터 큰 차이가 존재한다. 특히 야당의 입장에서는 질문에 답변할 기관장이 '아얏' 소리도 낼 수 없을 정도로 잘못된 정책이나 사례들을 제시하며 구석으로 몰아간다면 더 이상 바랄 것이 없는 질의서라 할 수 있다.

질의서는 무엇보다 보좌진이 잘 알든 혹은 평소에 관심이 있는지 여부와는 전혀 상관없다. 국정감사 며칠 남기고 상임위원회가 건설교통위원회에서 과학기술정보통신위원회로 바뀌더라도 손놓고 있을 수는 없다. 내용은 고사하고 정보통신과 관련한 용어조차 모른다고 시간을 갖고 공부하고 자료를 찾아볼 수도 없다. 무조건 써 나가면서 공부하는 것만이 유일한 방법이다. 그러면서도 짧은 순간 문제점을 파악해 언론에 보도할 수 있을 만큼 질의서를 써야 한다.

그러다 보니 질의서를 쓰는 데서 보좌진에게 요구되는 가장 중요한 능력은 바로 '순발력'과 '감각'이다. 아카데미즘의 학습과 연구, 그리고 관련분야에 대한 전문성보다는 짧은 순간 문제점을 파악해 지적할 수 있는 저널리즘적 감각이 더 중요하고 필요한 능력인 것이다(보좌진이 갖춰야 할 능력과 관련해서는 뒤에 다시 살펴보겠다).

글쓴이가 처음 국회에 발을 내딛었던 1995년만 하더라도 박사는 고사하고 석사학위 이상 소지자도 많지 않았다. 하지만 13년이 지난 요즘에는 업무보조자의 성격을 띤 인턴조차 대부분 석사학위 이상 소유자다. 더욱이 요즘 보좌진 선발 조건에 대학원 이상은 기본이 됐다. 그러다 보니 가방 끈 긴 사람들이 아주 많다. 그러나 이들이 앞서 적시한 대로 학교에서 논문 쓰듯 질의서를 썼다가는 종내 국회를 떠나야 한다.

그 동안 대학원 이상 출신자들 가운데 적지 않은 사람들이 학습과 연구를 게을리 하지 않았음에도 불구하고 국회를 떠나야 했던 것은 바로 이 같은 차이, 즉 국회가 시간을 갖고 일을 배운 뒤 하나하나 해 나갈 때까지 기다려 주는 곳이 아니라 바로 실무를 담당해야 하는 곳이라는 것을 몰랐거나 아니면 알았더라도 학교에서의 논문 쓰는 방식을 고수한 데 따른 결과일 것이다.

### 인력부족이 '학습'과 '수습' 방해

눈치 빠른 사람은 이즈음에서 그럼 왜 국회에서는 보좌진에게 수습기간이 주어지지 않고, 배운 뒤에 일을 하면 안 되는 것인지 궁금할 것이다. 왜 학습하고 연구하며 논문 쓰듯 시간적 여유를 가질 수 없는 것인지 의문을 갖지 않을 수 없을 것이다.

국회가 일을 다 배울 때까지 기다려 주지 못하는 데는 '인력부족'이라는 큰 문제가 자리잡고 있다. 아니 일을 다 배우는 것은 고사하고 최소한의 수습기간조차 가질 수 없는 것은 매일매일 주어지는 기본 업무를 처리하기에도 '일손'이 모자라기 때문이다.

국회의원 1인당 함께 일할 수 있는 보좌진은 총 6명에 지나지 않는다. 그런데 이 6명에는 운전기사와 사무실에서 기본업무, 즉 정리 정돈 및 전화받는 일을 하는 사람까지 포함돼 있다. 따라서 이들을 제외할 경우 실제 사무실에서 실무를 담당할 수 있는 인력은 고작 4명에 지나지 않는다. 그러나 그나마 남은 4명 모두 실무를 담당하는 경우는 그리 많지 않다. 대개 한 명 정도는 지구당 몫으로 배정된다. 특히 이런 경우는 상대적으로 여당에 비해 자금력이 떨어지는 야당에서 많이 나타난다. 4급 보좌관 한 자리를 지구당으로 돌려 거기서 나오는 월급으로 지구당을 운영하거나 혹은 여타 당직자들의 급료로 사용하는 것이다. 혹 보좌관 2명이 함께 의원실에 근무한다고 하더라도 대개 1명은 '정무'라는 이름 아래 실무를 담당하지 않는다. 이들은 대부분 국회 밖의 일, 이를테면 국회의원 후원회의 조직 및 관리나 지역구 관리 또는 민원업무 등을 담당한다.

따라서 의원실마다 약간의 차이는 있겠지만, 대개 실무를 담당하는 보좌진은 많아야 2~3명을 넘지 않는다. 그런데 이 같은 상황에서 한 명이 빠지고 누군가 새롭게 충원됐다고 해서 몇 달 간의 수습기간을 주고 일을 배울 때까지 기다린다고 가정해 보자. 이렇게 되면 1~2명이 모든 일을 다 해야 한다. 1~2명이 20일 동안 치러지는 국정감사를 위해 자료도 요구하고 질의서와 보도자료도 만들며, 의정보고서도 제작하고 다음날 있을 강연문도 준비해야 하는 것이다. 간혹 이 모든 것을 혼자 하는 경우도 발생한다.

결국 상황이 이러다 보니 오늘 첫 출근한 초보라고, 또 잘 알고 있는 주제가 아니라고 하더라도 당장 주어진 일을 하지 않으면 안 되는 것이다. 구멍가게로 치면 물건 값을 다 모르더라도 물건을 팔지 않을 수 없는 것이다. 물론 이러다 보면 500원짜리 물건을 100원에 팔기도 하고, 또 1,000원을 받고 500원 어치만 물건을 내주는 것과 같은 실수를 할 수도 있다. 그나마 구멍가게에서 파는 물건들은 두부나 콩나물 등과 같은 농산물을 제외한 공산품에는 대부분 가격표가 붙어 있어 큰 실수를 면할 수 있다. 하지만 국회는 그렇지 않다. 가격표는 그 어디에도 없다. 더욱이 애초부터 오리엔테이션과 같은 기본교육조차 받지 못하다 보니 대체 얼마의 가격을 불러야 하는지도 알 수 없다. 그러나 누구도 가르쳐 주지 않고 맞는지 틀리는지 몰라도 터무니없는 가격일망정 붙이지 않을 수 없다. 인력부족으로 그렇게라도 일을 해 나가며 배워야 하기 때문이다.

### 21세기 국회 보좌진의 현실

시간이 지나면 선임자들의 일처리 방식을 '어깨너머'로 조금씩 배워 나갈 수 있다. 그러나 선임자들 또한 이전의 누군가로부터 어깨너머로 보고 배운 것들이라 '체계적'인 것과는 거리가 있다. 그러다 보니 모든 일처리 방식이 각자의 '개인기'로 자리잡고 있다. 여기서 개인기란 해당 의원실에서는 옳은 것도 바로 옆 의원실에서는 그렇지 않을 수 있다는 것을 의미한다. 다시 말해 모두 다 그렇게 하는 것이 아니며, 또한

'어깨너머'라는 한계로 인해 1,800여 명에 달하는 보좌직원이 모두 함께 '공유'하거나 혹은 '축적'돼 후배들에게 전달되는 경우는 거의 없다.

21세기 한국정치를 이끌어 가는 정치 현장 '국회', 그리고 그 최일선에서 국회의원의 의정활동을 뒷받침하는 보좌진의 사무처리가 비체계적이고, 그나마도 어깨너머로 배우는 '도제형식'과 다를 바 없다는 점에서 많은 사람들이 놀랄 것이다. 어떻게 최소한의 일을 배울 수 있는 수습기간도 주어지지 않는지 이해되지 않을 것이다. 기본업무와 관련한 최소한의 교육조차 없는 것은 물론 재교육과 연수도 없고, 출근 첫날부터 주어진 일을 담당해야 하며, 그것도 시간을 갖고 긴 호흡 아래 하면 안 되는 것인지 의문스러울 것이다.

하지만 이것이 오늘날 1,800여 명의 보좌진이 처한 현실이다. 기초교육도 수습도, 긴 호흡도 갖지 못하지만 오늘도 1,800여 명의 보좌진들은 순발력과 감각으로 무장한 채 국회의원 299명의 의정활동을 보좌하고 있다.

# 3. 보좌진에게 필요한 능력은 '순발력'과 '감각'

> 지난 13년 간 글쓴이의 경험을 근거로 할 때 보좌진에게 가장 필요한 능력은 '순발력'과 '감각'이다. 일반사람들이 생각하는 것과 달리 관련분야에 대한 '전문성'은 부차적인 것에 지나지 않는다. 이는 잦은 상임위원회 교체와 함께 언론보도를 중시하는 데 따른 것이다.

### '전문성'이 부차적일 수밖에 없는 두 가지 이유

앞서 국회는 일을 배울 때까지 기다려 주는 곳이 아니라는 것을 살펴봤다. 동시에 간단한 질의서 한 꼭지 쓰는 데도 학습하고 연구하는 '가방 끈' 스타일의 일처리 방식은 '부적응'만을 초래한다는 사실도 확인했다.

그럼 학습과 연구가 부적응만을 초래한다면, 진정 보좌진에게 필요한 능력은 어떤 것일까? 더 정확하게는 어떤 자세로 어떻게 일해야 부적응을 초래하지 않을 수 있을까? 지난 13년 간 글쓴이의 경험에 의거할 때 보좌진으로 근무하는 데 가장 필요하고도 중요한 능력은 '순발력'과

'감각'이다. 혹자는 보좌진에게 꼭 필요한 능력이 '전문성'이 아니라는 점에서 글쓴이의 결론에 '의외'라고 생각할지 모르겠다.

일견 보좌진의 주 업무가 국가의 중요 정책을 논하고 그 와중에 나타난 문제점을 지적하며 대안을 마련하는 것이라는 점에서, 그 어떤 것보다 '전문성'이 필요한 것처럼 보일 것이다. 더욱이 신입 보좌진을 뽑을 때 대부분의 의원실에서 관련분야 석사 이상을 선호하는 것을 보면, 보좌진이 갖춰야 할 가장 중요한 능력은 관련분야 전문성인 것처럼 보일 것이다.

그러나 실제는 조금 다르다. 여기에는 크게 두 가지 이유가 있다. 하나는 선발 당시에는 관련분야에 대한 전문성을 근거로 보좌진을 뽑는다고 하더라도 상임위원회 교체로 인해 그 가치는 쉽게 상실된다는 것이다. 나머지 하나는 '언론'과 밀접한 관련을 맺고 있다.

얼핏 이해가 안 될 것이다. 하나하나 자세히 살펴보자. 먼저 상임위원회 교체로 인한 전문성 상실 문제를 살펴보자. 현재 대부분의 의원실은 신입 보좌진을 뽑을 때 상임위원회와 관련된 대학원 이상 출신자들을 우대한다. 이건 적어도 외견상 해당 분야와 관련한 전문성을 보좌진 선발의 중요한 요건으로 삼고 있다는 걸 의미한다. 그런데 정작 보좌진의 능력과 관련해 전문성이 중요치 않다는 것은 무슨 말인가. 이는 상임위원회 교체와 관련돼 있다.

우리나라 국회는 17개 상임위원회 체제로 구성·움직인다. 즉 교육위원회, 재정경제위원회, 건설교통위원회, 문화관광위원회, 보건복지위원회 등등과 같이 행정부의 조직을 근거로 몇몇 관련분야를 함께 묶어 이를 대상으로 활동하는 체제로 구성된 것이다. 그러다 보니 각 의원실에서 보좌진을 선발할 때도 가급적 해당 상임위원회와 관련된 대학원 이상 출신을 선호한다. 가령 재정경제위원회라면 경제학과를, 건설교통위원회라면 건축학이나 도시공학 또는 토목공학, 그리고 교육위원회라면 사범대 출신 등을 선호하는 것이다. 이 밖에 관련분야에서 연구원 등으로 활동한 사람들도 전문가로 우대받는다.

그런데 문제는 국회의원이 하나의 상임위원회만 담당하는 게 아니라는 것이다. 국회의원의 상임위원회 임기는 원칙적으로 2년이다. 경우에 따라서는 2년을 다 채우지 못하고 중간에 바뀌는 경우도 있다. 국회의원이 주요 당직을 맡아 상임위원회를 교체하는 것은 가장 대표적인 예라고 할 수 있다. 또한 당이나 정치적 사정으로 상임위원회를 바꾸는 경우도 적지 않다. 잠시 동안 상임위원회를 바꾸는 경우도 있다. 상임위원회 사·보임辭·補任이 그것이다.

아무튼 국회의원 임기 4년 동안 한 위원회에 소속돼 활동할 수 있는 기간은 일반적으로 2년에 불과하다. 전반기 2년이 지나고 나면 후반기에는 상임위원회를 바꿔야 한다. 물론 예외도 있다. 간혹 4년 연속 한 상임위원회에 소속돼 활동하는 경우도 있다. 그러나 일반적인 것은 아니다. 특히 이른바 인기 상임위원회라고 하는 건설교통위원회, 재정경제위원회 같은 상임위원회에서는 연속해서 4년 동안 활동하는 것이 쉽지 않다. 많은 국회의원들이 너나 할 것 없이 인기 있는 상임위원회에서 활동하기를 원하기 때문이다. 최소 20명 이상 활동하는 상임위원회에서 4년 이상 활동하는 의원은 여·야를 통틀어 상임위원회별로 3~4명에 지나지 않는다.

따라서 보좌진이 갖고 있는 전문성과 관련한 유효기간은 기껏해야 2

년, 최장 4년을 넘지 않는다. 이 경우 상임위원회가 바뀐 것을 계기로 보좌진 스스로 자신이 이전에 소속돼 있던 상임위원회로 옮겨 온 다른 의원을 선택, 즉 모시는 의원을 바꾸거나 혹은 의원 스스로 상임위원회 교체를 계기로 전문성이라는 척도를 가지고 보좌진을 새롭게 구성한다면, 보좌진이 갖고 있는 전문성의 유효기간은 늘어날 수 있을 것이다. 그러나 대부분 그렇게 하지 않는다. 극소수의 몇몇 사람들만 예외적으로 그렇게 할 뿐, 아직도 대다수의 국회의원과 보좌진은 상임위원회를 중심으로 바꾸는 것과 같은 일을 하지 않는다. 그러다 보니 상임위원회가 바뀌더라도 의원이나 보좌진 모두 큰 변동 없이 함께 가는 경우가 많다.

보좌진은 상임위원회가 교체된 그날부터 바뀐 상임위원회에 적응해야 한다. 어제까지 건설교통위원회에 소속돼 정부의 부동산 정책이 갖고 있는 문제점을 논하다가 오늘 외교통일통상위원회로 상임위원회가 바뀌면, 바로 6자회담과 북한 핵문제 등에 대한 질의서를 써야 하는 것이다. 그러다 보니 보좌진이 해당 상임위원회와 관련해 한 분야의 정통한 전문가가 되는 데는 애초부터 한계가 있다.

### 언론보도가 모든 것의 '척도'

두 번째 언론보도와 관련해 살펴보자. 글쓴이는 이 책에 앞서 2003년에 출간한 『국정감사 실무 매뉴얼』이라는 책을 통해 "보좌진 입장에서 국정감사의 의미를 논한다면, 그것은 바로 '언론전쟁'이다"라고 밝힌 바 있다. 여기서 말하는 '언론전쟁'은 국회가 언론과 전쟁을 치른다는 것이 아니라, 국정감사 기간 내내 언론보도를 위해 299개 의원실이 서로 전쟁을 치르듯 치열하게 경쟁한다는 의미를 담고 있다.

그러나 정작 국정감사기간만 그런 게 아니다. 국회의원의 모든 활동은 언론전쟁, 즉 언론보도와 밀접히 관련돼 있다고 해도 크게 틀린 말은 아니다. 국회의원들의 모든 활동, 즉 말과 생각 그리고 법을 만들며 행정부를 감시하고 나라살림을 살피는 등의 의정활동 전반에 이르기까지 언론보도와 관련되지 않은 것은 거의 없기 때문이다. 단지 여당, 그것도 선수選數가 높은 중진급 의원 몇 명만 예외일 뿐이다. 그러다 보니 행정부를 견제하는 국정감사, 그리고 그를 위한 질의서와 보도자료 작성 등도 언론보도와 밀접한 관련을 맺은 채 행해지고 있다.

국정감사가 정부 정책의 잘잘못을 가리는 정책감사이거나 예측 가능한 국정난맥상을 사전에 바로잡을 수 있는 예방감사가 되지 못하고 '폭로'나 '한 건' 위주로 흐르는 것도 바로 이 때문이다. 이와 관련, 정책에 대한 보좌진의 능력, 즉 전문성이나 안목은 별로 중요치 않다. 왜냐하면 많이 안다고 질의서를 잘 쓰는, 좀더 적나라하게 말하면 전문성이 있다고 해서 언론보도를 많이 받을 수 있도록 질의서를 쓰는 것은 아니기 때문이다. 다시 말해 전문성은 학습과 연구 차원에서만 의미를 가질 뿐, '언론전쟁'과는 이렇다 할 연관성을 갖고 있지 못하다는 것이다. 언론은 명확하지 않은 정책대결보다는 인화성 짙은 주제, 이를 테면 '안전', '비리', '부실', '예산낭비' 등과 같은 '섹시한 주제'들을 더 좋아한다.

사실 지금 당장이라도 신문을 펴 보면, 대부분 각 신문의 머릿기사는 이 같은 내용들로 채워져 있다. 여기서 문제는 전문성이나 전문지식만으로는 언론이 좋아할 '안전' 등과 같은 4가지 주제의 질의서를 쓰는 것이 쉽지 않다는 것이다. 오히려 언론전쟁을 잘 치르는 데는, 질의서를 많이 써 보고 국정감사를 많이 치러 본 경험이 더 중요하다. 오랜 시간 언론을 상대로 일해 보지 않고서는 절대 언론이 좋아할 만한 내용을 찾아낼 수도, 그런 질의서를 쓰고 보도자료를 만들 수도 없기 때문이다.

이런 점에서 언론보도와 관련해 얘기한다면, 해당 분야에 대한 전문성보다는 오히려 국회 경험자가 더 낫다. 보좌진 생활을 몇 년 해보면 적어도 어떤 사안들이 언론에 보도되고 언론이 어떤 것들을 좋아하는지 경험으로 배울 수 있다. 더 나아가 이들은 그런 문제가 어디에 숨어 있는지도 알고 있고, 그래서 어떻게 자료를 요구하고 또 그것을 어떻게 가공하면 다음날 신문에 몇 단 크기로 보도될 것인지까지 감을 잡고 있다. 이는 언론을 상대로 일하고 훈련할 때만이 비로소 생길 수 있는 '감각'이다.

이런 감각은 상임위원회가 바뀌더라도 동일하게 적용된다. 설혹 상임위원회의 교체로 취급하는 업무나 내용은 달라졌을지라도 행정부의 일처리 방식과 조직 운영형태는 똑같기 때문이다. 따라서 경험 많은 보좌진들은 설혹 내용을 모르더라도 어떤 것이 문제가 될 것인지 또 그런 것들이 어디에 숨어 있는지를 쉽게 찾아낸다.

한편 기자 또한 해당 분야에 전문가가 아니기 때문에 전문적인 것들을 얘기하면 오히려 기사화되지 않는 경우가 더 많다. 1~2년마다 출입처를 바꾸는 기자 또한 해당 상임위원회와 관련해 일반적 수준 이상의 지식을 갖지 못한 경우가 많다. 따라서 설혹 중요하거나 가치 있는 주제라 하더라도 전문적이거나 어려우면 그것으로 끝이다. 특히 기사란, 기본적으로 초등학생이 읽어서 이해할 수 있는 것이어야 한다는 대목에 이르면 언론보도와 전문성은 큰 관련이 없다는 것을 확인할 수 있다.

### 보좌진의 가치, 순발력

'감각'에 이어 '순발력'은 보좌진의 가치를 한껏 높여 주는 요소이다. 순발력은 보좌진 업무 전반에서 요구된다. 예컨대 국회의원이 오전에 뭔가 지시하면, 그것이 잘 모르고 있던 것이든, 혹은 평소 처리하던 업무와 관련이 없던 것이든 늦어도 다음날에는 제출해야 하는 곳이 바로 국회다. 내일 TV 심야토론 출연이 오늘 아침에 섭외되는 곳 또한 국회다. 그것도 평소 내가 전혀 알지 못하던 주제로 말이다. 그렇다고 손 놓고 있을 수는 없다. 어떻게든 토론문이나 발제문을 만들어 내야 하는 것이 보좌진에게 주어진 역할이다.

평소 관심이 없어 잘 모르던 것이라고 할 때, 그 성공 여부는 결국 '순발력'에 좌우될 수밖에 없다. 어차피 100% 완성도는 기대하기 어려운 게 현실이다. 그렇다면 제한된 시간 내에 효과적으로 작업을 끝내는 것만이 최선이다. 순발력이 없으면 불가능한 일이다.

평소 보고서나 토론문만 그런 것이 아니다. 어떻게 보면 국정감사도 비슷하다. '300개 회사'(?)가 서로 경쟁하는 속에서 20일 동안 매일같이 '언론전쟁'을 치러야 하는데, 순발력 있게 대응하지 않고는 절대 좋은 성과를 낼 수 없기 때문이다. 여기서 순발력이란 이런 것이다. 가령 정무위원회 소속 한 의원실이 금융감독위원회 출신들의 금융권 낙하산 인사로 언론보도를 받았다고 가정해 보자. 글쓴이는 이 기사를 보자마자 '우리는' 그런 것이 없나 하고 관련부처에 자료를 요구할 것이다. 왜냐하면 글쓴이가 미처 '낙하산 인사'라는 아이템을 생각하지 못했을 뿐, 낙하산 인사는 행정부에서 보편적으로 일어나는 일인 만큼 자료만 요구하면 '한 건' 하는 것은 별로 어려운 일이 아닐 것이기 때문이다. 이처럼 순발력은 다른 의원실이 보도받은 내용을 자신에게 적용하거나 응용하는 것을 가능하게 해 준다.

　글쓴이가 딱히 "국회는 '가방 끈' 과 '전공' 이 필요 없는 곳"이라고 주장하는 것도 바로 이런 맥락에서 이해할 수 있다. 그렇기 때문에 국회에서 행하는 주요 업무와 관련해 단기간에 성과를 내려면 많이 공부하거나 내용을 많이 알고 있는 것보다 주어진 자료를 감각적으로 순발력 있게 처리하는 것이 필요하다.

　언젠가 신문에서 이런 글귀를 본 적이 있다. "무조건 열심히 한다고 기업의 핵심인재가 되는 것은 아니다. 기업에서 필요로 하는 핵심 전문 기술이 무엇인지 파악해 그 목표를 향해 다가가야 한다." 글쓴이가 생각할 때 국회에서의 핵심 기술은 효과적인 '언론전쟁', 그것도 주어진 시간 안에 감각적이고 순발력 있게 처리하는 것이다.

　지난 13여 년 간 글쓴이가 경험한 국회는 충분한 시간을 주고 공부해 '내공' 을 쌓은 뒤 좋은 성과를 내라고 기다려 주는 곳이 아니다. 너나 할 것 없이 단기 성과에만 집착하기 때문이다. 그렇다고 공부를 하지 않고 순발력과 감각에만 의존해서는 안 된다. 그렇게 되면 더 이상의 전문지식을 쌓을 수 없기 때문이다. 순발력과 감각에 전문지식이 더해질 때, 진정한 전문가로 대접받을 수 있는 것이다. 따라서 공부는 단기성과를 내는 중간 중간 해야 한다. 몰아서 충분히 공부한 뒤 성과를 내겠다고 하면 그 사이 책상을 치우는 곳이 바로 국회다. 따라서 국회에서 살아남기 위한 순서는 다음과 같다. 순발력과 감각으로 버틴 뒤 시간 갖고 공부해 전문성을 키워야 한다. 만약 이 순서가 뒤바뀐다면, 글쓴이의 '후배' 와 같은 일이 벌어진다.

## 4. 입법과 예산심사를 소홀히 하지 마라

> 1년 간 국회 주요 일정은 결산심사와 국정감사, 법안심사, 예산심사 순으로 진행된다. 이들 각각은 나름의 의미와 중요성을 갖고 있다. 특히 4가지 모두 상호 영향을 주고받으며 행정부를 견제하고 감시·비판하는 역할을 수행한다. 그런데 국회는 이상하게도 4가지 가운데 국정감사만을 과도할 정도로 중요하게 취급한다. 그러다 보니 결산심사는 이미 다 써 버린 것이라는 점에서, 또 예산심사는 의원들의 지역구 관련 예산을 확보하느라 여·야 모두 소홀히 취급하고 있다. 법안심사 또한 여·야가 첨예하게 대립하는 것을 제외하고는 대충 넘어가기 일쑤다. 그러나 경우에 따라 입법과 예·결산심사는 국정감사 이상으로 중요한 의미를 갖는다. 법에 근거하지 않고는 어떤 행정이든 이루어질 수 없고, 예산이 수반될 때 비로소 구체적 사업으로 결실을 맺을 수 있기 때문이다. 따라서 입법과 예산심사는 국정감사 이상으로 치중해야 하며 결코 소홀히 해서는 안 된다.

### 상대적으로 천대받는 예·결산심사

1년 간 국회 주요 일정은 결산심사 → 국정감사 → 법안심사 → 예산심사 순으로 이루어진다. 결산심사는 6월에 진행되고 국정감사와 법안 및 예산심사는 9월부터 시작되는 정기국회 100일 동안에 행해진다.

그런데 국회 일정이 결산심사 → 국정감사 → 법안심사 → 예산심사 순으로 짜여진 데는 그만한 이유가 있다. 이 같은 일정은 법에 의거한 것이며, 그 순서 또한 바뀌지 않는다. 그럼 국회는 왜 굳이 이 같은 순서로 1년 간의 주요 일정을 운영하는 것일까? 먼저 각각의 의미와 중요성부터 살펴보자.

결산심사는 전년도 예산을 얼마나 잘 썼는지, 잘못된 계획 수립에 의한 과도한 이월이나 불법 이·전용, 그리고 불필요한 낭비 또는 횡령 같은 공무원들의 비리는 없었는지 등을 따지는 의미를 갖고 있다.

법에 의해 9월 초부터 20일 동안 진행되는 국정감사는 지난 1년 간 행정부의 정책적 판단과 이의 구체적 집행에 따른 공과功過를 점검하는 의미를 갖고 있다. 국정난맥상이나 혼란, 사건사고에 대한 점검이 이루어지는 것이다. 사후적 감사와 함께 예측 가능한 국정운영을 위한 사전적, 예방적 감사도 일부 병행된다.

법안심사는 결산과 국정감사에서 나타난 문제를 법적 제도적으로 정비하는 의미를 갖고 있다. 국정감사에 이어 12월 초순까지 진행되는 예산심사 또한 결산 및 국정감사의 결과물을 가지고 각 사업에 대한 예산 내역을 심사, 선심성 예산이나 낭비적 요소 또는 시급하지 않은 사업 등에 대해서는 예산을 삭감·조정하는 자리이다.

이런 점에서 결산심사와 국정감사는 예산을 제대로 심사하기 위한 사전작업 내지는 1차 작업이라는 성격을 내포하고 있다. 다시 말해 이듬해 책정된 예산의 적정성 여부는, 전년도에 대한 결산심사와 국정감사를 통해 정책적 방향은 옳았는지, 돈은 적절하게 집행됐는지, 예상한 사업적 효과는 가져왔는지 등과 같은 검토가 이루어질 때 비로소 판단될 수 있는 것이다. 특정사업과 관련된 전년도 예산이 제대로 집행되지 않았음에도 불구하고 이를 능가하는 예산이 이듬해에도 배정된다면, 관련 예산을 대폭 삭감하거나 그렇지 않다면 사업 자체에 대한 타당성이나 계획의 옳고 그름을 전면 재검토하는 것은 당연한 일이라는 것이다. 특히 예산심사의 경우 어떻게 하느냐에 따라, 가령 배정된 예산 모두를 삭감하는 데 따라 특정 프로젝트나 심한 경우 한 부서 또는 사업단을 없앨 수 있다는 점에서 그 중요성은 물론 행정부와 산하단체가 갖는 부담은 아주 크다.

### 입법과 예·결산 심사, 국정감사는 상호 유기적 관계

이처럼 예·결산심사와 국정감사, 그리고 법안심사는 모두 유기적으로 연계돼 상호 영향을 주고받으며 국회가 행정부를 감시·비판·견제하는 주요한 수단으로 활용되고 있다. 그런데 국회에서는 이상하게도 예·결산심사는 등한시한 채 국정감사만 과도하게 치중하고 있다. 다시 말해 결산심사는 이미 다 써 버린 돈이라는 점에서 여·야 할 것 없이 관심을 두지 않으며, 예산심사는 단순히 의원들의 지역구 관련 예산을 확보하기 위한 수단으로서만 기능하고 있는 것이다.

예산결산특별위원회 위원들의 발언을 모아 둔 속기록을 살펴보면, 질의는 대부분 자기 지역의 예산을 늘려 달라는 것 일색이다. 결산심사와 국정감사에 기반해 예산문제를 논하는 질의는 눈을 씻고 봐도 찾기 어렵다. 오로지 '표'를 의식해 여·야 의원 할 것 없이 자신의 지역사업을 위한 예산 확보에만 매달리는 것이다. 지역에 대한 이해를 갖지 않고 차기 출마를 전제하지 않은 비례대표 의원만이 그나마 '심사'라는 표현에 부합되게 예산 그 자체에 대한 문제점에 천착하는 모습이다.

그 결과 결산심사는 외상 거래를 뜻하는 선집행이나 예산의 목적 외 사용, 연말 무더기 집행, 불법 이용과 전용 등의 문제가 제대로 짚어지지 않은 채 마무리되기 일쑤다. 이런 현상은 매년 되풀이돼, 결산심사는 행정부의 예산 집행에 대한 적적한 통제 장치로 기능하지 못하는 문제점을 드러내고 있다. 만약 읍참마속泣斬馬謖의 심정으로 예산을 잘못 집행하거나 낭비한 사례 몇 가지를 골라 공무원들에게 가혹할 정도의 책임을 묻는다면, 결산심사 때마다 매번 되풀이되는 이 같은 문제점은 이내 사라질 것이다. 그러나 여·야 할 것 없이 "이미 다 써 버린 것을 어찌하겠느냐"라는 자세로 결산심사에 임하다 보니 행정부는 결산심사에 대해 전혀 부담이나 두려움을 갖지 않는다.

예산심사 또한 잘못된 예산배정이나 전년도에도 제대로 집행되지 않았음에도 불구하고 다음 연도에도 과다하게 배정된 예산, 타당성이 떨어지는 사업에 대한 예산 배정 등을 심사하지 못함으로써 예산 낭비를 제대로 방지하지 못하고 있다. 예산심사의 본래 의미는 행정부에 대한 의회의 '재정통제'에 있다. 그런데 우리 국회는 반대로 예산을 늘리기에 정신이 없다. 이에 따라 공무원들은 의원의 지역사업 관련 예산을 늘려 주고 대신 자신들이 원하는 대로 예산을 편성하는 '거래'가 이루어진다. 결국 그러다 보니 행정부 입맛대로 예산이 통과되고 낭비적 요소를 줄이지 못하는 것이다.

또 다른 측면으로 결산심사를 제대로 안 했으니 예산 또한 제대로 심사할 수 없는 것은 너무도 당연한 일이다. 양자가 서로 밀접히 연관돼 있는 상황에서 쓴 돈에 대해 제대로 집행됐는지 여부를 파악하지 않았으니 앞으로 쓸 돈도 제대로 배정됐는지 여부를 판가름할 수 없는 것이다. 어디서 뭐가 어떻게 잘못 됐는지를 알아야 다음부터 그런 잘못이 반복되지 않도록 예방할 수 있을 것이고, 또 배정된 예산 가운데 그런 요소가 포함됐는지 여부를 파악할 수 있을 것이다. 그런데 이미 써 버린 돈이라고 결산심사를 소홀히 하고 반대로 오로지 의원들의 지역 예산 확보에만 전념하는 상황에서 예산심사가 제대로 되길 바라는 것은 오히려 이상한 일일 것이다.

이런 가운데 의원과 보좌진을 비롯한 국회는 물론 언론과 시민단체까지 나서 국정감사만 중요시하는 사태가 매년 반복되고 있다. 요컨대 결산심사와 법안, 예산심사에 비해 중요도나 가치가 더 많고 높을 이유가 없음에도 불구하고 국정감사가 가장 중요한 것이자 다른 것에 비해 가치가 가장 높은 것으로 치부되고 있는 것이다.

### 국정감사의 힘은 입법과 예산심사에 근거

국정감사의 힘은 법안과 예산심사에서 비롯된다고 해도 과언이 아니다. 다시 말해 정책적 비판이나 대안은 입법과 예산심사라는 과정을 거치면서 현실적으로 구체화되고 그런 속에서 힘이 주어지는 것이다. 따라서 국정감사만 더 중요시될 이유는 없다.

행정부의 모든 움직임은 법에 기초하고 있다. 법이라는 근거 규정에 따라 조직의 탄생부터 그 지위와 역할까지 주어지는 것이다. 따라서 모든 것의 기본은 바로 '법'이다. 행정수도 이전을 예로 들어 설명해 보자.

다들 잘 아는 것처럼 노무현 정권은 서울의 과밀화와 지방의 균형적 발전을 위해 행정수도를 충청도로 이전하려는 정책을 추진했고, 그 구체적 실현은 입법과정에서부터 시작됐다. 그런데 행정수도 이전 사업은 시작 단계에서부터 난항에 부닥쳤다. 이유는 헌법재판소가 이전의 법적 근거인 「신행정수도이전특별법」에 대해 위헌판정을 내렸기 때문이다. 이로써 노무현 정부는 이 법률안에 의거해 조직되고 추진하려던 모든 사업, 가령 이전추진단 구성에서부터 이를 위한 구체적 사업 계획 수립 및 관련 예산 집행 등 모든 것을 할 수 없게 됐다.

물론 노 정부는 차후에 「행정도시특별법」을 통과시킴으로써 행정수도 이전 대신 행정중심복합도시로 사업내용과 규모를 축소해 공공기관 등의 지방이전을 가능케 하는 근거를 확보할 수 있었는데, 이처럼 법은 모든 것의 근원이자 정책의 구체적 실현을 위한 첫 단계로서의 의미를 갖는다. 즉, 법은 정당성을 확보하거나 부여하는 기준인 것은 물론 무엇을 하든 근거가 되며 그럴 때만이 정책 또한 구체성을 가질 수 있는 것이다.

법과 제도가 수립되면 그 다음으로 필요한 게 관련 예산이다. 만약 「행정도시특별법」이 시행되더라도 국회에서 관련된 사업예산을 승인하지 않는다면 어떻게 될까? 결과는 뻔하다. 돈이 없어 어떤 것도 할 수 없다. 구체적인 사업을 집행할 예산이 뒷받침되지 않는데, 어떻게 일을 한단 말인가? 토지수용 같은 것은 고사하고 사무실 비품 하나 살 돈이 없는데 뭐로 사업을 진행할 수 있겠는가? 아무리 많은 인력이 준비된다고 한들 무얼 할 수 있으며, 또 당장 인건비는 뭐로 충당하나?

바로 이런 점에서 정책 감사로 대표되는 국정감사는 궁극적으로 법과 예산으로 수렴된다. 민원 또한 마찬가지다. 법과 예산이 뒷받침되지 않으면 결코 해결되지 않는 것이 많다. 다시 말해 민원을 해결하는 최고의 방법은 이를 입법의 문제로 격상시키고 아울러 예산 배정이 뒷받침되도록 하는 것이다.

그러므로 법은 모든 것의 근원이다. 그리고 이를 구체적 성과물로 만들어 주는 것은 예산이다. 그래서 공무원들은 법적 근거가 없으면 절대 움직이지 않는다. 법에 어긋난 것도 할 수 없다. 나중에 감사를 대비해서라도 법적 근거가 없거나 그 해석을 벗어나는 일은 절대 하지 않는다.

### 법은 모든 것의 기본, 예산은 구체적 실현 위한 뒷받침

정책적 사안만 따로 떼서 거론하기보다 관련법을 거론하며 문제점과 관련된 법 개정을 추진하겠다거나 혹은 예산을 삭감하겠다고 하면, 공무원들의 반응은 달라진다. 담당과장이 바로 국회로 달려와 관련 자료를 제시하며 보좌진을 설득하려 든다. 그러나 정책적 사안만 독립적으로 다루면 공무원들의 태도는 또 달라진다. 마지못해 응하는 측면이 강하고 경우에 따라서는 "할 테면 해봐라"라는 태도를 보이기도 한다. 정책적 사안이 안고 있는 문제점으로 인해 자신들의 역할을 규제하거나 약화시키는 법이 통과됐거나 혹은 사업예산이 깎여 이듬해 사업 내용이 축소되거나 아예 할 일이 없어지는 것도 아닌 까닭에 민감하게 반응하지 않는 것이다.

정부발의 법안의 국회 통과를 위해 담당과장이 매번 보좌진을 상대로 법안 설명회를 갖고, 또 장·차관이 직접 의원을 만나 통과를 부탁하거나 반대로 자신들에게 불리한 의원입법에 대해서는 통과가 안 되도록 적극 방어하는 것도 바로 법의 중요성과 그것이 갖고 있는 힘 때문이다.

한편 정치권 또한 법과 예산을 둘러싸고는 '멱살잡이'도 마다하지 않는다. 17대 국회 내내 여·야는 「국가보안법」과 「사립학교법」 등 쟁점법안을 놓고 치열하게 대립했다. 때로는 몸싸움도 불사했다. 회의장 점거와 밀어붙이기, 고함과 멱살잡기 등으로 집기가 파손되고 사람이 다치기까지 한 것이다.

2007년 12월 9일의 대통령선거를 며칠 앞두고 당시 이명박 한나라당 후보의 BBK 사건과 관련한 민주당의 '특검법' 통과 시도는, 정치권이 '법'을 놓고 얼마나 사생결단으로 대립할 수 있는지를 극명하게 보여 주는 사례라고 할 수 있다. 당시 뉴스를 본 사람이라면, 본회의장 앞을 가로막은 사람들과 이를 뚫고 본회의장에 들어가기 위해 창문을 통해 진입을 시도하던 사람들, 그런 가운데 소화기가 분사되고 유리창이 깨진 모습을 지금도 기억할 것이다. 양측이 대치하던 장소가 국회가 아니라면 조직폭력배들간 영역 다툼을 위한 '패싸움'(?)이라고 해도 이의를 달 사람은 많지 않을 것이다. 여·야 국회의원들이 이처럼 시정잡배보다 더한 싸움을 마다하지 않았던 것은 두말할 것도 없이 '법' 때문이다. 다시 말해 법이 갖고 있는 힘을 이용해 서로 선거 결과를 자신들에게 유리하게 만들려고 했던 것이다.

예산도 마찬가지다. 더 깎아야 한다는 측과 정부안대로 예산을 통과시켜 줘야 한다는 양쪽의 입장이 부닥치면서 17대 국회 내내 예산심사를 거부하거나 회의가 취소되는 일이 반복됐다. 법에 정해진 예산심사 기간이 지켜지지 않은 것은 물론 준예산을 짜야 하는 것 아니냐는 소리가 나올 즈음인 12월 말이 돼서야 예산이 통과되는 일도 빈번했다.

여기서 분명한 것은 정책을 구체적 결과로 만들기 위해서는 법과 예산이 뒷받침되거나 그런 측면에서 접근해야지, 단순히 회의장에서 성토하는 것 갖고는 공무원들을 움직일 수 없으며, 자연 소득 또한 기대할 수 없다는 것이다.

### 입법과 예산에 치중하라

초보 보좌진을 대상으로 글쓴이에게 딱 한마디만 할 수 있는 기회가 주어진다면, 무엇보다 입법 및 예산문제를 소홀히 하지 말고 국정감사 또한 이와 연계해 치르라고 말해 주고 싶다. 국회 생활 13년이 지난 지금 입법 및 예산심사와 동떨어진 국정감사가 별반 힘을 발휘하지 못하는 것은 물론 이 경우 일회성으로 그치고 만다는 것을 잘 알고 있기 때문이다. 다시 말해 어떤 정책이든 법의 힘을 빌어야 구체화될 수 있고 예산이 뒷받침되지 않으면 아무것도 되는 일이 없다는 것이다. 이 말은 법과 예산으로 정책을 추진하거나 반대로 규제할 수 있다는 것을 의미한다.

그런데 글쓴이도 초보 보좌진 시설에는 이런 사실을 잘 몰랐다. 누구도 이런 얘기를 해 주지 않았기 때문이다. 그러다 보니 자연 입법 및 예산과 괴리된 채 국정감사를 단순한 정책적 사안 위주로만 준비했다.

한편 입법과 예·결산심사를 열심히 하면 인생이모작을 위한 비즈니스 모델도 만들어 낼 수 있고, 재테크도 할 수 있다. 이와 관련해서는 제5장 「보좌진의 자기계발, 어떻게 할 것인가?」에서 자세히 설명하겠다. 또한 입법과 예·결산심사는 일차적으로 일정 정도의 전문성을 요하면서도 상임위원회처럼 상시적으로 있는 일도 아니어서 그 동안 부차적으로 취급돼 왔다. 그러나 여기서 입법과 예·결산심사가 전문성을 요한다는 것은, 바꿔 말해 일단 능숙해지면 그만큼 전문성을 인정받는다는 것을 의미한다. 보좌진이라면 국정감사에 대해서는 다 전문가일 수 있지만, 입법과 예·결산심사에는 그러지 못한 게 현실이다.

특히 이런 현상은 참고할 자료의 유무와도 밀접한 관련을 맺고 있다. 국정감사와 관련해 보좌진이 참고할 자료는 거의 없다. 그러다 보니 질의 아이템을 선정하고 관련 자료를 요구하는 것에서부터 질의서 작성에 이르기까지 모든 것을 스스로 해결한다. 누구의 도움(피감기관에서 질의서를 받는 수준 낮은 보좌진은 예외로 하자)을 받기도 쉽지 않다. 그래서 국정감사 한 번 치르고 나면 보좌진의 내공이 적나라하게 드러난다.

반면 법안 및 예·결산심사는 그렇지 않다. 당장 행정부의 도움을 받아 상임위원회 조사관들이 만드는 '검토보고서'를 참고할 수 있다. 또 예·결산심사와 관련해서는 예·결산특별위원회를 비롯해 국회 예산정책처 등에서도 적지 않은 자료를 발간한다. 물론 이런 자료들이 '한 건' 하는 데는 큰 영향을 미치지 못하지만 급한 경우 '면피'에는 도움이 된다.

그런데 참고할 자료가 있는 것과 없는 것, 그리고 누군가 도와줄 사람이 있는 것과 없는 것 간에는 적지 않은 차이가 존재한다. 참고할 자료도 없고 도와줄 사람도 없다면 혼자 어떻게든 하지 않을 수 없다. 반면 그 반대의 상황이면 그 수준을 떠나 자연 의지하기 마련이다. 보좌진이 국정감사는 열심히 하고, 또 이는 잘하면서도 상대적으로 법안 및 예·결산심사에는 소홀하고 내공이 약한 것도 이런 맥락에서 이해할 수 있다.

흔히 보좌진 가운데 법안이나 예·결산심사로는 언론 보도가 쉽지 않다고 생각하는 경향이 있다. 그러나 이는 사실과 다르다. 이와 관련해서는 2005년 「국적법」으로 여론의 주목을 끌었던 홍준표 의원을 예로 들 수 있다.

당시 한나라당 홍준표 의원은 '이중국적자가 병역의무를 마친 후 국적이탈을 할 수 있도록 한' 국적법 개정 법률안으로 일부 부유층 자제들의 병역회피를 원천적으로 불가능하게 만들어 사회적으로 큰 주목을 끌었다. 개정안에 대한 국민적 지지는 전폭적이었고, 사회적 반향도 컸다. 심지어 "홍준표를 대통령으로"라는 구호도 나왔고, 그 때문인지 홍준표 의원은 2006년 서울시장 후보 당내 경선에 참여한 데 이어 2007년 한나라당 대통령 후보 경선에도 나섰다.

다시 한 번 강조하지만, 초보 보좌진일수록 정책적 사안으로만 국정감사를 접근하거나 입법과 예·결산문제를 국정감사와 분리해 생각하면 안 된다. 법과 예·결산 그리고 국정감사 모두 동일한 비중을 두고 배우고 익혀야 한다. 예산은 정책의 또 다른 표현이다. 가령 노무현 정권 들어 복지관련 예산이 대폭 증가했는데, 이는 당시 정권이 분배정책에 치중한 데 따른 결과이다. 이처럼 예산은 정권의 의지, 즉 추구하는 가치와 정책을 고스란히 반영하고 있다. 이는 진짜 정책감사를 하려면 먼저 예산에 대해 잘 알고 있어야 한다는 것을 의미한다.

# 5. 상임위원회와 법안 공부 방법

> 갑자기 상임위원회가 바뀌거나 혹은 국회에 첫발을 내딛은 보좌진이거나 내용도 잘 모르는 상임위원회와 관련해 자료를 요구하고 질의서를 준비하는 것은 쉬운 일이 아니다. 관련 법률안을 공부하는 것도 마찬가지다. 이 경우 상임위원회와 함께 법안을 좀더 쉽게 그리고 좀더 효과적으로 공부하는 방법은 없을까? 피감기관으로부터 과외를 받고 무엇이든 서슴없이 전화로 물어 보며, 현장을 가 보고 또 현장에서 공부한다면 짧은 시간 안에 '내공'을 키울 수 있다.

### 피감기관 직원이 스승이다

총선을 치른 뒤 5월 하순경 국회에 첫발을 내딛으면 6월에 곧바로 임시회가 개최된다. 그러면 피감기관을 상대로 당장 자료를 요구해 질의서를 만들고 한편으로 보도자료도 준비해야 한다. 법과 제도가 바뀌어 이제는 해당 상임위원회와 관련한 전년도 결산심의도 6월에 해야 한다. 과거 정기국회 100일 중 국정감사를 끝내고 나서 결산심사를 하던 것에 비해 일정이 대폭 앞당겨진 결과다.

상황이 이와 같을 때 초보 보좌진 입장에서 자료를 요구하고 질의서를 쓴다는 것 자체가 여간 당혹스러운 일이 아닐 수 없다. 이전에 국회경험이 조금 있는 보좌진이라도 상임위원회가 바뀌면 피감기관부터 취급하는 업무와 내용, 심지어 국회 업무를 담당하던 피감기관 직원들(이를 국회에서는 '연락관'이라고 한다)까지 모두 달라지는 데 따라 당혹스럽기는 마찬가지다. 익숙한 것과 결별하고 낯선 환경에 내던져진 것 같기 때문이다.

이 경우 초보 보좌진은 어떻게 상임위원회를 공부해야 할지, 또 상임위원회가 바뀐 보좌진 입장에서는 어떻게 대응해야 할지 난감하지 않을 수 없다. 그래서 선후배나 동료를 찾아가 물어 보기도 하고 또 이전에 동일한 상임위원회를 경험한 사람들에게 조언도 구하고 자료도 얻어 보지만 손에 잡히는 실익은 별로 없다.

이유는 크게 두 가지인데, 첫째, 무엇이든 '공유'와 '축적'이 구조화되지 않은 국회에서 자기 노하우를 나눠 줄 사람은 생각보다 많지 않기 때문이다. 이는 특히 보좌진의 '밥그릇'과도 밀접한 관련을 맺고 있다.

둘째, 설혹 자신의 경험과 노하우를 나눠 줄 용의가 있다고 하더라도 그러기 위해서는 평소 일목요연하게 자료를 정리해 놓지 않으면 안 되기 때문이다. 그러나 이 또한 바쁜 보좌진 생활에서 목적의식을 갖고 노력하지 않는 한 말처럼 쉬운 일은 아니다. 다시 말해 알고 있는 것과 자신의 노하우를 타인에게 전수하고 뭔가를 가르친다는 것은 완전히 별개의 문제로서, 그러기 위해서는 별도의 노력이 수반돼야 한다는 것이다. 현재 국회에는 경험 많은 보좌진이 적지 않음에도 불구하고 이들이 초보 보좌진을 대상으로 뭔가 가르쳐 주는 데 한계가 있고, 그래서 '도제식'으로 함께 일하며 어깨너머로 배울 수밖에 없는 것도 이런 사정과 무관치 않다.

결국 현재와 같은 국회 상황에서는 혼자 알아서 공부하는 것이 최선이다. 이 경우 같은 상임위원회에 소속된 보좌진끼리 팀을 짜서 함께 공부하는 방법이 있다. 다시 말해 피감기관에 연락해 상임위원회 교체 및 신입 보좌진 증가로 업무 및 내용 파악에 어려움을 겪고 있으니 '공부' 할 수 있도록 도와 달라고 말하는 것이다. 한마디로 피감기관에게 '그룹과외'를 부탁하는 것이다. 이때 구체적인 공부 대상 및 방법과 관련해서는 해당 상임위원회를 오래 경험한 내공 많은 보좌진의 도움을 받도록 하자.

그룹과외의 질을 좀더 높이고 싶다면 의원과 함께하면 된다. 즉 의원이 공부하고 싶다고 피감기관에 요구하면 좀더 자세한 내용과 자료가 준비된다. 초선 의원의 경우 해당 업무와 내용에 대해 아는 것이 없기는 초보 보좌진과 다를 바 없으니 이 참에 함께 공부하는 것도 좋을 것이다. 이 경우에는 보좌진이 팀을 짜서 하는 것과 별개로 의원실 차원에서 과외공부를 할 수 있다.

### 모르면 무조건 전화해서 물어 봐라

만약 이렇게 피감기관 전체를 대상으로 조직과 주요 업무, 예산 등에 대해 과외를 받고 나면 어렴풋하게나마 감을 잡을 수 있어 일하는 데 적지 않는 도움이 된다. 글쓴이가 초보 보좌진이던 14~15대 국회, 그러니까 지금처럼 여·야로 보좌진이 나뉘어 서로를 '터부시' 하지 않았던 때에는 이처럼 피감기관을 통한 그룹과외로 업무를 파악하고 보좌진 상호

간 유대를 강화하는 일이 잦았다.

한편 이때 단순히 처리하는 업무와 관련해서만 과외공부를 부탁하지 말고 해당 기관의 법무담당관에게 연락해 관련 법률안의 조직 체계와 주요 내용들에 대해 정리해 달라고 하면 국정감사를 준비하는 데도 큰 도움을 받을 수 있다. 이는 뒤에 법안공부 방법을 설명하는 자리에서 다시 언급하겠다.

'과외공부'에 이어 '업무편람'과 '규정집' 같은 자료들을 읽어 보면 업무에 대해 빨리 파악할 수 있다. 특히 이명박 정부 들어 정부조직에 적잖은 변화가 있었던 만큼 경험 많은 보좌진이라고 해도 새로 만들어진 편람과 규정집을 읽어 볼 필요가 있다. 단, 국토해양부와 같은 중앙부처의 경우 대부분 실·국별로 편람을 별도 제작하고 있어 한 권으로 해당 부部의 업무를 모두 파악하는 데는 어려움이 있다. 이때 도움이 되는 것이 바로 '백서'다. 행정부는 자신들이 담당하는 주요 업무와 관련해 2~3년에 한 번씩 백서를 발간한다. 따라서 실·국별로 편람이 제작된 데 따라 분량이 너무 많아 읽는 데 부담이 되면 백서를 통해 기본적인 업무를 파악하도록 하자.

이 밖에 이사회 회의록 등 각종 '회의록'도 피감기관에 대한 이해를 돕는 중요한 자료이다. 그리고 '서면답변서'와 '감사원 처분요구서'도 내용을 파악하고 공부하는 데 많은 도움이 된다. 특히 글쓴이는 고속철도 건설과 같은 복잡한 건설교통 업무를 서면답변서를 읽고 부족한 것에 대해서는 자료요구를 반복함으로써, 짧은 시간 안에 많은 내용을 파악할 수 있었다.

세 번째 방법으로 모르면 무조건 전화하는 것이다. 전화만 잘해도 얻는 것이 많다. 자료를 보다가 모르는 것이 있거나 혹은 이해가 잘 안 되면 피감기관 담당자에게 무조건 전화해야 한다. 만약 설명을 듣고도 부족하면 관련 자료로는 어떤 것들이 있는지, 추가로 더 봐야 할 것은 없는지 등등을 물어 봐라. 해당 업무를 실제로 담당하는 직원보다 더 내용을 잘 아는 사람은 없다. 이들은 관련 법규와 예산 내역까지 모두 다 잘 알고 있다. 그러므로 이만한 '스승'도 없는 것이다.

이처럼 묻고 자료를 요구하고 또 과외까지 받으면 그야말로 '속성재배'가 가능하다. 보좌진 입장에서는 보이지 않는 큰 지원이 아닐 수 없다. 그런데 간혹 피감기관에 전화해 모르는 것에 대해 물어 보는 것을 가로막는 보좌관이 있다. 이와 관련, 글쓴이는 옳지 않은 방법이라고 생각한다. 전화로 모르는 것을 물을 경우 무시당한다는 게 그 이유인데, '불치하문'이라고 모르는 건 묻는 게 상책이다. 보좌관 자신도 몰라 가르쳐 주지 못하면서 무작정 후배들에게 전화해서 물어 보지 말라고 하면, 이건 그야말로 난센스이자 강압적 권위주의가 아닐 수 없다. 상임위원회가 바뀌어 의원실에서 누구도 아는 사람이 없거나 모두 초보 보좌진이라면 묻는 것 말고는 달리 알 수 있는 방법이 없다. 또 모르는 것을 묻는다고 무시하는 피감기관 직원도 없다. 그러니 모르면 무조건 전화로 물어 봐야 한다. 그런 가운데 간혹 부수적으로 좋은 정보도 얻을 수 있다.

### 현장에서 공부하라

과외공부와 백서 같은 각종 자료 탐독, 그리고 전화로 묻기에 이어 글쓴이가 추천하는 네 번째 공부방법은 바로 "현장에서 공부하라"는 것이다. 이는 글쓴이가 지금까지 해본 여러 가지 공부 방법 중 도움을 많이 받은 것 가운데 하나로, 여기서 말하는 현장은 상임위원회 회의장이나 국정감사장을 의미한다.

　방법은 간단하다. 상임위원회 회의장이나 국정감사장 뒤편에 마련된 보좌진 좌석에 앉아 회의를 처음부터 끝까지 지켜보는 것이다. 단 자리에 앉기 전 각 의원실에서 배포한 보도자료를 1부씩 챙겨야 한다. 배포된 각 의원실 보도자료는 대부분 그날 의원의 질의내용을 담고 있다. 따라서 이것만 있으면 어느 의원이 어떤 사안으로 질의하고 그 내용이 무엇인지를 모두 알 수 있다. 업무파악도 제대로 되지 않은 것은 물론 용어도 낯선 상황에서 자료 하나 없이 하루 종일 회의장에 앉아 있으면 공부 대신 졸음만 온다. 하지만 의원이 질의할 보도자료를 보면서 눈으로 질의 내용을 따라가면 지루하지 않을 뿐 아니라 공부와 이해에도 큰 도움을 받을 수 있다. 하지만 보도자료 없이 회의를 지켜본다고 하면 무슨 말인지 내용도 잘 이해하지 못한 채 멍하니 앉아 있는 것과 다를 것이 없다. 따라서 보도자료가 있고 없고 간에는 큰 차이가 존재한다.

　한편 부수적으로 남들은 보도자료를 어떻게 만드는지를 알 수 있는 것은 물론 나와는 어떻게 다른지도 살필 수 있다. 이 밖에도 만약 자신이 봤던 자료에 근거한 것이거나 혹은 자신이 다룬 것과 같은 사안일 경우 남들은 어떻게 자료를 해석하고 질의서를 작성했는지, 같은 사안임에도 불구하고 어떤 방법과 노하우를 동원해 나와 다른 차이를 만들어 냈는지를 배울 수 있다. 아울러 남들은 어떻게 또 어떤 것들로 질의 아이템을 선정했는지, 나와의 차이는 무엇인지도 알 수 있다. 이런 점에서 보도자료는 경험 많은 보좌진의 노하우가 모두 담긴 '결정판'과 같은 의미를 갖고 있다.

물론 개중에는 사무실에 앉아 국회방송에서 생중계 해 주는 상임위원회를 TV를 통해 모니터하는 보좌진도 없지 않다. 그러나 현장과 TV 간에는 적지 않은 차이가 존재한다. 실제로 경험해 보면 알겠지만, TV를 통해서는 절대 현장에서 보고 배우는 것을 따라잡을 수 없다. 우선 현장의 분위기를 제대로 느낄 수 없고 또 전화와 손님 등으로 TV에만 집중할 수 없기 때문이다. 한마디로 양자간에는 질적으로 차이가 많은 것이다. 그러므로 똑같은 시간과 노력을 들여 더 많은 성과를 얻고 싶다면 TV 대신 현장에서 공부해야 한다.

네 번째 방법 또한 글쓴이가 직접 해본 것은 물론 효과를 많이 본 방법 가운데 하나이다. 자신 있게 추천하는 것도 이 때문이다. 따라서 이처럼 1년 정도만 쫓아다니면 실력은 놀라울 정도로 발전하니 짧은 시간 안에 상임위원회에 대해 공부할 생각을 갖고 있는 보좌진이라면 이 방법을 사용해 보기 바란다. 관련 업무에도 익숙해지고 내공도 커진다. 또한 법안과 예 · 결산심사도 이렇게 현장에서 공부하면 생각보다 쉽게 많은 걸 얻을 수 있다. 더불어 이처럼 현장에서 공부하면 상임위원회 조사관들을 비롯해 다른 의원실의 보좌진, 그리고 행정부처 직원도 덩달아 사귈 수 있는 기회도 주어진다.

### 직접 현장에도 가 봐라

다섯 번째는 "시간 나는 대로 현장에 직접 가 봐라"라는 것이다. 여기서 말하는 '현장'은 말 그대로 일이 진행되거나 이루어지는 장소를 말한다. 다시 말해 앞서 네 번째 방법에서 얘기한 현장은 회의장소를 의미하지만, 여기서는 직접 일을 하고 있는 곳을 말한다.

2008년 4월 세계 최고의 공항을 자랑하는 인천국제공항에서 발권시스템이 고장나 한동안 탑승이 중단된 사건이 발생했다. 이 경우 건설교통위원회 소속 보좌진이라면, 언론보도를 접하는 것으로 그칠 게 아니라 직접 사고 현장을 둘러보라는 것이다. 이에 앞서 우선 사고와 관련된 조사보고서와 사건 개요 등의 자료를 챙겨 사건에 대한 이해를 높인 뒤 현장을 직접 보아야 한다. 그렇게 되면 현장에서 인천공항 관계자로부터 직접 설명을 듣는 것은 물론 공항에 대해 한층 더 많이 이해할 수 있을 것이다. 이 밖에도 공항에 근무하는 항공사 직원들을 만나 보면 인천공항 관계자들에게서는 들을 수 없는 얘기를 접할 수 있어 또 다른 시각으로 문제를 바라볼 수 있는 아이디어도 얻을 수 있다. 그러면서 이처럼 현장을 돌아보면 부수적으로 관계자들과 유대관계도 맺을 수 있다.

'현장'과 관련된 글쓴이의 예를 하나 들어 보자. 1997년 7월의 일이다. 글쓴이는 당시 건설교통위원회를 담당하고 있었는데, 국정감사를 앞두고 한창 문제가 된 고속철도 건설 현장을 둘러봤다. 당시 충남 아산시 음봉면 소재 산동1교 건설현장은 교량 구조물을 시공 중이었는데, 현장을 둘러보다 설계도면에 교좌장치와 관련해 '헌 레일'로 표기돼 있는 걸 발견했다. 현장 관계자의 말을 들어 보니 설계도면에 있는 규격의 레일형 교좌장치는 1960년대 이후 국내에서 생산되지 않고 있어 인천의 한 야적장을 뒤져 겨우 부품을 찾아냈다는 것이다. 단가산출서에도 '고철'로 표기돼 있었다.

글쓴이는 그 길로 국회로 돌아와 바로 '고철古鐵로 만들어지는 고속철도 교량'이라는 제목으로 시속 300km로 달리는 고속철도의 교좌장치에 40년 된 고철이 사용됐다는 보도자료를 배포했다. 언론에서는 당연히 난리가 났다. 그렇지 않아도 당시 고속철도 건설공사는 '폐갱'으로 인해 안전성 문제가 제기돼 노선을 바꿀지 여부가 사회문제로 대두됐었다. 더운 여름 공사 현장을 둘러보는 것이 쉽지 않은 일이었지만 글쓴이는 그 덕분에 언론보도 한 건을 건질 수 있었다.

### 법안 공부 노하우

글쓴이는 앞서 "피감기관 직원으로부터 '과외'를 받으면서 관련 법안의 조직 체계와 주요 내용들에 대해서도 정리해 달라고 부탁하면 큰 도움이 될 것이다"라는 말을 했다. 이 말은 업무파악뿐 아니라 법률안 공부에도 피감기관 직원으로부터 도움을 받을 수 있다는 것을 의미한다.

우선 부처의 법무담당관에게 연락해 상임위원회와 관련된 부처의 주요 법안이 총 몇 개인지, 그리고 그 가운데 가장 중요한 법안은 어떤 것들이고 여기서 파생된 가지법안들은 어떤 것인지를 구분해 달라고 하자. 예를 들면 이런 식이다. 건설교통위원회와 관련한 78개 법안을 건설행정분야, 건설기술분야, 교통분야와 같은 3가지 분야별로 구분하고 이를 다시 건설행정분야와 관련해서는 국토정책분야, 토지분야, 주택분야, 도시분야, 건설경제분야 등과 같이 분류하는 것이다. 한편 78개 법안은 그 성질에 따라 계획법, 개발법, 사업법, 기구법 등으로 분류한다.

이처럼 상임위원회 관련 법안을 성격별·분야별로 정리하면, 일단 법의 줄기와 가지를 구분해 법의 체계를 수립하는 데 도움이 된다. 다시 말해 기본이 되는 법과 부차적인 법을 구분할 수 있는 것은 물론 법에 대한 체계적 이해와 함께 법의 제·개정안 과제를 도출하는 데도 큰 도움이 된다.

 다음으로, 실·국별로 관계되는 법안이 무엇인지에 대해서도 정리를 부탁하자. 이렇게 되면 실·국의 주요 업무와 관련 법규를 한눈에 볼 수 있어 공부의 속도와 깊이를 배가시킬 수 있다. 다시 말해 행정부의 모든 실·국은 담당업무의 근거가 되는 법에 의거해 업무를 처리하기 때문에 실·국별로 관계 법안을 정리해 달라고 하면, 과별 속성과 업무, 그리고 관계 법규를 한눈에 이해할 수 있는 계기를 마련하는 것이 된다. 만약 여기에 조직표만 대비시키면, 조직구조와 각 실·국별 주요 업무, 그리고 관련 법규가 일목요연하게 정리되는 것이다.

 한편 각 의원실 책꽂이에는 예외 없이 색인까지 포함해 50권짜리 법령집이 꽂혀 있다. 그런데 50권을 천천히 살펴보면 상임위원회별로 관련 법률안이 한꺼번에 모여 있는 것을 알 수 있다. 가령 34권부터 36권까지 그리고 42~43권이 건설교통위원회와 관련된 법안들이다. 그러니까 34부터 36까지는 모두 Ⅰ, Ⅱ로 구분돼 총 6권이고, 42권은 1권, 43권은 Ⅰ, Ⅱ로 구성돼 있어 총 9권이 건설교통위원회와 관련된 법안들인 것이다.

 따라서 50권 모두를 다 읽어 볼 필요는 없으며 상임위원회를 중심으로 관련법들을 공부하면 된다. 만약 법안이 한자로 돼 있고 분량 또한 너무 많아 모두 다 읽어 보는 게 어렵다면, 법안명에 '기본법'이라고 이름 붙은 것부터 우선적으로 공부하기 바란다. 가령「건설산업기본법」처럼 무슨 무슨 기본법이라고 이름 붙은 것은 말 그대로 해당 상임위원회의 '기본'이 되는 법률안이다. 식물로 치면 줄기인 셈이다. 어느 상임위원회든 이처럼 '기본법'이라는 이름이 붙은 법안들이 존재한다. 이는 관련 상임위원회의 근간이자 그만큼 중요성을 갖는 것이다. 따라서 시간을 내서 별도로 한 번쯤 훑어봐야 할 법들이다.

단, 법을 공부하면서 '강제규정'을 따로 정리해 두면 국정감사 때 큰 도움을 받을 수 있다. 다시 말해 강제규정을 준수하지 않은 현황과 관련한 자료를 요구하면 되는데, 법 위반사항이나 미준수는 피감기관 입장에서 변명의 여지가 없는 것으로 가장 아픈 지적 가운데 하나이다. 이와 관련해 더 자세한 것은 글쓴이가 2003년에 출간한 『국정감사 실무 매뉴얼』의 100~104쪽을 참고하기 바란다.

한편 법률안 제·개정 작업을 상임위원회 중심으로 하면 전문성 강화에 도움이 된다. 그렇지 않다면 주제별, 예컨대 세금이나 재개발, 보험과 같이 특정 분야에 집중해 제·개정작업을 추진하는 것 또한 전문성을 강화시키는 한 방법이다. 아울러 이를 위해 관련 학자나 전문가에게 자문을 구하거나 법 개정 관련 공청회를 추진하고 그 결과를 자료집으로 묶어 내는 등의 과정을 반복한다면 오래지 않아 해당분야에서 입법 전문가로서의 지위를 획득할 수 있을 것이다.

참고로 법은 법률-령-규칙 순으로 이루어져 있다. '령'은 시행령 혹은 대통령령으로 불리기도 한다. 국회는 법률의 제·개정만 다루고 령과 규칙은 행정부 소관 업무다. 다시 말해 법률은 법과 관련한 기본적인 내용만 담겨 있을 뿐, 구체적 사항이나 조건은 령과 규칙에 포함돼 있다. 그런데 법령집에는 법률 다음으로 령과 규칙이 실려 있어 이 3가지를 나란히 살피는 것이 쉽지 않다. 각 조항의 번호가 일치하지 않기 때문이다. 가령 법률에서는 제13조라고 하더라도 령은 9조가 관련 사항이고 규칙은 8조가 관련된 사항으로 이루어져 있는 것이다. 이 때문에 법-령-규칙이 한 페이지에 나란히 실린 책자를 구하면 법과 시행령, 규칙 등을 일일이 찾아야 하는 번거로움을 덜 수 있다. 이는 피감기관에게 부탁하면 얻을 수 있다. 이 책자는 국정감사 등을 준비할 때는 물론 법 개정작업을 추진할 때도 많은 도움이 된다.

# 6. 메모하고, '업무일지' 쓰고, 책 출간을 대비하라

> 누구나 일정기간 한 업무에 종사하다 보면 자기만의 요령과 노하우가 생긴다. 그런데 이를 어떻게 인식하고 대응하느냐에 따라 결과에 많은 차이가 있다. 회식 자리에서 떠들면 '술안주'이자 '영웅담'에 불과하지만, 이를 차근차근 기록한 뒤 책으로 묶어 내면 전문성을 인정받는 성과물이 된다. 초보 보좌진 시절부터 메모하고 업무일지 쓰고 책 출간을 준비한다면 더 큰 성취를 이루고 후배들에게도 좋은 선례로 남을 것이다.

### '성과물'과 '영웅담'

지금 이 책을 보는 사람들은 국회 경험이 거의 없는 초보이거나 설혹 약간의 경험이 있다 하더라도 아직 업무에 익숙하지 않은 보좌진일 것이다. 그래서 보좌진 업무와 관련한 글쓴이의 사소한 얘기나 지적도 앞으로 일하는 데 도움이 될 것이다. 가령 제4장 9절의 "민원을 3가지 차원에서 해결하라'와 같은 조언은 골치 아픈 민원을 앞에 둔 보좌진에게는 적절한 대처법을 일러 주는 의미를 갖고 있다.

그러나 이는 글쓴이처럼 10년 넘게 국회에 근무한 보좌진이라면 대개 다 아는 내용이거나 본인 또한 이미 사용하는 방법 가운데 하나이다. 단 차이가 있다면 글쓴이는 이를 정리해 글로 적은 뒤 책으로 내는 데 반해 다른 보좌진은 그렇지 않다는 것이다. 다시 말해 다른 보좌진은 민원 해결과 관련된 자신의 경험을 글쓴이처럼 기록으로 남기는 대신 술자리에서 단순히 '술안주' 내지는 '영웅담' 으로만 사용하고 있는 것이다.

이런 일은 비일비재하다. 어디 '민원' 만 술안주이자 영웅담의 대상이겠는가? 자료요구도 그렇고 질의서도, 또 보도자료도 그 대상이 될 수 있다. 예·결산 및 법안심사도 마찬가지다. 한마디로 보좌진이 담당하는 모든 업무는 어떻게 하느냐에 따라 책의 소재, 즉 '성과물' 로 활용될 수도 있고 반대로 '술안주' 나 '영웅담' 으로 전락할 수도 있다.

이 경우 중요한 것은 보좌진에게 주어진 업무를 처리하는 과정에서 일어나는 사건·사고나 경험, 그리고 자신만의 노하우를 어떻게 바라보고 인식할 것이냐 하는 것과 함께 '저술' 을 위해 이런 것들을 어떻게 처리할 것이냐 하는 두 가지이다.

어디서 어떤 일을 하던 각자 요령이나 노하우는 있기 마련이다. 심지어 복사나 서류 정리 같은 단순작업에서도 나름대로 요령과 노하우를 만들어 낼 수 있다. 꼭 요령과 노하우가 아니어도 어떤 일이든 먼저 해본 데 따른 '경험' 도 존재한다.

요령이나 노하우든 아니면 먼저 해본 사람의 경험이든 초보자 입장에서는 어느 것 하나 소중하지 않은 게 없다. 하나는 일을 효과적으로 할 수 있도록 도와주는 것인 데 반해 다른 하나는 앞 사람이 저지른 실수나 잘못을 반복하지 않을 수 있도록 도와주기 때문이다.

그런데 이런 것들을 기록하고 책으로 묶으면 '개인적 지식'이 '조직적 자산'으로 치환되는 것이고, 반대로 혼자만 알고 있거나 사용하다가 당사자가 퇴직하면 그대로 사장되고 마는 특징을 갖고 있다. 언젠가 신문에서 본 내용인데, 미국의 언론사들은 기자들로 하여금 5년마다 6개월씩 유급휴가를 주면서 그 동안 자신이 취재를 통해 알고 있던 모든 것들을 보고서로 제출토록 한다고 한다. 그렇게 되면 그 동안 만난 사람과 각각의 특성은 물론 출입처의 분위기와 주요 업무, 심지어 주변의 맛있는 식당까지 세세한 것이 담긴 보고서가 '회사 자산'으로 축적되는 것이다.

만약 초보 기자라도 이것만 보면 앞선 기자의 5년 경험과 노하우를 모두 자신의 것으로 만들 수 있을 것이다. 앞선 사람의 실수나 잘못을 반복하지 않을 수 있고 무엇보다 '맨땅에 헤딩' 하지 않아도 된다.

### 개인의 경험과 노하우는 사회적 자산

글쓴이 주변에는 과장으로 정부의 예산 부처에 10년 넘게 근무 중인 후배가 있다. 이 후배를 만나 예산 관련 얘기를 들어 보면 시간 가는 줄 모른다. 예산 산출 및 배정을 둘러싸고 해당 부처와 벌이는 줄다리기는 웬만한 소설은 저리가라 할 만큼 재미있기 때문이다. 10년 넘게 정부 예산만 다뤄 왔으니 그럴 만도 할 것이다. 그때마다 글쓴이는 지금까지의 경험과 노하우를 묶어 책을 내라고 권하곤 한다. 그런데 그 후배는 자신의 경험과 노하우를 단지 '영웅담' 내지는 '술안주'로만 사용할 뿐, 결코 '성과물'로 만들어 내려는 더 이상의 노력을 하지 않는다.

만약 이 후배가 글쓴이 말대로 자신의 경험과 노하우를 책으로 쓰면, 매년 예산을 둘러싸고 실랑이를 벌여야 하는 각 행정부처의 예산 담당자들은 말할 것도 없고 신입사무관들에게도 더없이 좋은 실무자료가 될 것이다. 다른 것은 다 차치하고 신입사무관들이 글쓴이의 후배 정도로 업무를 알기까지는 적어도 10년의 시간이 필요할 것이다. 이는 개인적 지식이 축적·공유되지 않는 데 따라 누구나 맨땅에 헤딩하지 않을 수 없다는 것을 의미한다.

후배가 갖고 있는 지식과 경험은 우리의 '사회적 자산'이다. 우리 사회가 10년을 투자해 예산 관련 전문가를 만들어 낸 것이다. 그런데 만약 이 후배가 지금처럼 경험과 노하우를 혼자만 갖고 있다 담당 부서를 바꾸거나 혹은 퇴사한다고 한다면, 어떻게 될까? 소중한 사회적 자산이 그대로 사장되고 말 것이다.

이런 맥락에서 글쓴이는 후배 보좌진에게 자신이 하고 있는 일을 모두 글로 남기라고 '잔소리'에 가까울 정도로 자주 얘기하곤 한다. 지금 이 책이나 2003년에 출간한 『국정감사 실무 매뉴얼』 등은 모두 이처럼 개인적 경험에 기초한 내용들을 노하우 차원에서 정리한 결과물들이다.

개인적 차원의 경험과 노하우를 책으로 출간하길 좋아하는 민족을 꼽으라면 누구나 서슴없이 일본을 얘기할 것이다. 실제로 글쓴이의 책꽂이에도 어떻게 이런 걸로 책을 썼을까 싶은 것들이 적지 않다. 고바야시 케이치가 쓴 『내 인생을 바꾼 또 다른 습관』이라는 책은 매일 하루 5분씩 투자해 4행 일기를 쓰면 성공할 수 있다는 내용을 담고 있다. 그러면서 일기는 왜 쓰는지, 4행 일기로 논리성을 기를 수 있고, 하루를 의미

있게 보낼 수도 있다는 자신의 경험 등을 적고 있다.

구마가이 마사토시가 지은 『꿈을 이루어 주는 한 권의 수첩』 또한 매일 다이어리를 작성함으로써 성공적인 인생을 살 수 있다는 내용을 담고 있다. 이 밖에도 사이쇼 히로시의 『아침형 인간』, 와다 히데키의 『직장인의 7가지 공부 습관』, 사카토 켄지의 『메모의 기술』, 니시무라 아키라의 『CEO의 다이어리엔 뭔가 비밀이 있다』와 『순서가 한눈에 보이는 정리 기술』 등은 모두 지극히 개인적 차원의 경험과 노하우를 책으로 묶어 낸 것들이다. 누구나 종이 위에 간단히 적는 '메모'에 무슨 기술이 필요할까 싶은데도, 『메모의 기술』은 출간 1년 만에 30만 부가 팔렸고 그 인기에 힘입어 2권까지 출간됐다. 글쓴이는 특히 "어떻게 했기에 '메모'라는 단순한 작업과 관련해 책을 낼 만큼 내용이 많을 수 있단 말인가"라는 호기심에 이 책을 읽어 봤다. 아무튼 이처럼 개인의 사소한 경험과 노하우를 특정 주제로 분류해 책을 내는 일본 사람들의 특성에 놀라지 않을 수 없다.

### 저서 출간은 자기계발과 몸값 상승의 계기

개인적 경험과 노하우를 묶어 책으로 출판하는 것은 '자기계발'과 전문성 획득을 통한 '몸값 상승'이라는 결과도 가져다준다. 요컨대 자신의 경험과 노하우를 기록하고 차후에 이를 책으로 출간하는 것은 당사자에게는 자기계발과 함께 전문성을 인정받아 몸값을 높이는 계기로서의 의미를 갖는다는 것이다.

실제로 저서는 그 자체가 '근무연수에 상응하는 징표'이자 자신의 경력과 노하우를 보여 주는 성과물이다. 특히 의원의 낙선과 같은 변수 등으로 인한 '자리 이동' 때 자신의 전문성을 대변해 주는 좋은 근거로 활용될 수 있다. 한 번 생각해 보자. 지난 10년 간 무슨 무슨 일을 했고, 어떻게 일해 왔으며, 보좌진 생활이 벌써 10년이 넘었다고 말로 하는 사람과 이를 성과물로 보여 주는 사람 중 누가 더 신뢰가 가고 전문성을 인정받을 수 있겠는가? 이구동성으로 후자라고 할 것이다.

그럼 책을 내기 위해 어떻게 해야 할까? 너무 어렵게 생각할 건 없다. 하찮게 여겨지는 것이라도 일단 모두 기록하자. 그러면 나중에 다른 사람에게 좋은 지침이 되거나 동종업계에서는 좋은 노하우가 될 수 있다. 이런 점에서 자신이 처리하거나 담당하는 일을 주제별로 구분해 글로 적으면 된다.

이와 관련,『몸값 TOP으로 올리기』라는 책을 쓴 공선표 박사는 이틀에 A4 한 장씩 지금까지의 노하우를 정리하면, 1년이면 180쪽 분량이 되고, 2년이 지나면 책 한 권을 낼 수 있다고 주장한다. 매일 '업무일지'를 쓴다고 생각하면 될 것 같다. 다시 말해 오늘은 어떤 일을 했고, 어려운 점은 뭐였으며, 나름대로 터득한 노하우로는 어떤 것이 있고, 교훈이나 남는 과제는 무엇인지 등을 정리한다면 그야말로 훌륭한 '암묵지' Tacit Knowledge가 되는 것이다.

공선표는 이처럼 자신만 알고 있는 '암묵지'를 정리하면, 거기서 바로 "직무수행의 지름길도 나오고, 현장관련 지식도 나오고 직무를 잘 수행할 수 있는 비법도 나온다"고 강조하고 있다.

이렇게 매일 업무일지를 쓰면 자기소개서를 갱신하는 데도 도움이 된다. 다시 말해 "담당한 일과 관련해 자신의 성과나 노력은 어떤 것이고, 어떻게 기여했으며, 나타난 효과로는 어떤 것들이다"와 같은 기록들을 기반으로 업무성과와 관련한 자기소개서를 정기적으로 갱신할 수 있는 것이다.

한편 노하우를 정리하기 위해서는 우선 메모를 잘해야 한다. 생각나거나 필요할 때마다 바로 메모해야 차후에라도 이를 자료로 활용할 수 있다. 나중에 한꺼번에 정리하겠다거나 필요하면 그때 글로 쓰겠다고 뒤로 미뤄서는 안 된다. "기억은 기록을 이길 수 없다"는 것은 메모의 중요성을 강조한 말이다. "메모를 잘하는 사람이 모두 성공하는 건 아니지만, 성공한 사람 중에 메모를 잘하지 않는 사람은 없다"는 말도 같은 맥락에서 이해할 수 있다. 심지어 어떤 사람은 "메모하지 않으면 오늘 하루는 없는 것이 된다"고 말하기도 한다. 생각할수록 의미 깊은 말이 아닐 수 없다. 매일 똑같이 반복되는 일상에서 그날그날 기록하지 않으면 어제가 오늘 같고 오늘이 내일과 다를 바 없다. 그러면 메모하지 않은 하루는 어제나 내일 속에 묻혀 버리는 것이다.

글쓴이 또한 와이셔츠 위 주머니에 늘 메모지와 볼펜을 넣고 다니다 생각나면 뭐든 바로 적는다. 물론 이런 메모들이 쌓이면 번듯한 한 권의 책으로 탈바꿈한다. 언론보도에 따르면 이명박 대통령도 상의 왼쪽 주머니에 '스프링 수첩'을 넣고 다니다 회의 때나 아이디어가 떠오르면 이 수첩에 메모한다고 한다. 한마디로 "메모가 곧 힘"이라는 것이다.

### 남이 알아주기 전에 먼저 알려라

꼭 책으로 내지 않더라도 이를 개인 블로그나 싸이트 등에 게재하면 동종업계에서는 좋은 참고자료가 될 것이고, 아울러 자신의 이름을 알릴 수 있는 계기도 된다. 그러다 운 좋으면 다른 사람이 책으로 만들어 주기도 한다.

　요리하는 것을 좋아하는 어떤 사람이 자신이 매일 만든 반찬을 디지털 카메라로 예쁘게 찍고 만드는 법을 첨가해 자신의 개인 홈페이지에 올렸는데, 이를 본 많은 주부들로부터 좋은 호응을 얻은 것은 물론이고 나아가 출판사 제의로 책까지 냈다는 것은 시사하는 바가 크다. "오늘은 뭘 해먹을까?" 걱정하는 것이 일반적인 주부의 고민인 상황에서 하루 하루 큰돈 들이지 않고 집에 있는 재료로 색다른 반찬을 만들 수 있다는 제안은 큰 호응을 얻지 않을 수 없었을 것이다.

　보좌진 또한 하기에 따라 얼마든지 이런 계기를 만들 수 있다. 자료 제출을 가지고 행정부와 옥신각신하다 결국 받아 낸 사연, 공무원들이 제일 싫어하는 자료요구의 내용이나 방식이 어떤 것인지를 알아낸 사연, 어떻게 하니까 공무원들이 꼼짝 못하고 자료를 제출하는지를 경험한 사연 등등 이런 다양한 사연이나 경험들은 개인 홈페이지에 띄우기만 하면 모든 보좌진에게 큰 도움이 될 수 있는 것들이다. 시간이 지나 내용이 축적되면 '국정감사 노하우' 라는 이름으로 책을 낼 수도 있다.

　인터넷이라는 매체가 발달하기 전만 하더라도 개인이 자신을 알리는 것은 쉽지 않은 일이었다. 하지만 인터넷이 발달하면서 이제 누구든 자신을 알릴 수 있다. 굳이 자신이 적극 노력하지 않더라도 서서히 사람들에게 알려지면, 경우에 따라서는 출판사에서 출간하자고 제의가 들어오기도 한다. 주변에는 인터넷에 올린 글, 예컨대 소설 등으로 하루아침에 유명인사가 된 사람들이 적지 않다.

　2003년 2월 19일자 조선일보는 평범한 사람들이 어떻게 언론의 화려한 조명을 받으며 유명인사로 변신했는지에 대한 기사를 싣고 있다. 이를 요약하면 한마디로 "관심 분야를 파고들어 글로 남기면 누구든 뜰 수 있으니, 남이 알아주기 전에 먼저 알려라"는 것이다. 기사는 처음부터 큰 매체에 탐을 내지 말고 자신을 알릴 수 있는 것이면 무엇이든 공략하라고 조언한다. 심지어 "신문에 난 기자들의 이메일로 자신의 '작품'을 보내는 것"도 자신을 알리는 좋은 방법 중 하나라고 소개하고 있다.

실제로 글쓴이 또한 2003년 『국정감사 실무 매뉴얼』을 출간한 이후 지난 5년 동안 이와 관련한 외부강의를 비롯해 국회에서의 특강, 방송 출연 등으로 '지명도'를 얻을 수 있었다. 따라서 누구든 글쓴이가 소개한 방식대로 자신의 노하우를 정리하고 책 출간에 대비한다면, 머지않아 '전문가' 소리를 들을 수 있을 것이다.

어느 날 갑자기 전문가가 되지 않는다. 그건 오랫동안 관심 갖고 준비한 데 따른 결과이다. 이런 과정을 거쳐 이름이 조금씩 알려지고, 유명인사가 되는 것이다. 가만히 있는데 남들이 먼저 알아주는 경우도 없다. 스스로 먼저 알려야 한다. 그러기 위해서는 보좌진으로 근무하는 내내 업무일지를 쓰고, 기회가 주어지면 비중을 생각하지 않고 어디든 글을 써야 하며, 이것이 쌓이면 책으로 내야 한다.

# 7. '인터넷' 대신 '종이신문'을 읽어라

> 글쓴이는 하루 업무를 신문 읽는 것으로 시작한다. 그런데 요즘 후배들은 거의 신문을 보지 않는다. 아침 9시 출근해서는 제일 먼저 하는 일이 컴퓨터를 켜는 것이다. 그렇다고 엄밀히 말해 이들이 신문을 안 보는 건 아니다. 신문에서 본 것들을 얘기해 보면 이들 또한 그 내용을 다 알고 있다. 단, 신문 대신 인터넷에서 기사를 접하는 것이 글쓴이와 다른 점이다. 그러나 언론보도를 잘하기 위해서라도 기사는 인터넷 대신 '종이신문'으로 읽어야 한다.

### 인터넷으로 기사 보는 신세대

글쓴이는 신문읽기로 하루 업무를 시작한다. 이는 벌써 10년 넘게 지속돼 온 습관이다. 단순히 읽기로만 그치지 않고 필요한 기사는 바로 스크랩한다. 그런데 요즘 새롭게 보좌진이 된 후배들을 보면 나와 좀 다르다. 스크랩은 고사하고 신문조차 보지 않는다. 그들은 책상에 앉자마자 컴퓨터부터 켠다. 또 퇴근할 때까지 컴퓨터 주변을 떠나지 않으며, 신문에는 아예 눈길조차 주지 않는다.

출근 뒤 신문을 보지 않으면 꼭 뭔가 빼먹은 것 같아 하루 종일 허전해 하는 글쓴이로서는, 이들의 행태를 이해할 수 없다. 더욱이 보좌진 업무의 특성상 신문을 보지 않는다는 것은 말도 안 되는 소리다. 국정감사 등 업무와 관련한 기초 자료들은 대부분 신문을 통해 얻는다고 해도 과언이 아니기 때문이다. 특히 정치적 현안이나 쟁점과 관련해서는 흐름을 놓치지 않기 위해, 글쓴이는 휴가를 다녀오더라도 그 기간 동안의 신문을 뒤늦게 따로 찾아 읽는다.

그런데 요즘 젊은 보좌진들은 신문을 읽지 않는다. 아니 엄밀히 말하면 신문을 안 보는 것은 아니다. 글쓴이가 신문에서 본 걸 얘기하면 모두 알고 있는 걸 보면 이들도 기사를 접하기는 하는 모양이다. 단 이들은 나와 달리 인터넷을 통해 기사를 접한다. 그럴 때마다 글쓴이는 후배들에게 반드시 '인터넷' 대신 '종이신문' 을 보라고 말한다.

이 경우 많은 사람들이 '인터넷' 이나 '종이신문' 이나 뭐가 다르기에 글쓴이가 이런 소리를 하나 하고 의문을 가질 것이다. 그러나 양자간에는 적지 않은, 아니 큰 차이가 존재한다. 특히 언론보도에 대한 감을 키우고 보도자료를 잘 쓰기 위해서는 반드시 '종이신문' 을 봐야 한다. 신문과 인터넷을 통해 기사를 보는 것 사이에 어떤 차이가 있는지를 알지 못하는 사람들은 여전히 글쓴이의 말이 잘 이해가 되지 않을 것이다. 이하에서는 그 '차이' 가 무엇인지 자세히 살펴보겠다.

인터넷의 장점은 편리성에 있다. 컴퓨터가 있는 곳이면 어디서든 클릭 한 번으로 간편하게 신문 기사를 접할 수 있다. 별도의 비용이 드는 것도 아니다. 시대의 발전과 함께 이제는 휴대폰으로도 기사를 접할 수 있다. 언제 어디서든 시간과 공간에 구애받지 않고 원하는 기사를 볼 수 있는 게 바로 인터넷이다. 그러나 단순히 이 같은 편리성에 익숙해져 계속해서 신문 대신 인터넷을 이용해 기사를 접한다면, 적지 않은 문제가 발생한다.

### '톱뉴스'도 '준톱'도 없는 인터넷 기사

첫째, 인터넷으로는 기사별 가치나 중요성을 배울 수 없다. 이는 인터넷 기사에는 톱TOP뉴스, 이른바 머릿기사가 없기 때문이다. 인터넷상에서는 기사 각각이 다 동일한 무게와 가치를 갖고 있다. 모든 기사가 다 개별 꼭지로 이루어져 있다 보니 이런 현상이 나타나는 것이다. 굳이 차이점을 찾자면 기사의 분량 정도를 거론할 수 있다.

반면 신문은 기사를 중요도별로 배치한다. 두말할 것도 없이 1면 머릿기사가 그날 신문의 가장 중요 뉴스다. 가치나 중요성에서 대표 뉴스인 것이다. 톱뉴스 바로 아래 혹은 옆에 있는 기사가 '준톱'이다. '사이트톱'이라고도 한다. 또 각 면별 제일 위에 있는 기사가 해당 면에서 가장 중요한 뉴스다.

신문의 기사배치는 오랜 경험에 의거한 편집자의 눈, 즉 기사를 고르는 기준이나 감각을 보여 준다. 보좌진 입장에서 이는 자연 언론사나 기자가 어떤 내용의 기사를 선호하며 또 어떤 것에 비중이나 가치를 두는지 알려 주는 '바로미터'로서의 의미를 갖는다. 만약 누군가 하나의 보도자료를 보고 그것이 보도될 것인지 여부를 판단할 수 있거나 더 나아가 보도된다면 얼마의 비중, 즉 몇 단 크기로 신문에 실릴 것인지를 정확히 짐작할 수 있다면, 아마도 그는 이 능력 하나만으로도 여러 의원의 스카우트 대상이 될 수 있을 것이다. 그러나 이 같은 능력은 절로 키워지지 않다. 보좌진을 오래 했다고 자연 체득되는 것은 더더욱 아니다. 인터넷 대신 종이신문을 통해 매일 기사를 읽으면서 뉴스의 중요도나 가치에 따른 신문 편집을 관심 있게 지켜볼 때 비로소 가질 수 있는 것이다.

둘째, 인터넷상으로는 면面에 대한 개념도 배울 수 없다. 잘 알다시피 신문은 면별로 기사를 배치한다. 종합면과 정치, 사회, 국제, 문화면 등이 그것이며, 대부분의 신문은 이 같은 면 순서로 제작된다. 경제면의 경우 그 중요성으로 인해 대개 별지(섹션)로 만들어진다. 이에 따라 신문은 모든 기사를 성격별로 구분해 해당 면에 게재한다. 즉 교육이나 노동과 같은 기사는 사회면에 연극이나 영화 같은 기사는 문화면에 실린다.

그런데 신문이 이처럼 면별로 제작되는 것은, 바꿔 말하면 면별로 게재할 수 있는 기사의 양이 제한돼 있다는 것을 의미한다. 국제면 기사가 많다고 해서 문화면에 게재되지 않는다는 것이다. 이 경우 국제면 기사는 그 자체로서 중요도에 따라 게재 여부가 판가름난다. 따라서 신문을 통해 면이 부족한 경우 같은 성격의 기사들간에도 중요도에 따라 게재되지 않는다는 것을 배울 수 있다.

반면 인터넷상에서는 절대 이 같은 일이 일어나지 않는다. 기본적으로 공간이 제약돼 있지 않기 때문에 '중요도'에 따라 기사가 밀리는 것과 같은 일은 애초부터 발생할 수 없는 일이다. 그렇기 때문에 인터넷을 통해서는 면에 따른 기사 배정이나 혹은 해당면의 지면 부족에 따라 기사가 밀리는 것, 더 나아가 기사의 중요도 같은 것을 절대 배울 수 없다.

### 면 구분 알아야 효과적 보도 가능

한편 면 구분을 알 때 효과적인 보도도 가능하다. 기본적으로 국회 관련 뉴스는 종합면 내지 정치면에 게재된다. 그러나 기사가 넘칠 경우에는 어떻게 될까? 앞서 얘기한 대로 중요도에 따라 제외되기도 한다. 하지만 이 경우에도 방법은 있다. 종합면 또는 정치면과 대신 해당면을 활용하는 것이다.

가령 교육 관련 보도자료는 종합면이나 정치면 이전에 사회면에 배치될 기사다. 환경이나 노동 또한 마찬가지다. 단 국회에서 생산된 뉴스라는 것과 함께 중요도가 클 때 종합면 또는 정치면에 보도되는 것이다. 현재 대부분의 의원실은 정치부 기자를 상대로 보도자료를 배포한다. 하지만 이 경우 기사가 많고 배포한 보도자료의 중요성이 떨어진다면, 그건 곧 쓰레기통에 버려진다. 그러나 다행히 사회면에 여유가 있다고 가정해 보자. 그러면 당연히 게재될 것이다. 또 설혹 여유가 없다고 하더라도 여타의 사회면 기사보다 중요도가 크면 이 또한 결과는 마찬가지다.

따라서 보좌진은 이런 상황을 감안해 정치부뿐만 아니라 해당부처 출입기자에게도 보도자료를 보내야 한다. 환경노동위원회에 소속된 의원실이라면, 국회에 상주하고 있는 정치부는 물론 환경부와 노동부 출입기자에게도 보도자료를 배포해야 하는 것이다. 그렇게 하면 환경부와 노동부는 모두 사회면 소속이라 설혹 정치면에서 빠지더라도 사회면에 실릴 수 있는 기회를 얻을 수 있다. 특히 보도자료의 내용이 복잡하고 어려울수록 정치부 대신 해당 부처의 출입기자를 상대로 보도자료를 배포해야 한다. 아무래도 해당부처 출입기자가 정치부 기자보다는 관련분야에 대해 더 잘 알고 있을 것이기 때문이다.

셋째, 인터넷으로 기사를 접하다 보면 아무래도 그날 하루 봐야 할 뉴스를 빠지지 않고 모두 보는 것이 불가능하다. 또 모든 것을 한눈에 훑어볼 수 없기 때문에 전체적 흐름을 파악하는 것도 쉽지 않다. 반면 신문은 면별 구분을 통해 최소한 그날 하루 봐야 할 다양한 분야의 뉴스를 게재한다. 하지만 인터넷상에서는 불가능한 일이다. 특정 분야로 편중되기 쉽고 더 큰 문제는 '감각적인 뉴스' 위주로 흐른다는 것이다. 인터넷으로 기사를 보는 후배들과 신문에 나온 기사에 대해 얘기해 보면 '가십거리' 일수록 더 잘 알고 있다. 감각적인 제목의 기사가 눈에 더 잘 띄기 때문일 것이다. 반면 보좌진이면 꼭 알아야 할 정치적 현상이나 분석에 대한 기사는 읽지 않는 사람들이 많다. 이는 신문이 지면에 게재된 기사를 전체적으로 훑어볼 수 있도록 돼 있는 것에 반해 인터넷은 제목 위주로 클릭하는 데 따른 결과이다. 이에 따라 인터넷 기사보기는 하루내 접해야 할 최소한의 뉴스조차 모두 보지 못한 채 자꾸 재미와 특정 분야의 기사만 선별해 보는 부정적 결과를 낳고 있다.

　상황이 이와 같을 때, 왜 글쓴이가 후배 보좌진에게 반드시 종이신문을 읽으라고 하는지 이제 그 이유를 분명히 알 수 있을 것이다. 기사의 중요도에 따른 배치, 그리고 면 구분이라는 두 가지를 알지 못하면, 간혹 월요일자 신문의 1면 머릿기사가 왜 '월요기획' 또는 '월요진단'과 같은 기획기사로 처리되는지를 절대 알 수 없다. 더욱이 의원의 언론 노출 정도나 빈도가 보좌진 개개인의 성적표임을 감안할 때, 언론이 선호하는 내용이 어떤 것인지 또 그 기준과 잣대가 무엇인지를 안다는 것은 중요한 경쟁력이 아닐 수 없다. 이는 곧 보좌진의 생존력과도 직결되는 의미를 갖고 있다.

# 8. 검색 대신 신문스크랩을 해라
### – 신문, 어떻게 읽고 어떻게 활용할 것인가? –

> 글쓴이가 보좌진으로 첫발을 내딛었던 1995년만 하더라도 초보 보좌진이 출근해 제일 먼저 하는 일은 신문철과 함께 관련 자료를 스크랩하는 것이었다. 그런데 어느 순간 인터넷이 보편화되면서 이제는 '검색'이 '스크랩'을 대신하고 있다. 그러나 글쓴이는 지금도 후배들에게 국정감사를 잘하고 싶다면 종이신문 읽기와 함께 스크랩을 하라고 권한다. 단, 신문을 스크랩하기 위해서는 기사를 고르는 눈이 있어야 한다. 그런데 여기서 말하는 기사를 보는 눈이란, 단순히 상임위원회와 관련된 내용을 찾아내는 것만을 의미하지는 않는다. 오히려 이보다는 자신이 담당하는 상임위원회와 전혀 관련 없는 기사를 보고도 이를 대입 내지 응용할 수 있는 안목을 갖고 있어야 한다.

### 검색과 스크랩

요즘 후배 보좌진 중 과연 신문스크랩을 하는 사람이 얼마나 될까? 글쓴이의 주변을 둘러봐도 요즘 신문스크랩을 하는 사람은 거의 없다. 그러나 글쓴이는 후배들에게 종이신문 읽기와 함께 신문스크랩을 권하고 있다.

이를 두고 인터넷에 익숙한 신세대 보좌진은 "웬 시대에 뒤떨어진 소리"냐고 할 수도 있을 것이다. 물론 인터넷 대신 아직도 종이신문을 읽고 원고교정 또한 화면 대신 출력해서 보는 것을 시대에 뒤떨어진 것으로 치부하는 후배들에겐, 글쓴이의 얘기가 당연히 뒷방 늙은이 같은 소리로 들릴 것이다. 특히 "인터넷 '검색' 하나면 필요한 자료는 뭐든 찾을 수 있는 요즘 같은 세상에 신문스크랩을 하라니" 하고 놀라는 사람도 없지 않을 것이다.

그러나 '첨단'이 모두 좋은 것은 아닐 것이다. 전자수첩이 아무리 편리한 기능을 갖고 있어도 메모를 뛰어넘지 못하는 것도 이와 무관치 않다. 특히 상임위원회를 비롯해 국정감사를 잘하기 위해서는 첨단인 검색보다는 고답적인 신문스크랩이 더 효과적이다. 이는 국정감사가 검색만으로는 얻을 수 없는 기획력과 창의력, 그리고 상상력을 필요로 하기 때문이다. 특히 남들과 다른 질의서와 보도자료, 그로 인한 차별적 성과를 얻고 싶다면 단순히 관련된 사실만을 얻을 수 있는 '검색' 만으로는 불가능하다.

검색은 말 그대로 '단어' 중심으로 이루어진다. 이 경우 기관명이나 혹은 상임위원회와 관련된 주요 단어가 검색의 일차적 대상이 된다. 예를 들어 건설교통위원회인 경우, 국토해양부 또는 건교부 그렇지 않으면 주택공사, 도로공사와 같은 기관명을 이용해 우선 필요한 자료를 검색할 것이다. 여기에 부동산이나 주택, 항공, 수자원, 고속도로 등과 같이 주요 업무와 관련된 단어도 검색어로 이용된다.

이렇게 하면 키워드와 관련된 자료는 충실히 얻을 수 있을 것이다. 그러나 그것이 전부다. 키워드 이외의 관련된 자료들, 즉 키워드에 포함되지 않은 내용은 절대 찾을 수 없기 때문이다. 또한 키워드 중심의 검색은 사후적인 작업의 성격을 갖는다.

### 신문, 어떻게 읽을까?

그러나 평소 매일 아침 신문을 읽으며 그때그때 신문스크랩을 한다고 가정해 보자. 그러면 상황은 많이 달라진다. 왜냐하면 신문은 절대로 키워드 중심으로 볼 수 없기 때문이다. 누구든 신문을 펼치면 모든 기사를 다 읽지는 않더라도 큰 제목은 훑어보기 마련이다. 그러다 보면 간혹 새로운 아이템을 제공해 주는 기사를 만날 수 있다. 다시 말해 신문을 읽다 보면 간혹 국정감사를 위한 좋은 아이디어를 얻을 수 있는데, 이는 크게 두 가지 방법으로 나뉜다.

우선 신문 기사의 '응용'이 그것이다. 나머지 하나는 '대입' 내지 '적용'이다. 전자는 자신이 담당하는 상임위원회와 전혀 상관없는 것임에도 불구하고 이를 통해 활용할 뭔가를 얻는 것이고, 후자는 기사에 담겨 있는 문제의식을 자신의 상황에 그대로 적용하는 것을 의미한다. 이는 곧 자연스럽게 보좌진이 신문을 어떻게 읽어야 하는가의 문제로 귀결되는데, 구체적으로 예를 들면 이런 식이다.

2001년 2월 재정경제부는 환위험관리를 강화한다는 정책을 발표했다. 당시는 우리 사회가 IMF라는 터널을 막 지나온 터라, 그 어느 때보다 환차손에 의한 외화평가손실을 막을 환율관리의 필요성이 강하게 제기됐다. 이때 건설교통위원회를 담당하던 글쓴이는 이 기사를 읽으면서 건설교통부 산하기관 중 환율문제와 관련된 곳이 어디인가를 생각해 봤다. 당장 프랑스로부터 외환으로 철도차량을 들여오는 고속철도공단이 일차적 대상으로 떠올랐다. 이 밖에도 외화를 차입하는 인천공항공사와 주택공사, 토지공사, 수자원공사 등도 환율문제로부터 자유로울 수 없다.

　환율문제는 비단 건설교통위원회에만 국한되지 않았다. 당시 글쓴이는 예산결산특별위원회도 겸임하고 있던 터라 한국전력과 같은 기관은 말할 것도 없고, 국방부를 대상으로도 환율문제와 관련된 자료를 요구했다. 여기서 혹자는 '국방부와 환율이 무슨 관련이 있지'라고 생각할 것이다. 그러나 국방부만큼 환율문제와 민감한 행정부처도 많지 않을 것이다. 전투기는 물론이고 각종 군사무기를 미국에서 사 와야 하는 국방부야말로 환율문제와 밀접한 관련을 맺고 있기 때문이다.

　예를 하나 더 들어 보자. 2006년 8월 2일 조선일보 국제면에는, 유서 깊은 러시아의 에르미타지 박물관에서 보석과 귀중품 등 소장품 500만 달러 어치를 도난당하는 사건이 발생했다는 기사가 있다. 당시 글쓴이는 이 기사를 읽으면서 '우리나라 박물관에는 이런 일이 없을까?, 차후에 예산결산위원회를 할 때 우리나라 박물관의 도난에 대해 자료를 요구해 봐야겠다'는 생각을 하면서 기사를 스크랩했다.

　이처럼 신문 읽기와 스크랩은 검색과 달리 자신이 담당하는 상임위원회와 전혀 관련 없는 것임에도 불구하고 국정감사에 필요한 좋은 아이템을 제공해 준다. 따라서 신문 기사를 자세히 분석하며 읽고 또 각각을 어떻게 응용할 것인가를 고민하고 여기에 상상력과 창의력을 보탠다면, 좋은 아이템을 찾는 것은 별로 어려운 일이 아니다.

### '대입'과 '적용'

신문기사를 대입하거나 적용하는 사례는 앞서의 '응용'보다 훨씬 더 많으며 방법 또한 아주 간단하다. 조선일보 2006년 8월 19일자 종합면을 보면 대학 임시이사의 낙하산 인사와 관련한 기사를 접할 수 있다. 이 기사는 사학私學 관선이사가 친여권인사의 자리 챙기기로 전락했다는 내용을 다루고 있는데, 사실 낙하산 인사는 금융권을 비롯해 행정 전반에 걸쳐 광범위하게 일어나는 일이자 국정감사의 고정메뉴이다. 따라서 '낙하산 인사'라는 주제는 상임위원회를 가리지 않고 누구든 자신에게 적용해 바로 활용할 수 있는 아이템이다.

예를 하나 더 들어 보자. 2004년 8월 11일자 문화일보 종합면을 보면, '외교부 직원 비행기 좌석 특혜'라는 제목의 기사가 실려 있다. 공무원 여비규정에 따르면 해외출장의 경우 2급 상당 이상 공무원만 비즈니스석을 이용할 수 있도록 돼 있는데, 외교부가 이를 무시하고 3급 공사와 3급 또는 4급 분관장에게도 비즈니스 운임을 지급했다는 것이다. 그런데 이처럼 규정이나 기준을 어기고 국외여비를 초과 지급한 사례가 어디 외교부뿐이겠는가? 아마 지금도 적지 않은 부서에서 이런 일이 벌어지고 있을 것이다.

2007년 9월 5일자 조선일보 국제면에는 중국 해커가 국방부 전산망을 뚫었다는 기사가 게재돼 있다. 글쓴이는 이를 보고 해커에 의한 정부기관 해킹 사례가 비단 국방부뿐이겠냐는 생각을 했다. 우리에게 잘 알려져 있지 않아서 그렇지, 개인의 과세자료는 물론 재산상황까지 보유하고 있는 국세청이나 개인의 병력病歷부터 과거 진료기록까지 모두 갖고 있는 건강보험공단, 개인의 부동산 보유현황 및 재산내역 등의 자료를 갖고 있는 국토해양부와 행정안전부 등은 해킹의 일차적 대상일 것이다. 이 밖에도 행정부 등 정부 주요 기관은 모두 중요한 DB자료들을 갖고 있다. 따라서 주요 행정부에 대한 해킹은 언제 어디서나 발생할 수 있는 문제이며, 그런 의미에서 평소 이런 자료들을 스크랩했다가 나중에 자신이 담당하는 상임위에 맞게 자료를 요구하면 된다.

이처럼 평소 신문을 읽으면서 그때그때 필요한 것을 스크랩한 뒤 이를 자신의 처지에 맞게 대입 또는 적용한다면, 적어도 좋은 아이템이나 새로운 아이디어가 부족해 국정감사를 망치는 일은 없을 것이다.

그러나 여기서 한 가지 분명한 사실은 신문기사의 응용을 비롯해 적용 또는 대입은 검색으로는 절대 찾을 수 없다는 것이다. 평소 신문을 꼼꼼하게 읽으며 스크랩할 때만이 응용, 그리고 대입 또는 적용을 통해 새로운 국정감사 아이템을 찾을 수 있다. 따라서 신문은 매일 수많은 아이템을 그냥 제공한다는 의미를 갖고 있다. 이게 바로 '검색'이 절대 종이신문 읽기와 스크랩을 따라올 수 없는 이유이다. 이 경우 보좌진은 단지 기사를 선별할 수 있는 '안목'만 갖고 있으면 된다.

검색은 다만 특정 사안이나 주제와 관련된 자료를 찾는 데 유효한 수단이다. 가령 스크랩한 내용과 관련해 과거 다른 의원실에서 보도한 적이 있는지, 또 어느 정도 크기로 어떤 언론들이 보도했는지, 응용과 대입은 가능한 주제인지 등을 판단하기 위해 검색을 하는 것이다. 따라서 스크랩이 주主고 검색은 이를 위한 보조수단에 지나지 않는다.

검색도 뭘 알아야 도움이 된다. 서로 자료를 엮어서 뭔가 만들어 낼 능력이 갖춰지지 않은 한 검색은 국정감사에 큰 도움이 되지 않는다. 그러므로 매일 아침 신문을 읽고 곧바로 스크랩하는 것은 국정감사를 잘하는 첩경이라 할 수 있다. 특히 내용이 복잡한 것일수록 스크랩을 해 둬야 논점을 따라갈 수 있다. 그 동안 국정감사를 13차례 치렀지만, 글쓴이는 아직껏 흐름과 남은 문제들을 추려 내는 데도 스크랩만큼 좋은 방법을 알지 못한다.

참고로 간혹 신문을 거의 보지 않는 보좌진을 만날 수 있는데, 그건 상임위원회와 국정감사를 준비하지 않고 있다는 것과 함께 정치권이 어떻게 돌아가고 있는지에 대해서도 관심을 갖고 있지 않다는 표현이다. 부도 직전의 회사를 인수해 업계 1위로 키워 낸 '홍선생 교육'의 여미옥 대표는 성공의 비결을 독서, 신문 읽기, 시간관리에 있다고 하면서, 특히 신문 읽기에 대해 "날마다 1억짜리 독서를 한다"며 신문의 중요성을 강조하고 있다.

### 국정감사는 1년 내내 치르는 것

한편 바로 이런 점에서 국정감사는 특정기간, 예컨대 8월부터 10월까지 한두 달 반짝하고 마는 게 아니라 1년 내내 준비하는 것이라는 의미를 갖는다. 신문을 읽고 그 가운데 응용 또는 적용할 수 있는 기사들을 곧바로 스크랩하는 것 자체가 국정감사를 잘 치르기 위한 준비단계이기 때문이다. 글쓴이는 7월 중순경 국정감사를 위해 1차로 자료를 요구하는데, 이때 바로 이용되는 것이 '자료요구 고정메뉴 20가지'와 함께 이처럼 평소 스크랩한 것들이다.

평소 챙겨 둔 스크랩 가운데는 응용과 대입 외에도 '예고기사'를 활용하는 방법이 있다. 가령 국토해양부가 여름의 폭우와 홍수를 앞두고

6월부터 각종 시설물에 대해 안전진단을 실시한다는 기사가 보도되면 이를 스크랩했다가 7월에 그 결과와 관련된 자료를 요구하는 것이다. 이런 기사는 생각 외로 많다. 특히 일간지보다는 「한국주택신문」 같은 관련 '전문지'에서 많이 볼 수 있다. 전문지는 그 속성상 각 기관별 실시 계획이나 향후 예정된 활동 등을 자세히 보도하기 때문이다.

한편 당장 국정감사를 목표로 하지 않더라도 신문을 스크랩하면 나름대로 자료를 정리하는 방법을 배울 수 있다. 딱히 보좌진이 아니라도 요즘에는 누구든 넘쳐나는 자료를 어떻게 정리해 필요할 때 찾아 쓰느냐가 성공을 가르는 일차적 척도이다. 자료가 부족해 일을 못하는 경우는 드물다. 검색창만 이용하더라도 차고 넘치는 게 자료다. 이걸 어떻게 자신의 것으로 만드느냐, 즉 정리하느냐가 문제인 것이다.

이런 점에서 자신의 생활과 주변을 간소화하고 정리·정돈하는 데도 스크랩은 많은 도움이 된다. 글쓴이의 집 책꽂이에는 10여 년 전부터 해오던 스크랩 파일이 몇 칸을 차지하고 있다. 여기에는 비단 국정감사와 예산결산위원회를 위한 것뿐만 아니라 재테크나 자기계발 등 개인적인 것들도 적지 않다. 글쓴이가 이처럼 지속적으로 신문을 스크랩하는 것은 검색을 할 줄 몰라서, 또 그게 더 손쉽고 간편하다는 것을 몰라서 그러는 게 아니다. 일차적으로 키워드 중심으로는 국정감사 아이템, 즉 소재를 잡아내는 게 쉽지 않기 때문이다. 또한 검색으로는 절대 응용과 활용, 대입과 적용 같은 창의적인 아이템을 만들어 낼 수 없기 때문이다. 그리고 보면 국정감사 또한 다른 어느 것 못지않게 창의력과 상상력을 필요로 하는 지적 작업이라고 할 수 있다.

# 9. 골치 아픈 민원, 어떻게 해결할까?

> 국정감사, 입법, 예·결산, 선거 등 보좌진이 담당하는 업무 가운데 어느 것 하나 쉬운 게 없지만 그중에서도 유독 어려운 것이 바로 '민원'이다. 특히 지역구를 갖고 있는 의원실의 경우, 지역 민원은 더 많은 부담으로 다가온다. 민원이 곧 '표'로 연결되기 때문이다. 쉽게 해결될 민원이면 아예 국회까지 오지도 않았을 것이고, 그렇다고 '표'와 연결돼 있어 나 몰라라 할 수도 없는 게 바로 지역구 민원이다. 이처럼 골치 아픈 민원과 관련해 인심을 잃지 않으면서 원만하게 해결해야 한다는 것이 민원을 대하는 보좌진의 가장 큰 어려움이다.

### 과거에는 인사청탁이 주류

글쓴이가 처음 보좌진 생활을 시작한 1990년대 초반만 하더라도 인사청탁이 민원 가운데 가장 많은 비중을 차지했다. 이는 지역주민이라는 이유 하나만으로 나이 많으신 어르신들이 이력서 한 장 들고 국회로 찾아와 자신의 자녀를 어디든 취직시켜 달라는 식이었다. 개중에는 간혹 지방에 근무하고 있는 자신의 자녀를 서울에서 근무할 수 있도록 해 달라는 민원도 있었다. 이를테면 강남과 같이 A급지의 학교에서 근무할 수 있도록 해 달라거나 전방에서 보초 서느라 고생하는 아들을 좀더 편하게 근무할 수 있는 후방으로 옮겨 달라거나 혹은 승진을 부탁하는 것이다. 간혹 지금 근무하는 부서가 좋으니 정기 인사이동 때 다른 곳으로 옮겨지지 않도록 해 달라는 민원도 있다.

그러나 이제 세월이 흘러 이런 식의 청탁은 많이 줄었다. 이는 무엇보다 우리 사회가 그만큼 투명해진 것과 밀접한 관련을 맺고 있다. 최근 들어서는 민원의 성격도 많이 변해 개인보다는 집단적 경향을 보이고 있는 경우가 많다. 토지보상이나 그린벨트 해제, 소음방지, 임대아파트 분양가 인하 등과 같은 것이 대표적인 예이다.

물론 과거에도 이 같은 일이 없었던 것은 아니다. 그러나 당시만 하더라도 민民에 비해 관官의 힘이 더 세다 보니 개인이 참고 넘어가 사회적으로 문제가 되거나 관심을 끌지 못했던 것이다. 그러나 1990년대를 지나면서 설혹 상대가 공공기관이라고 하더라도 사적 이익을 침해받지 않겠다는 의식이 확산되면서 이런 종류의 민원이 많아졌다.

한편 각 의원실에 접수된 민원 가운데 가장 해결하기 어려운 것이 바로 이해당사자가 있는 경우다. 예를 들면 이런 식이다. 기존에 누군가 하던 사람이 있는데도 불구하고 새롭게 자신이 납품할 수 있게 도와 달라는 것과 같이 상대가 있는 것이 제일 처리하기 곤란한 민원이다. 이는 기존에 하던 사람을 밀어내야 하는 것 때문에 잘 성사되지도 않지만 설혹 우여곡절 끝에 잘 됐다손 치더라도 이젠 과거와 달리 '힘'에 의해 밀려난 사람이 결코 가만히 있지 않을 것이라는 점에서 오히려 뒤탈을 우려하지 않을 수 없다. 따라서 이런 민원은 섣불리 달려들면 안 된다.

또 하나 민원의 대상이 '민간'인 경우도 처리하기 어려운 것 가운데 하나이다. 국회라고 해서 민간이 순응하던 시대는 이미 지났기 때문이다. 혹 그나마 운 좋게 상대가 국회라고 해서 알아서 대접(?)해 주면 모를까, 그렇지 않으면 전화 한 번 했다가 오히려 본전도 찾지 못하는 게 요즘 형편이다. 사실 과거에는 상대가 민간이라 하더라도 국회라고 하고 전화하면 알아서 응대해 주던 일도 없지 않았다. 그러나 우리 사회가 점차 투명해지면서 이젠 이 같은 걸 기대하는 것 자체가 난센스가 돼 버렸다. 그런데도 이런 민원은 아직도 계속해서 의원실로 접수돼 보좌진을 힘들게 만들고 있다.

### 3가지 민원 해결방법

13년 간에 걸친 글쓴이의 경험을 근거로 할 때, 민원의 내용과 상관없이 그 해결방법은 크게 3가지로 나뉜다. 첫째, 관련 자료를 요구해야 하는 것, 둘째, '쓰리쿠션'을 동원해야 하는 것, 셋째, 민원을 입법의 수준으로 격상시켜야 하는 것 등이 그것이다. 각각을 예를 들어 하나씩 자세히 살펴보자.

먼저 관련 자료를 요구해야 하는 경우다. 이와 관련 철길 소음에 따른 방음벽 건설을 요구하는 집단민원이 제기됐다고 가정하자. 소음 정도가 심해 당국이 순순히 방음벽을 건설해 주겠다고 하면 문제될 것이 없지만, 소음도가 기준치에 미달할 경우에는 적지 않은 문제가 발생한다. 이 경우 행정 당국은 '규정'을 들이밀면서 소음 정도가 기준치에 미달해 방음벽을 건설할 수 없다고 할 것이다.

그러면 소음이 규정치에 부합하지 않으니 방음벽을 건설할 수 없다고 지역주민들을 설득해야 할까? 아니다. 설혹 "규정 때문에 어쩔 수 없지 않느냐"고 인간적으로 다가간다고 하더라도 이는 곧 수많은 '표'를 잃는 것으로 결론날 것이다. 아직 민도民度가 선진국처럼 높지 않기 때문이기도 하지만, 무엇보다 민원인은 "국회의원으로 뽑아 줬는데 이런 것 하나 들어주지 않는다"는 인식을 갖고 있기 때문이다. 그럼 이 경우 어떻게 해야 할까?

이 같은 민원을 해결하기 위해서는 관련 자료를 요구하고 나아가 규정의 타당성 여부를 따져 보는 방법을 사용하면 된다. 다시 말해 첫째, 과거 방음벽 공사에 대한 자료를 챙겨야 한다. 이는 과거 공사가 실제로 행정부가 내세우는 규정을 준수했는지, 혹 어긴 건 없는지, 규정 관련 예외사항이 있는지 여부 등을 확인하기 위한 것으로 사업비, 소음도와 관련된 공사 내역 등의 자료를 받아 보면 알 수 있다. 혹 이런 가운데 규정 미흡에도 불구하고 공사가 이루어진 사례가 있다면 훨씬 더 수월하게 민원을 처리할 수 있을 것이다.

둘째, 과거 비슷한 민원이 있었는지를 챙긴다. 이는 과거 다른 민원은 어떻게 처리했는지, 안 됐으면 그 이유는 무엇인지 등을 확인함으로써 지역 민원을 해결하는 데 도움을 받기 위함이다.

셋째, 올해 방음벽 관련 예산과 산출 근거 등의 자료를 요구한다. 어떤 것이든 관련 예산을 파악하는 것은 가장 우선시해야 할 내용이다. 이는 예산이 어느 정도 배정됐고 또 가용할 예산이 어느 정도인지를 알아야 밀어붙이든 협상이든 할 수 있기 때문이다. 혹 관련 예산이 여유로운 데도 불구하고 잘 응해 주지 않으면, 이듬해 관련 예산을 대폭 삭감하겠다는 것을 협상카드로 활용할 수도 있다. 공무원들이 정말 무서워하는 것은 바로 예산 삭감이기 때문이다.

넷째, 해당 기관이 제시한 규정의 타당성을 따져 봐야 한다. 예컨대 소음 정도와 관련한 규정이 너무 오래 전에 수립된 것은 아닌지, 그래서 현실과 동떨어진 것은 아닌지, 외국과 달리 우리의 규정만 너무 까다롭거나 반대로 느슨한 것은 아닌지 등을 살펴봐야 하는 것이다. 만약 규정이 이상의 3가지 조건 가운데 어느 하나와 부합한다면, 그땐 규정 자체가 갖고 있는 문제점을 파고들면 된다. 이 경우 관련규정의 부당성을 지적하며 이의 개정을 요구하거나 관련 법 개정안을 제출해 민원을 해결할 수도 있는데, 개정안 제출과 관련한 민원해결방식은 뒤에서 다시 설명하겠다.

다섯째, 협상안으로 비용 분담을 제시할 수 있다. 방음벽 공사를 거부하는데 관련 규정뿐만 아니라 예산부족이 하나의 이유인 경우도 많다. 이때 사업비 전체를 해당기관에 부담지우기보다는 지방자치단체와 협의해 사업비를 7:3 혹은 6:4 정도로 분담하자고 하면, 그 동안의 완강한 태도와 달리 민원이 처리되기도 한다.

이상에서 살펴본 봐와 같이 어떤 민원이든 일단계로 관련 자료를 요구하고 두 번째로 규정의 타당성을 따지며, 세 번째로 사업비 분담과 같은 타협안을 제시하고 네 번째로 여기에 개정안 제출을 병행하는 단계를 밟아 간다면, 그 과정에서 해결책을 찾을 수 있을 것이다.

### 민원인의 '허위의식'

민원 해결의 두 번째 방법으로는 민원인의 허위의식을 만족시켜 주기 위해 '쓰리쿠션'을 이용하는 것이다. 예컨대 오늘 중으로 종합병원의 응급실이나 병실을 잡아 달라고 하는 민원이 들어왔다고 생각해 보자. 종합병원의 응급실이나 병실이 돈만 주면 구할 수 있는 호텔이나 여관도 아닌데도 이런 민원은 심심치 않게 접수된다. 사실 호텔이나 여관도 사람이 많이 몰리는 성수기에는 돈이 있다고 해서 다 구할 수 있는 것도 아니다. 하물며 아픈 사람을 치료하는 병원이야 사정이 더 어려운 것인데도, 지역 주민이라는 이유 하나만으로 당장 병실을 만들어 내라는 민원은 끊이지 않는다. 이는 종합병원 병실 정도는 국회에서 전화 한 통화하면 구할 수 있는 것으로 생각하는 사람들이 아직도 많다는 증거일 것이다. 더 어처구니없는 것은 정말 어렵게 병실을 구하고 대기 순번을 앞당겨 수술까지 무사히 마쳤는데, 병원비가 비싸니 깎아 달라거나 그게 안 되면 할부로 해 달라는 요청을 받는 경우이다.

그럼 이런 민원은 어떻게 처리해야 할까? 터무니없는 민원이라고 얘기하고 전화를 끊어야 할까? 아니면 담당 상임위원회가 아니어서 방법이 없다고 할까? '지역 민원=표'라는 등식 때문에 그럴 수 없다고 한다면, 가능한 최대한 알아보아야 할까? 하지만 할 수 있는 노력을 다했음에도 불구하고 끝내 응급실이나 병실을 구하지 못하거나 병원비를 깎아주지 못하면, 그땐 어떻게 해야 할까? 알아보는 거야 어렵지 않지만, 중요한 건 민원인이 원하는 결과가 나오지 않았을 때이다.

방법이 아예 없는 것은 아니다. 그러나 방법을 논하기 전에 먼저 각 의원실에 민원을 제기하는 지역구민의 마음상태 내지는 기대치부터 알아보자. 왜냐하면 민원의 직접적 당사자인 그들의 기대치를 알지 않고는 정확한 문제해결방안을 도출할 수 없을 것이기 때문이다.

대개 지역구 민원은 여러 과정과 단계를 거친 뒤 마지막으로 의원실

문을 두드린다. '국회'라는 현실적 힘을 필요로 하지 않는 민원은 주변 사람 혹은 다른 기관의 도움으로 국회에 오기 전에 이미 해결되기 때문이다. 따라서 각 의원실에 접수되는 민원은 그 성격상 기본적으로 해결되기 어려운 것들이 많다. 이런 점에서 상식 이하의 민원인이거나 막무가내식이 아니라고 한다면, 당사자들 또한 한 가닥 희망을 걸어 보는 것일 뿐, 국회라고 해서 반드시 해결될 것으로 믿지는 않는다.

특히 걸핏하면 의원실에 민원을 제기하거나 혹은 자신과 관련 없는 다른 사람의 민원까지 해결해 달라고 하는 사람의 경우에는 '해결'과는 다른 것을 염두에 두는 경우도 적지 않다. 여기서 '해결'이 아닌 다른 것이라고 하는 것은 바로 민원인들의 '허위의식'을 의미한다.

일반적으로 이들의 허위의식은 자신이 국회 또는 국회의원과 특별한 관계를 맺고 있고 따라서 평소 늘 이를 자랑하고 싶어하는 것으로 대표된다. 이런 심리는 민원과 관련해서 반드시 해결되지는 않더라도 자신이 국회와 특별한 관계를 맺고 있다는 것을 확인받고 싶은 것으로 표출된다.

예를 들면 이런 식이다. 전화번호와 같은 간단한 메모 하나라도 백지에 적어 주면 안 되는 민원인이 있다. 이들은 백지 대신 꼭 국회 마크가 찍혀 있는 메모지에 적어 달라고 한다. 이들이 그러는 데는 이유가 있다. 동네로 돌아가 경로당에 모인 사람들에게 자랑하고 싶기 때문이다. 이 경우 '국회 메모지'는 단순히 '메모지'로 그치지 않는다. 다시 말해 "자신이 국회를 다녀왔고 그만큼 가까우며 잘 대접받았다"는 여러 가지 의미를 담고 있는 것이다. 따라서 이들에게는 민원 해결은 곧 허위의식을 만족시켜 주는 의미를 갖는다. 국회 메모지를 좋아하는 이 할아버지는 글쓴이가 처음 본 지 10년이 지난 지금도 가끔 의원회관 복도에서 마주치곤 한다.

이런 점에서 의원실로 접수된 민원이 민원인의 의도대로 처리되지 않거나 해결의 실마리를 찾지 못하더라도 그들이 갖고 있는 '허위의식'을 만족시켜 주면, 별 문제없이 넘어가는 경우가 많다. 그러므로 보좌진은 우선 민원을 해결하기 위해 가능한 한 방법을 모두 알아보되, 만약 여의치 못할 경우 민원인의 허위의식을 채워 줄 수 있는 방법이 뭔가를 고민해야 한다.

### 민원 해결 '쓰리쿠션'

민원이 원하는 대로 해결되지 않더라도 민원인의 허위의식을 만족시켜 주는 방법으로는 '제3자'를 이용하는 것이다. 보좌진이 아무리 열심히 알아보고 주변에 부탁까지 했더라도 병실을 구하지 못하면 그건 결국 아무것도 하지 않은 것과 마찬가지다. 왜 병실을 구하지 못했는지 얼마나 노력했는지를 아무리 설명해 봐야 그건 핑계에 지나지 않는다. 이 경우 민원인들은 "선거 때는 그렇게 표를 달라고 하더니 그깟 병실 하나 구해 주지 못한단 말이야" 내지는 "나를 이렇게 홀대하다니, 어디 다음 선거 때 두고 보자"라고 생각한다. 의원이 초선에서 재선, 재선에서 삼선으로 선수選數가 쌓일수록 지역 내 반대세력이 많아지는 것도 바로 이런 이유 때문이다.

지역 주민들은 이전에 아홉 가지 민원을 들어주고 단 한 가지를 해결하지 못하더라도 앞서 해결된 아홉 가지는 기억하지 않고 오로지 해결되지 않은 단 한 가지만 생각한다. 이런 점에서 지역 민원은 표와 직결되는 의미를 갖고 있다. 또 선거 특성상 한 표 보태기는 어려워도 몇 마디 험담으로 수십 표 깎는 것은 별로 어려운 일이 아니다. 누구나 한두 사람의 험담에 쉽게 동조할 수 있기 때문이다.

이 경우 민원에 대한 결과를 지역 주민에게 직접 알리기보다는 '제3자'를 이용하면, 표를 깎지 않으면서도 민원을 쉽게 해결할 수 있다. 방식은 이렇다. 병원 원무과장과 통화해 지역 민원의 사정을 설명한 뒤, 번거롭지만 대신 민원인에게 전화해 달라고 하는 것이다. 그렇게 되면 병실을 구하지 못했다는 똑같은 결과에도 불구하고 민원인의 반응은 완전히 달라진다. 보좌진이 아무리 애썼다고 설명해 봐야 그건 민원인 귀에 들어오지 않는다. 우선 진짜 노력했는지 여부를 확인할 수 없기 때문이다. 하지만 원무과장이 직접 전화해 "의원실의 보좌관에게 부탁받고 백방으로 알아봤지만, 지금은 청와대에서 직접 부탁해도 병실을 구할 수 없는 상황이라 죄송하게 됐다"고 말하면 상황은 완전히 달라지는 것이다. 왜냐하면 후자의 방식으로 결과를 통고하면 우선 민원인은 의원실에서 정말 병실을 구하기 위해 노력했구나 하는 것을 확인할 수 있는 것과 함께 병원의 원무과장이 직접 전화해 청와대 운운하며 죄송하다고 하니, 이만하면 허위의식을 충분히 만족시켜 주는 것이 되기 때문이다.

그러므로 지역구 민원을 해결하는 데는 무엇보다 최대한의 '성의 표시'가 중요한데, 이는 원무과장을 이용하는 것과 같이 민원인의 허위의식을 만족시켜 줄 수 있는 방법으로 해야만 '표'를 깎아먹는 우를 범하지 않을 수 있는 것이다. 글쓴이는 이 같은 방법에 '민원 해결 쓰리쿠션'이라는 이름을 붙였다. 당구의 쓰리쿠션처럼 민원인과 직접 부닥치기보다는 다른 한 곳을 더 거쳐 간접적으로 민원을 해결하는 것이다. 글쓴이는 지금도 곤란한 민원일수록 '쓰리쿠션'을 이용해 해결하는데, 민원인과 직접 부닥칠 때보다 효과는 훨씬 좋으면서도 손쉽다는 점에서 이보다 더 좋은 해결방법도 많지 않을 것이다. 지금 골치 아픈 민원을 받아들고 고민하는 보좌진이라면 이 방법을 써 보라고 권하고 싶다.

"우리 아들이 전방에 근무하고 있는데, 집하고 가깝고 편한 후방으로 옮겨 줬으면 좋겠다"거나 "우리 딸이 지방에 근무하고 있는데, 서울로 발령을 내줬으면 고맙겠다"는 것과 같은 민원들이 이런 범주에 들 것이다. 그러나 이런 것들은 모두 '쓰리쿠션' 한 방으로 끝낼 수 있다.

### '민원'을 '입법' 수준으로 격상시켜라

민원 해결의 마지막 방법으로 민원을 단순히 '골치 아픈 청탁'으로 놔두지 말고 행정부에 부담이 되거나 이들이 꼼짝할 수 없는 입법 수준으로 격상시키는 것을 들 수 있다.

먼저 예를 하나 들어 보자. 자신의 지역에 화물기지가 있다고 가정해 보자. 이에 따라 컨테이너를 운반하는 대형 트럭이 하루에도 수백 대씩 드나든다고 할 때, 교통 혼잡과 분진, 도로파손 등의 문제가 제기될 것이다. 이 경우 지역주민이 겪는 불편 등은 차치하고라도 도로파손에 따른 보수비용을 정부로부터 지원받게 해 달라는 민원이 해당지자체로부터 접수됐다고 한다면, 이를 어떻게 풀어야 할까? 물류업무를 담당하는 기획재정부에 예산을 지원해 달라고 해야 하나? 그러면 도로 보수비용 지원은 자신들 소관이 아니라는 답이 돌아올 것이다. 그럼 지방자치단체가 안고 있는 문제이고 또 지방에 교부금을 나눠 주는 권한과 예산을 갖고 있는 행정안전부에 민원을 풀어 달라고 매달려야 하나? 그런데 역시 답은 예산이 없다는 것이다.

그럼, 주민들을 동원해 도로파손 등으로 지역주민들이 겪는 고통이 말이 아니니 이를 물질적으로라도 보상해 달라고 데모라도 해야 할까? 해결방법은 딱 한 가지다. 민원을 단순히 청탁 수준의 문제로 놔두지 않고 행정부가 해결하지 않으면 안 될, 즉 입법과제로 만들어 버리는 것이다. 다시 말해 제정 혹은 개정안을 제출하는 것이다.

'법'은 강제력이다. 공무원 입장에서 법은 규정한 대로 하지 않으면 안 되는 것이다. 공무원이 법을 위반하거나 이를 자의적으로 해석할 수는 없다. 관련 규정을 나 몰라라 할 수도 없다. 그러므로 법은 공무원에게는 외부에서 강제할 수 있는 가장 강력한 힘이다. 이 말은 곧 공무원이 법을 제일 꺼려 하고 부담스러워 한다는 의미를 갖고 있다.

이런 점에서 제·개정안은 민원과 관련해 행정부의 입장 변화를 이끌어 낼 수 있는 가장 강력한 힘으로 작용한다. 법으로 강제하는 만큼 행정부가 달리 대응할 수 없기 때문이다. 제·개정안을 제출하면 그때부터 행정부의 태도는 180도 달라진다. 이전에 지역주민을 동원해 데모를 해도 손놓고 있던 공무원들이 대화를 하자고 나서는 것이다. 일단 법안 제출을 유보해 달라고 요청한다. 그러면서 자신들이 어떻게든 예산을 지원해 주겠다고 의원실을 설득한다. 다시 말해 법안 제출로 그 동안 수용하지 않았던 유사한 민원까지 모두 떠안기보다는 법안 제출과 같은 방법을 동원해 집요하게 민원을 해결하려는 의원실의 것만 처리해 주겠다는 것이다.

이렇게 되면 비로소 해결의 실마리를 찾을 수 있다. 시체말로 '법안' 제출로 행정부를 압박해 예산 지원이라는 민원을 해결하는 것이다. 애초부터 법안 제출이 목표가 아니었던 만큼 예산을 지원해 주겠다는 데 끝까지 이를 고집할 필요는 없을 것이다. 이런 점에서 행정부를 애먹이면서도 동시에 골치 아픈 민원을 해결하는 여러 가지 방법 가운데 최고는 단연 '입법'이다.

### 의원실의 법안 제출은 다양한 의미 내포

참고로 바로 이런 점 때문에 의원실에서 제출한 법안을 단순히 '통과율'로만 판단하는 것은 옳지 않다. 왜냐하면 의회가 인사권과 예산권을 쥐고 있는 거대한 행정부를 적절하게 견제할 수 있는 수단으로는 '입법권' 밖에 없기 때문이다. 그나마 우리나라의 경우, 행정부도 법안을 제출할 수 있어 국회의 입법권이 갖는 영향력은, 이를 의회가 독점하고 있는 미국에 비해 상대적으로 약할 수밖에 없다.

또한 행정부는 법과 관련해서만 국회의 통제를 받을 뿐 그 하위 체계인 령 및 규칙과 관련해서는 어떤 통제도 받지 않는다. 이에 따라 행정부는 모법母法에는 대강의 형식적인 것만 담고 실제로 힘을 발휘할 수 있는 규제나 혹은 권한과 관련된 내용은 령 및 규칙에 담아 자신들의 편의에 따라 운용하곤 한다. 다시 말해 법률이 하위법인 시행령이나 시행규칙에 지나치게 많은 부분을 백지 위임해 놓아 공무원들이 마음대로 권한을 남용한다는 것이다.

이 경우 국회는 시행령 내지 시행규칙을 견제하기 위한 법안을 제출하지 않을 수 없다. 일례로 시행령이나 시행규칙에는 법률에서 규정해야 할 국민의 권리와 의무에 대한 내용이 많이 담겨져 있다. 또 시급히 개정돼야 하는 규정임에도 불구하고 '관행'이라는 이름으로 잘못된 시행령과 시행규칙이 바뀌지 않는 경우도 많다.

상황이 이와 같을 때 국회가 할 수 있는 방법은 시행령이나 시행규칙에 있는 내용을 법률에 담아 개정안을 내거나 관행이 더 이상 계속되지 않도록 모법의 개정을 추진하는 것이다. 그러면 행정부는 비로소 움직이기 시작한다. 상임위원회에서 그렇게 목소리 높여 잘못된 내용을 지적하고 수정을 요구해도 차일피일 미루던 행정부가 모든 것을 잃지 않으려고 의원실과의 타협을 시도하는 것이다.

그러므로 의원실에서 제출하는 법안은 때로는 거대 행정부에 대한 압박용으로 또 때로는 행정부의 독선과 관행에 대한 견제용으로서의 의미를 갖는 경우도 많다. 또한 이처럼 법안 제출은 어떻게 활용하느냐에 따라 골치 아픈 민원을 해결하는 데 큰 도움을 받을 수 있다.

나의 보좌진 생활

## 법안 통과는 애 키우는 것만큼 어려운 일

손계룡(변호사)

2006년 10월 긴급회의가 소집됐다. 이크! 국정감사가 막바지에 이르고 있는데 틀림없이 국민연금 국정감사 내용에 대한 점검일 것이다. 다른 의원실도 사정은 마찬가지겠지만 의원이 회의를 소집하면 보좌진들은 긴장하기 마련이다.

국정감사 준비가 미진한 부분이 생기면 속된 말로 '깨지기' 때문이다. 우리 의원은 온화한 성품이라 "좀더 해봐!", "얼핏 봐도 이렇게 오탈자가 많아서야…" 정도지만 나로서는 매우 긴장되는 순간이다.

아니나다를까, 왜 외국인 노동자의 국민연금 반환문제에 대한 질의가 빠졌냐고 한다.

나는 일요일임에도 의원의 긴급지시로 보건복지부에 자료를 요구하고 국정감사 질의서를 작성했다. 질의서도 중요하지만 더 중요한 건 보도자료다. 문제는 언론에서 받아 주느냐다. 이번 국정감사는 언론의 관심이 온통 북핵사태에 쏠려 있어 다른 주제는 잘 먹히지도 않는다. 한마디로 국정감사가 찬밥신세다.

이 문제를 누가 써 줄까? 언론에 뜨면 그만큼 '이슈화'가 용이하다. 고민하다 한겨레신문 김 기자에게 연락했다. 원래 친분이 있는 것이 아니라 막무가내로 보도자료를 보낸 것이다. 아직까지도 김 기자를 만난 적은 없다. 보도자료를 보내고 기사가 되겠다는 연락을 받고,

그날 김 기자와는 10번이 넘도록 통화했다.

보도자료는 다음날 아침인 2006년 10월 31일자 한겨레신문 사회면 머릿기사로 보도됐다. 이례적으로 이 문제에 대해 사설까지 함께 실렸다. 한마디로 '대박' 이다.

국정감사가 끝난 후 그 후속조치로 2006년 12월 12일 국민연금을 낸 외국인노동자 중 중국·몽골 등에서 온 산업연수생, 고용허가 자격의 노동자 등이 본국으로 돌아갈 때 자신이 낸 국민연금을 돌려 받을 수 있도록 하는 내용의 국민연금법 일부개정법률안을 발의했다.

법안은 2007년 2월 6일 보건복지위원회 전체회의에 상정됐고, 문제는 법안심사 소위원회 통과다. 여·야 의원들은 보통 분들이 아니다. 조금이라도 법안에 문제가 있으면 법안은 계속 소위원회 캐비닛에 잠자고 있어야 한다.

2007년 2월 21일, 우리 법안이 법안심사소위를 통과하기로 한 날이다. 내 전화기가 울리며 동시에 장 비서가 "의원님 전화예요" 한다. "예 의원님." 오늘 소위 상황을 묻는 전화다. 나는 다른 업무로 아직 체크를 못했다.

급하게 양복 상의를 걸치고 바로 법안소위원회 회의장으로 향했다. 앗! 소위원회 안건에 우리 법안이 빠져 있다. 이전 법안심사 때 오늘 처리하기로 의원들간에 합의를 해놨는데 어떻게 된 일이지? 국민연금개혁안 처리를 위해서 보건복지부가 우리 법안심사를 미뤄 달라고 했을지도 모른다.

비상이다. 회의 진행 중인 소위원회 위원장에게 급히 메모를 넣어 가까스로 안건으로 상정시키고, 곧 이어 소위원회가 법안을 수정 의

결했다. 휴…. 법안 하나 통과시키는 것은 애 키우는 것과 비슷하다. 꼬박꼬박 관심을 가져 주지 않으면 금방 엇나가기 십상이다.

 우여곡절 끝에 2007년 4월 19일 법안이 드디어 본회의를 통과하고, 5월 1일 국무회의 의결을 거쳐 5월 11일 공포와 함께 시행됐다. 법안 통과 전에 우리나라를 방문한 원자바오 중국 총리가 우리 의원과 만나 감사의 뜻을 전했다. 의원도 오랫동안 공들인 문제가 해결되어 매우 기뻐한다. 보좌관인 나도 좋다.

제5장

# 보좌진 자기계발, 어떻게 할 것인가?

1. 보좌진에 대한 '교육'과 '투자' 없인 국회 발전 없다
2. 보좌진의 전문성 강화와 몸값 상승
3. 스스로 발전 추구할 때 성공한 보좌진 될 수 있다
4. 보좌진의 인생이모작, 어떻게 준비할 것인가?
나의 보좌진 생활 _ 보좌진은 변화의 중심축에서 일할 수 있는 매력적인 직업

# 1. 보좌진에 대한 '교육'과 '투자' 없인 국회 발전 없다

국회 입법고시에 합격한 5급 사무관 대상 연간 교육은 총 280시간이다. 행정직 8급 신규 채용자조차 4주 간의 교육을 받는다. 그런데 의원의 의정활동을 실질적으로 담당하는 보좌진에 대한 교육은 연간 총 10여 시간에 불과하다. 그러다 보니 보좌진은 자비로 국회와 무관한 외부기관에서 운영하는 '보좌진 양성과정'을 듣는다. 신입보좌진에 대한 오리엔테이션도 대수代數가 바뀌는 4년마다 3~4시간에 걸쳐 고작 1~2회 진행된다. 기본교육이 제대로 갖춰지지 않다 보니 재교육과 연수, 해외시찰 등의 기회도 주어지지 않는다. 보좌진은 의원들의 의정활동을 지원하는 실무조직이다. 그런데 보좌진에게 교육과 투자가 이뤄지지 않는 것은 결국 국회의 역량 약화와 함께 행정부에 대한 견제와 감시, 비판이 제대로 이뤄질 수 없다는 것을 의미한다. 국회가 발전하기 위해서는 무엇보다 보좌진에 대한 교육과 투자가 이뤄져야 한다.

### 국회에는 없는 '보좌진 양성과정'

"그럼 국회에는 보좌진의 직무와 관련한 교육이 없단 말인가요?"

"네, 그렇다고 보시면 크게 틀리지 않습니다."

"그게 정말인가요?"

"그러니까 지금 국회에서 인턴으로 근무하고 있는 사람들이 비싼 돈 내고 이 자리에 있는 것 아닙니까? 자체 교육이 있다면 무엇 때문에 돈과 시간을 들여 여기까지 와서 강의를 듣겠습니까?"

이상은 2006년 10월 글쓴이가 한림국제대학원대학교의 정치경영자과정에서 수강생들과 주고받은 대화의 일부다. 당시 글쓴이는 수강생을 대상으로 국회의 교육시스템 부재를 설명하고 있었다.

이 강좌는 '정치경영자과정'이라는 명칭과 다르게 실제로는 '보좌진 양성과정' 위주로 운영됐다. 대학 또한 이 과정을 '보좌진 사관학교'라고 표현하는 데 주저하지 않았다. 혹자는 대학에서 보좌진 양성과정을 운영하는 것에 의외라고 생각할지 모르겠으나, 비단 보좌진 양성과정은 여기서 그치지 않는다. 1년에 3~4차례 3개월 과정의 국회 보좌진 양성과정을 개설하는 서초여성인력개발센터를 비롯해 여성정치연구소와 (사)한국여성유권자연맹 등도 모두 보좌진 양성과정을 운영하고 있다.

각각은 강좌 개설 시기도 다르고 교육 대상이나 방식에서도 약간의 차이를 보이고 있다. 그러나 보좌진 양성을 목적으로 하고 있는 데서 똑같은 점을 발견할 수 있다. 또 하나, 국회 보좌진 양성을 목적으로 하면서도 정작 국회와는 무관하다는 것도 똑같은 점이 아닐 수 없다. 다시 말해 이 단체들이 모두 국회 보좌진 양성과정을 개설하고 있기는 하지만, 국회로부터 어떤 지원을 받거나 혹은 위탁받아 운영하는 것은 아니라는 것이다.

그럼 이 단체들이 국회와 어떤 특별한 관련을 맺고 있지 않음에도 불구하고 보좌진 양성과정을 개설·운영하는 이유는 무엇일까? 간단하다. 강좌를 필요로 하는 사람들이 있는 데 반해 국회에서는 이를 개설·운영하고 있지 않기 때문이다. 여기서 말하는 '필요'란, 비단 입사 전에 관련 업무를 익혀 두겠다는 선행학습만을 의미하지는 않는다. 이에 못지않게 현재 국회에 근무하고 있음에도 불구하고 자신이 담당하는 업무를 국회 어디에서도 배울 수 없다 보니, 결국 외부기관이 운영하는 강좌를 찾는다는 의미도 갖고 있다.

### 보좌진 대상 국정감사 교육은 1년에 단 2시간

글쓴이는 그 동안 앞서 언급한 단체들이 운영하는 보좌진 양성과정에서 적어도 한 차례 이상 강의를 해 왔다. 그런데 이들 단체가 운영하는 강좌에 가 보면, 예외 없이 국회에 근무 중인 직원을 만날 수 있다. 2006년 10월에 강의한 한림대의 정치경영자과정에서도 전체 수강생 20여 명 중 2명이 국회 인턴이었다. 이들은 약 3개월 과정의 강의를 듣기 위해 150여만 원이라는 돈을 들여 보좌진 직무와 관련한 내용을 배우고 있었다. 이들이 자비自費로 외부기관에서 운영하는 보좌진 양성과정을 수강하는 이유는, 앞에서도 잠시 언급한 것처럼 국회에서는 누구도 가르쳐 주지 않고 또 어디서도 배울 수 없기 때문이다.

물론 국회 차원의 교육이 전혀 없다고 표현하는 데는 약간의 '어폐'가 있다. 왜냐하면 교육이 아예 없는 것은 아니기 때문이다. 그럼에도 불구하고 글쓴이가 굳이 '없다'고 표현한 데는 그만한 이유가 있다.

국회에서 보좌진을 비롯해 본청 및 도서관 직원들에 대한 교육과 연수를 담당하는 곳은 의정연수원이다. 의정연수원에서는 매년 의회전문과정, 사이버교육, 외국어교육, 정보화교육을 비롯해 국어반과정, 행정법과정, 민법과정, 국회관계법규과정과 같은 전문교육 등 다양한 교육을 운영하고 있다. 이 밖에도 의원외교 전문가과정, 국외대학원 석사과정 등과 같은 국내외 위탁교육도 실시하고 있다.

그러나 이 가운데 보좌진으로서 기본업무를 처리하는 데 절대적으로 필요한 교육은 '의회전문과정' 단 하나밖에 없다. 이 교육은 다시 결산심사, 국정감사, 예산심사, 법제과정 등 크게 4가지로 구성된다. 하지만 이런 교육도 1년에 단 한 차례, 그리고 강좌 시간 또한 얼마 되지 않는다.

2006년 8월 의정연수원이 주최한 국정감사과정의 경우, 이틀에 걸쳐 5시간 동안 교육이 이뤄졌다. 그러나 이 5시간 가운데 국정감사와 관련한 실무 강의는 고작 2시간에 지나지 않았다. 나머지는 '국정감·조사제도' 1시간, '국정감사 어떻게 볼 것인가' 2시간 등으로 채워졌다. 예·결산심사와 법제과정도 중요하지만, 매년 20일 간 치러지는 국정감사가 보좌진 직무 중 가장 중요한 부분을 차지한다고 할 때, 1년에 단 2시간 교육은 너무 빈약한 것이 아닐 수 없다. 더욱이 국정감사를 준비하는 방법론이 매년 2, 4, 6월에 열리는 임시회의 상임위원회 준비와 밀접한 관련을 맺고 있다고 할 때, 국정감사 방법론이야말로 보좌진 입장에서는 가장 신경 써서 배워야 할 내용이 아닐 수 없다.

한편 초보 보좌진을 대상으로 한 오리엔테이션 교육은 국회의 조직 및 기능, 인사 및 후생복지제도, 국회관계법규 해설, 보좌진의 임무와 역할 등을 주제로 대수代數가 바뀌는 4년마다 3~4시간에 걸쳐 1~2회 진행된다.

보좌진에 대한 이 같은 교육을 본청 및 도서관 대상 직원들의 그것과 비교해 보면, 양자간에 얼마나 큰 차이가 존재하는지를 알 수 있다. 2006년 입법고시에 합격한 신임 사무관들을 대상으로 한 교육은 무려 9주에 걸쳐 진행됐고, 5급 일반승진자를 대상으로 해서는 7주, 심지어 2006년 행정직 8급 신규 채용자조차 4주 간의 교육을 받았다.

여기서 잠시 2006년 입법고시에 합격한 5급 사무관 대상 신임관리자 과정의 교육내용을 살펴보자. 이들은 공문서 작성, 공무원 인사제도 이해, 의원외교활동 지원관련 능력, 국정감·조사의 의의와 절차 등 기본 직무와 관련해서만 12과목에 걸쳐 141시간의 교육을 받는다. 여기에 바람직한 공무원상·직장인의 기본예절·국회의 기능과 역할 등에 대한 특강 9시간, 한국의 정치상황 이해 등의 124시간에 걸친 교양강좌, 그리고 학습평가 등의 기타과정 6시간 등 총 280시간의 교육을 이수한다.

그러고 보면 보좌진을 대상으로 한 연간 국정감사 2시간은 '교육' 이라고 하기조차 민망하다. 그러나 여기서 글쓴이는 꼭 양자간의 '교육시간'과 '질'에서 큰 차이가 존재한다는 것만을 강조하려는 것은 아니다. 오히려 이에 못지않게 누구는 직무와 관련한 기본교육이 거의 없어 이를 배우기 위해 본인 돈을 들여 외부기관을 찾는 데 반해 누구는 기본 직무와 관련한 것은 물론 교양과 특강까지 모든 것을 근무 시작과 함께 의무교육으로 제공받는, 즉 양자간의 '차이'를 얘기하고 싶은 것이다.

물론 보좌진이 '비정규직'(?)과 별반 다르지 않을 정도로 저마다 입사와 퇴사를 반복하는 데 따라 정해진 시간에 1년에 한 번씩 뽑아 일괄적으로 교육시키는 본청 및 도서관 직원들과는 차이가 있을 수 있다. 그러나 이 또한 방법을 찾기 나름이다. 가령 3개월 혹은 6개월 기준으로 1년에 몇 차례 보좌진 직무 관련 강좌를 운영한다면, 적어도 국회에 근무하는 보좌진이 현재 자신이 담당하고 있는 일을 배우기 위해 경제적 부담을 감수하면서까지 외부기관을 찾는 일은 없을 것이다.

### 재교육과 연수도 없다

기본교육이 제대로 갖춰져 있지 않다 보니 재교육이나 연수, 그리고 공무원이면 누구에게나 주어지는 해외출장이나 유학의 기회도 거의 없다. 물론 본청이나 도서관, 즉 입법부 공무원들을 대상으로 진행되는 교육에 편승해 함께 들을 수도 있지만, 여기에는 크게 두 가지 문제가 있다.

첫째, 시간상의 문제이다. 가령 입법부 공무원들을 대상으로 한 예·결산심사와 관련한 교육은 보좌진도 당연히 들어야 할 교육이다. 그런데 문제는 이런 강의가 하루 8시간씩 주 5일에 걸쳐 진행된다는 것이다. 다시 말해 입법부 공무원들 입장에서 이 같은 교육은 인사고과에 반영되는 데 따라 현업에서 잠시 떠나 일주일 동안 의무적으로 수강해야 하는 것이다.

그러나 의원실당 실무인력이 고작 2~3명에 지나지 않는 상황에서, 보좌진은 절대 그럴 수 없다. 4년에 한 번 있는 오리엔테이션도 사무실 여건에 따라 참여 여부가 결정되는 마당에 한가하게(?) 일주일 내내 마음 놓고 교육받을 수 있는 보좌진은 아무도 없기 때문이다. 설혹 사무실에서 교육 이수를 허락했다고 하더라도 의원이나 보좌관이 찾으면 바로 사무실로 뛰어가지 않을 수 없다.

비단 예·결산심사과정만 그런 것이 아니다. 민법과정 등 대부분의 교육이 보좌진의 처지를 고려하지 않은 채 하루 8시간씩 일주일 내내 진행된다. 특히 상임위원회나 본회의가 예정된 시기 혹은 선거를 앞두고 교육과정이 개설되기도 하는데, 그렇게 되면 그건 "보좌진은 듣지 말라"는 것과 하등 다를 것이 없다.

의정연수원도 이런 사정을 모르지 않을 것이다. 그러므로 진정 보좌진을 위한 교육을 하고 싶다면, 지금처럼 "우리 중심으로 강의하는데 너희도 듣고 싶으면 와서 들어라"와 같은 방식이어서는 안 된다. 아침 일찍 일과를 시작하기 전이나 혹은 퇴근 시간 뒤에 하루 2시간 정도씩 3~4주에 걸쳐 진행해야 보좌진이 그나마 교육에 동참할 수 있다.

둘째, 맞춤형 교육의 문제이다. 다시 예·결산심사를 예로 들어 설명해 보자. 보좌진과 입법부 공무원들은 서로 처해 있는 위치가 다르다. 즉 예·결산심사를 두고도 한쪽은 자료를 요구하고 문제점을 분석해 질의서를 써야 하지만, 다른 한쪽은 '검토보고서'를 쓴다. 또 전자는 행정부에 대한 감시와 견제, 비판 등을 위한 언론보도를 중시하지만 후자는 그렇지 않다. 행정부의 도움을 받아 검토보고서만 작성하면 된다.

그러므로 양자는 똑같은 예·결산심사를 두고도 접근방법부터 서로 처한 위치, 그리고 일처리방식에 이르기까지 같은 것이 하나도 없다. 그런데 국회는 이 같은 차이를 간과한 채 서로 다른 두 집단을 한데 모아 놓고 교육을 진행한다. 특히 강사 대부분이 입법부 공무원이다 보니 교육 또한 그들 입장에서 진행된다. 다시 말해 보좌진은 자신에게 필요치도 않은 검토보고서 작성법만을 배우는 것이다. 동시에 그렇게 되면 보좌진은 정작 실무에 필요한 '방법론'을 전혀 배울 수 없다. 예산정책처가 중심이 된 예·결산 교육 또한 '경제학' 강의 이상의 의미를 갖지 못하는 것도 이 때문이다.

당장 결산심사와 관련해서도 보좌진 입장에서는 예산의 목적 외 사용, 외상거래를 의미하는 선집행, 연말에 집중된 예산 집행, 규정 위반한 여비 집행 등과 같이 언론이 좋아할 것 위주로 접근하지 않을 수 없다. '언론노출 빈도'가 의원의 왕성한 의정활동을 뒷받침하는 것과 동시에 보좌진의 '성적표'이기 때문이다. 또 자료요구와 관련해서도 어떻게 요구해야 하는지, 행정부가 주지 않으려고 할 때 어떻게 대처해야 하는지, 어떻게 하면 받아 낼 수 있는지, 이 밖에 보도자료는 어떻게 작성하고 배포해야 하는지 등등 보좌진에게는 이처럼 구체적인 요령과 노하우가 필요하다.

그런데 국회사무처와 예산정책처 직원 가운데 과연 이처럼 '방법론'을 중심으로 예·결산심사를 강의할 수 있는 사람이 얼마나 될까? 보좌진처럼 일해 본 사람이 없으니 불가능한 일이다. 단지 양자간의 작업방식에 차이가 있다는 것을 알고 있는 사람만 있어도 다행스런 일이다.

그럼 이런 교육이 과연 보좌진에게 얼마나 도움이 될까? 국정감사에 대한 교육을 보좌진이 하듯 예·결산심사 또한 보좌진이 담당해야 비로소 도움이 될 수 있다. 만약 하루 8시간씩 일주일 내내, 그리고 '방법론' 없이 국회사무처나 예산정책처 중심의 강의가 계속된다면, 보좌진 입장에서 이런 교육은 없는 것이나 마찬가지다.

### 유학도 해외출장 기회도 없다

한편 공무원이면 누구나 갈 수 있는 연수와 해외유학의 기회도 보좌진에게는 주어지지 않는다. 단지 '보좌진 단기해외연수'라고 해서 '짬밥' 많은 보좌진을 대상으로 10여 일 정도 유럽의 유명한 관광지를 돌며 '기념사진' 찍는 것이 보좌진에게 주어지는 '연수'의 전부다. 그러나 이건 말이 좋아 '연수'지 '관광'에 지나지 않는다.

해외 유학의 기회는 아예 없고, 해외 출장의 기회도 거의 없다. 2004년 김선일 피살사건이 발생했을 때의 일이다. 당시 국회는 이 사건과 관련해 외무부가 적절히 대응했는지 여부를 조사하기 위해 국회의원들로 조사반을 구성, 현지에 파견했다. 이때 조사반에 포함된 한 의원은 자신의 보좌관이 아랍어를 능통하게 구사하자 그를 수행원으로 데려가려 했으나, 국회사무처가 난색을 표해 뜻을 이루지 못했다. 다시 말해 당시 국회사무처는 "보좌진이 조사단 수행원으로 출장에 동행한 '사례'가 전혀 없다"고 의원의 뜻을 거부, 결국 보좌진 수행을 무산시켰던 것이다. 그리고 국회사무처의 입법조사관이 수행원으로 동행했음은 물론이다.

보좌진의 해외출장과 관련, 잠시 국회 속기록을 들춰 보자. 2007년 10월 10일 국회운영위원회에서 있었던 일이다.

차명진 위원: 국회사무처 직원들도 해외연수 가시지요?
사무총장직무대리 민동기: 예, 그렇습니다.
차명진 위원: 위원들이 해외시찰 할 때 같이 동반하지요? 수행하지요?
사무총장직무대리 민동기: 예.
차명진 위원: 국회 보좌진에 대해서는 그런 것이 있습니까?
사무총장직무대리 민동기: 그래서 그 문제가 위원님들이…
차명진 위원: 있습니까, 없습니까? 간단하게 답해 주세요.

사무총장직무대리 민동기: 위원님들 보좌관들 지금 없습니다.

차명진 위원: 없지요?

사무총장직무대리 민동기: 수행하는 것은 없습니다.

차명진 위원: 수행도 없고 연수도 없지요?

사무총장직무대리 민동기: 예.

차명진 위원: 국회의 중심은 누구입니까, 국회의원이지요? 그렇지요?

사무총장직무대리 민동기: 예.

차명진 위원: 아니면 아니라고 그러세요. 보좌진도 국회의원 지원하지요?

사무총장직무대리 민동기: 그렇습니다.

차명진 위원: 다만 보좌진은 신분이 좀 불안할 뿐입니다. 그래서 국회의원의 역량을, 업무를 지원하는 것은 보좌진도 당연히 해야 되기 때문에 예산을 편성할 때 앞으로 국회 보좌진이 어떤 식으로든 연수나, 보좌진에게 연수 기회나 역량을 제고하기 위해서 그리고 국회의원 해외시찰시 보좌진의 수행을 어떤 식으로 하겠다라는 계획서를 제출해 주십시오. 저한테, 아셨지요?

국회관련 법규 어디에도 "보좌진이 의원의 해외출장에 수행원으로 참여하면 안 된다"는 규정은 없다. 그런데 국회사무처는 지금도 '전례'가 없다는 말도 안 되는 이유로, 이처럼 보좌진의 해외 출장 수행을 가로막고 있다. 이유는 딱 한 가지, 자신들만이 해외출장의 기회를 갖기 위해서다.

이런 가운데 2007년 1월 당시 환경노동위원회 위원장이던 홍준표 의원은, 자신을 포함해 의원 4명과 소속 보좌진 4명, 그리고 상임위원회 입법조사관 1명을 대동하고 동남아 출장을 다녀왔다. 글쓴이가 아는 한, 상임위원회 차원에서 보좌진이 공식적인 해외출장 일원으로 의원과 함께 외국을 다녀온 것은 1948년 국회 개원 이래 60여 년 만에 처음 있는 일이다.

이에 앞서 홍준표 위원장은 애초 그 동안 고생한 상임위원회 소속 보좌진들을 위해 의원 1인에 여러 명의 보좌진이 함께 떠나는 해외출장을 계획했다고 한다. 그러나 국회사무처가 이 또한 "전례가 없는 일이다"라며 난색을 표해 어쩔 수 없이 의원 4명과 그 소속 보좌진 4명, 그리고 수행을 위한 사무처 입법조사관 1명 등으로 출장 대상을 바꿨다고 한다.

아무튼 홍준표 위원장 덕분에 보좌진 4명이 공식적인 해외출장 일원으로 동남아를 다녀올 수 있었으니, 보좌진 입장을 배려해 준 데 감사하지 않을 수 없다. "책도 중요하지만 역시 자동차 엔진을 정비하듯 인간의 뇌를 잠시나마 리모델링할 수 있는 가장 빠른 길은 물정 다른 외국에 나가 보는 것이다"라는 어느 일간지 기자의 말은 누구나 똑같이 느끼는 것이기 때문이다.

### 콩 한쪽도 혼자 먹으려는 국회사무처

그럼 보좌진을 제외한 국회사무처 소속 직원들의 해외여행은 어떨까? 조금 오래된 통계지만 2003년 9월 28일 운영위원회 속기록을 들춰 보자.

> 김학송 위원: 2002년도 단기해외시찰과 단기해외연수를 실시한 전체 인원은 몇 명이 되는지, 지금 답변 안 되면 나중에…

사무총장 강용식: 제가 보고받기는 152명 정도 됩니다.

김학송 위원: 거기에서 사무처 직원과 의원 보좌 직원이 각각 몇 명 나갔습니까?

사무총장 강용식: 저희 사무처 직원은 약 110명 정도이고 의원보좌진은 44명입니다.

김학송 의원: 의원보좌진에서 2001년도 이후에 강력 항의를 해 가지고 일부 시정된 것이 지금 현재 이렇습니다. 이것도 균형에 너무 차이가 나지 않습니까? 총장은 그렇게 생각 안 합니까?

사무총장 강용식: 사실 어저께 민주당과 한나라당 보좌관협의회 간부들이 저를 찾아왔었습니다. 그래서 이 문제를 얘기 듣고 앞으로 점차 확대해 나가겠다는 말씀을 드렸고, 또 내년도 예산안에는 2003년보다 더 많은 수가 나갈 수 있도록 예산 요구를 해 놓았습니다.

    2002년 말 기준으로 당시 보좌진은 1,638명이었고, 사무처 직원은 이보다 작은 1,177명이었다. 그런데 해외 시찰 인원 및 연수 인원은 국회사무처가 약 3배 정도 많다. 그나마 이건 '질'을 논외로 하고 '양'으로만 단순 비교한 결과이다. 즉, 3일 일본 다녀온 보좌진과 2주 간 유럽 다녀온 국회사무처 직원을 똑같이 1건으로 처리한 것이다. 또한 사무처 직원 110명이라는 숫자에는 상임위원회 차원에서 입법조사관이나 전문위원들이 의원을 수행해 해외에 다녀온 것은 포함되지 않았다. 따라서 이 숫자까지 포함한다면 양자간의 '불균형'은 더 커진다.

    의원들이 교육과 연수에 문제가 있고 또 보좌진과의 '불평등'마저 존재한다는 것을 지적하면, 늘 돌아오는 답변은 예산 타령이다. 즉 예산을 늘려 보좌진에게도 혜택이 더 많이 돌아갈 수 있도록 숫자를 늘리겠다는 것이다. 그러나 이건 단순히 예산 차원의 문제가 아니다. 2003년 11월 4일 운영위원회에서 김성조 의원이 지적한 것처럼 "숫자를 늘려 달라는 것이 아니고 콩 하나를 나누더라도 같이 나누어 먹는 기분이 들어야 되거든요"와 같은 '형평'의 문제이다.

이 같은 문제는 지금도 크게 시정되지 않고 있다. 2004년 9월 8일 운영위원회 회의에서도 또다시 같은 문제가 지적됐다. 당시 전병헌 의원은 "보좌진은 의원과 함께 하나의 팀원이기 때문에 사무처 차원에서 보좌진에 대한 서비스와 재교육·충전 프로그램 이런 것들을 대단히 관심 갖고 봐 줘야 한다"면서, "의원보좌진이 사무처 직원보다 1.5배 많지만 해외시찰 실적은 그 3분의 1에도 미치지 않고 있다"고 지적했다.

2007년 12월의 일이다. 대통령선거를 끝낸 여·야는 2008년 예산안 통과를 놓고 치열하게 대치하다 마침내 28일 본회의를 열어 이듬해 예산을 통과시켰다. 그런데 이 시기를 전후해 적지 않은 사무처 직원들이 중국과 일본 등 해외여행을 다녀왔다. 일부는 금강산과 제주도를 다녀오기도 했다. 남은 예산을 소진하기 위해 연말에 사무처 직원이 대거 '여행'에 나선 것이라는 건 재론을 요하지 않는다.

이런 점에서 보좌진과 사무처간의 연수와 시찰, 수행 등을 포함한 해외여행을 숫자로만 단순 비교하는 것에 그치지 않고 그 집행 시기별로, 즉 11~12월 연말에 집행된 현황을 분석해 보면 재미(?)있는 통계가 나올 것이다.

콩 한쪽도 똑같이 나눠 먹지 않는 국회사무처의 보좌진에 대한 '소외'와 '불공평'은 여기서 그치지 않는다. 2003년 11월 4일 운영위원회 속기록을 그대로 옮겨 보자.

> **서병수 위원:** 아까 오경훈 위원께서 국회의원 보좌관의 처우개선을 위해 해외연수나 국내연수 등에 대해서 말씀하셨습니다마는 정당 소속으로 되어 있다든지 자주 바뀐다는 등의 답변을 하셨는데, 그렇다면 현재 보좌직원의 특근매식비만이라도 정상적으로 다른 사무처 직원들과 같이 해 주어야 될 것이 아닌가 하는 생각이 드는데, 어떻게 생각하십니까? 지금 우리 보좌직원은 80일이고 국회사무처는 126일이고 기획예산처는 226일 정도 되어 있지요?
>
> **사무총장 강용식:** 266일입니다.
>
> **서병수 위원:** 그렇다면 충분히 명분이 있는 일이고 국회 보좌진들이, 제 경우라서 그런지는 몰라도 고생을 많이 하거든요. 거의 매일 밤 10시 넘어서까지 근무하고 있는 상황이기 때문에 우리가 할 수 있는, 명분이 있는 일 같으면 지금 당장이라도 지원해 주어야 될 것 같은데, 거기에 대해서 어떻게 생각하십니까?
>
> **사무총장 강용식:** 보좌진들에게 불리한 여건이 많이 있는데 그 가운데 제가 보기에도 특근매식비가 제일 잘못된 것 같습니다. 최소한 사무처 직원과 비슷하게 120일 정도는 해야 되지 않겠나 생각하고 있고 이것을 기획예산처에 요구를 했는데 그냥 금년도 수준인 80일로 깎였습니다.

여기서 말하는 특근매식비란, 야근에 따른 '밥값'을 의미한다. 즉 야근할 때 1인당 하루 5,000원이 특근매식비로 주어지는 것이다. 그런데 특근매식비에서도 보좌진과 사무처간의 '불평등'은 여전히 존재한다. 다시 말해 보좌진은 1인당 1년 간 80일을 기준으로 40만 원씩 지급되는데 반해 사무처 직원들은 1인당 126일로 계산해 63만 원이 특근매식비로 주어지는 것이다. 참고로 기획예산처는 266일 동안, 즉 직원 1인당 연간 133만 원을 특근에 따른 저녁 밥값으로 지원한다.

그렇지 않아도 5급 이하 보좌진은 야근과 특근을 얼마나 하는 것과 무관하게 '초과근무수당'을 정액제로 받고 있다. 2008년 현재 5급 비서관이 받는 초과근무수당은 매월 14만 6,900원에 지나지 않는다. 더욱이 9급 비서의 초과근무수당은 8만 9,890원이다. 이에 반해 사무처 직원들은 야근과 특근에 따라 한 달에 최대 50여 만 원을 초과근무수당으로 지급받는다. 그런데도 이들은 특근매식비를 보좌진보다 훨씬 더 많이 받는다. 이렇게 되면 사무처 직원은 초과근무수당과 특근매식비만으로도 보좌진보다 연간 최대 500여 만 원을 더 받는다.

특근과 야근으로 치면 국회 내에서 보좌진을 능가할 사람은 아무도 없다. 국정감사 20일 동안은 말할 것도 없고 정기국회 100일 간 제때 집에 들어가는 보좌진이 과연 얼마나 될까? 어디 이뿐인가? 임시회만 열려도 상임위원회를 대비해 며칠 전부터 야근과 특근에 돌입한다.

선거 때는 또 어떤가? 몇 달씩 지역에서 먹고 자는 건 '일상'에 지나지 않는다. 2007년 12월 대통령선거를 앞두고 지역에 내려갔다가 2008년 4월 총선 때까지 6개월여 동안 주말도 없이 선거운동 한 보좌진은 한 둘이 아니다. 그런데 이와 관련, 보좌진에게는 어떤 경제적 보상도 주어지지 않았다. 만약 사무처 직원들 보고 보좌진처럼 근무하라고 하면 어떤 반응을 보일까? 자못 궁금한 일이 아닐 수 없다.

다행히 2007년에는 보좌진 150일 대 사무처 168일로 양자간의 차이가 많이 좁혀졌다. 그런데 글쓴이 기억에 보좌진을 대상으로 특근매식비가 지급된 건 얼마 되지 않는다. 글쓴이가 직접 확인해 보진 않았지만, 이것도 아마 뒤에 적시한 '정원가산금'과 같은 과정을 거쳐 비로소 보좌진에게 지급된 것은 아닌지 의심스럽다. 혹 이 책을 읽는 보좌진 가운데 운영위원회를 담당하고 있다면, 특근매식비가 보좌진과 사무처를 대상으로 각각 언제부터 지원됐는지, 만약 보좌진에 대한 지원시기가 사무처에 비해 늦다면 그 이유는 뭔지, 그럼 보좌진에게 주어져야 할 2003년 이전의 특근매식비 예산은 어떻게 사용됐는지 등에 대해 알아보기 바란다.

### 인재의 중요성

오늘날 많은 기업들은 인재양성과 발굴에 적잖은 노력을 기울이고 있다. 뛰어난 인력보유가 기업의 가장 큰 자산이자 경쟁력이기 때문이다. 그런데 인재를 중시하는 기업들의 노력은 결국 직원들에 대한 '교육'과 '연수'로 귀결된다. 글로벌 경쟁에서 살아남고 더 많은 수익을 창출하기 위해서는 '직원'에게 투자하지 않으면 안 되기 때문이다. 기업들이 직원들에 대한 교육과 연수, 재교육과 훈련에 적지 않은 시간과 노력을 투여하는 것도 바로 이런 맥락에서 이해할 수 있다.

과거 종업원은 물리적 노동력만을 제공했지만 이제는 종업원의 머릿속에 들어 있는 지식과 창조력이 더 중요해졌고, 따라서 직원에 대한 투자를 아끼지 않는 기업만이 글로벌 경쟁에서 앞서 나갈 수 있다. 노동은 기계와 컴퓨터로 대체할 수 있지만 지식과 창조적 작업은 그럴 수 없기 때문이다.

국회라고 다를 리 없다. 아니 처해 있는 조건만 보면, 오히려 국회는 더 그렇다. 의원들의 의정활동 대부분이 보좌진에 의해 뒷받침되고 있기 때문이다. 특히 의원에 대한 교육과 연수, 특강 등 일체의 교육이 이뤄지지 않는 상황에서 의정활동의 실무를 담당하고 있는 보좌진의 경험과 능력은 대단히 중요한 의미를 갖고 있다.

실제로 법을 전공하지 않았거나 법과 무관한 삶을 살다 어느 날 갑자기 의원이 됐을 때, 과연 의원이라는 사실 하나만으로 법안을 제대로 심사할 수 있을까? 예·결산 또한 마찬가지다. 당장 숫자로 가득 찬 각목 명세서도 제대로 보지 못하는데, 각각의 숫자가 갖고 있는 의미가 무엇인지도 모르는데, 어떻게 257조에 달하는 정부 예산을 심사할 수 있단 말인가?

그래서 의원들의 의정활동은 보좌진이 누구냐에 따라 크게 좌우된다. 보좌진의 역량이 뛰어나면 그만큼 의원의 의정활동도 빛을 발하는 것이다. 2006년 9월 12일자 시사저널은 보좌진을 '얼굴 없는 의원'이라 부르고, 의원이 오히려 '얼굴마담'으로 변하고 있다면서 의정활동 성공 여부가 보좌진 손에 달려 있다고 적고 있다.

### 국회사무처 직원만 국회의 '주인'(?)

보좌진 역량은 어느 날 갑자기 좋아지는 것이 아니다. '교육'과 '투자'가 전제되지 않으면 결코 이루어질 수 없는 일이다. 그런데 보좌진이 중요할 수밖에 없는 국회에서 실제로는 정반대의 현상이 벌어지고 있다. 교육과 연수에서 철저히 배제되고 있는 것이다.

그럼 왜 이런 현상이 벌어지는 것일까? 의정활동의 실무를 담당하는 보좌진을 대상으로 기본교육과 재교육, 해외여행이나 출장·연수 등의 기회가 제공되지 않고 오로지 국회사무처 직원들에게만 이 모든 기회와 혜택이 돌아가는 것은 무엇 때문일까?

이유는 크게 두 가지다. 하나는 '편협한 주인론'이고, 다른 하나는 보좌진이 똑똑해지는 것을 원치 않기 때문이다. 사무처 직원들은 자신들만이 '국회의 주인'이라고 생각하는 것 같다. 물론 겉으로 드러내 놓고 그렇게 말하지는 않는다. 말로는 자신들이 "의원들의 의정활동을 지원하는 지원조직에 불과하다"고 한다.

앞서 차명진 의원과 민동기 사무총장 직무대리가 주고받은 말처럼 '국회의 중심'은 국회의원이다. 국회의 주인은 의원이고 바로 의원이 있기 때문에 국회사무처, 그리고 도서관과 예산정책처, 입법조사처 등의 지원조직이 존재하는 것이다.

그러나 이들은 실제로는 "국회의원은 임기 4년의 계약직이고, 보좌진은 비정규직 내지 하루살이 정도"로 생각하는 듯하다. 만약 그렇지 않다면 앞서 거론한 것과 같은 일, 다시 말해 교육과 연수를 비롯해 특근매식비에 이르기까지 '콩 한쪽도 모두 혼자 먹으려는 짓'은 하지 않을 것이다.

혼자 다 먹기 위해서는 나눠야 할 대상이 좀 모자라거나 모르는 게 많을수록 좋다. 누구든 교육을 통해 아는 것이 많아지고 똑똑해질수록 자기 몫을 찾으려 할 것이고, 그렇게 되면 혼자 다 먹는 건 쉽지 않다. 예산과 자리 늘리기에도 걸림돌로 작용한다. 돈 지출 또한 방해가 된다.

보좌진이 사무처에 대한 결산과 예산심사를 담당하니 가급적 모를수록 득인 것이다. 그래서 혹자는 "사무처가 국회 감사를 받는 행정부보다 더 보좌진들이 똑똑해지는 걸 원하지 않는 것 같다"는 말을 하기도 한다.

사무처 직원들의 '편협한 주인의식'과 보좌진이 똑똑해지는 것을 원치 않는 것은 다음과 같은 사건에서도 여실히 드러난다. 2003년 9월 28일 운영위원회에서 있었던 일이다. 당시 초선이던 한나라당 김학송 의원은 국회 사무총장을 대상으로 정원가산금 사용 내역 등을 질의했다. 여기서 정원가산금이란, 각급 기관의 효율적인 운영과 원활한 직책수행을 도모하기 위한 경비의 성격을 갖고 있다. 여기에는 축·조의금, 직원 사기진작비 등이 포함돼 있는데 정원에 따라 예산이 편성된다. 즉 머리수가 많을수록 예산은 더 늘어난다. 국회 속기록을 그대로 옮겨 보자.

> 김학송 위원: 지금 현재 국회의 정원에 의원보좌관들이 들어 있습니까, 안 들어 있습니까?
>
> 사무총장 강용식: 들어 있습니다.
>
> 김학송 위원: 그러면 지금 정원가산금에 우리 의원보좌진에 대해서 지출이 된 사례가 있습니까, 없습니까?
>
> 사무총장 강용식: 제가 와서 보니까 균형 있게 지출이 안 된다는 것을 금년 초에 알고 금년 5월에 체육대회를 했을 때부터…
>
> 김학송 위원: 총장, 간단하게 이야기하세요. 지출이 되었습니까, 안 되었습니까?
>
> 사무총장 강용식: 그러니까 그 말씀을 드리는데요. 5월부터 지출이 되고 그 다음에 8월부터 경조사가 지출이 되고 있습니다. 그 전에는 안 되었습니다.

김학송 위원: 지금 현재까지는 지출이 안 되었잖아요. 안 되어 가지고 제가 질의서를 던지니까 8월부터 급히 지출을 하겠다는 계획을 세운 것 아닙니까?

사무총장 강용식: 그렇지는 않습니다. 제가 지시를 해서 5월 체육대회부터 전원 똑같이 지급이 되었습니다. 그리고 경조사는 위원님 말씀대로 8월부터 지출하게 되었습니다.

김학송 위원: 정원가산금이 지급이 된 것이 몇 년도부터 시작됐어요? 사무처에서 누가 답변해 보세요.

관리국장 이길성: 약 한 10여 년 전부터 지급된 것으로 알고 있습니다.

김학송 위원: 그런데 이때까지 예산을 수령할 때는 의원보좌진까지 전체 정원에 포함시켜 놓고 그 예산집행을 단 한푼도 하지 않았다는 것은 대단히 잘못된 것 아닙니까? 총장, 어떻게 생각하세요?

사무총장 강용식: 잘못되었기 때문에 금년 봄부터 시정을 했습니다. 앞으로는 똑같이 지급하게 됩니다.

김학송 위원: 의원보좌진들을 국회 조직의 일원이라고 생각하면 총장께서 앞으로 적극 배려를 해서 반드시 지급되도록 하십시오.

사무총장 강용식: 알겠습니다.

김학송 위원: 그리고 잘못된 관행에 대해서는 우리 의원보좌진들한테 고지를 해서라도 알려 주고 앞으로 이렇게 지급된다는 것을 분명히 알려 주세요.

사무총장 강용식: 알겠습니다.

그러나 불행하게도 '잘못된 관행'에 대한 고지는 전혀 이루어지지 않았다. 10년 넘게 사무처 직원들만 대상으로 정원가산금이 집행된 것과 관련한 사무처 차원의 사과나 유감표명은 일체 없었다. 따라서 이런 사실을 아는 보좌진도 많지 않다. 대부분 갑자기 어느 날부터 경조사비가 지급된 것으로 알고 있다.

그런데 만약 김학송 의원실 보좌진이 정원가산금에 대한 자료를 요구하지 않았더라면, 과연 이게 자발적으로 시정됐을까? 아마 '관행'이라는 이름으로 지금도 계속되고 있을 것이다. 보좌진이 많은 걸 알기 위해 교육과 연수를 더 받지 않으면 안 되는 것과 동시에 사무처는 보좌진이 똑똑해지기를 바라지 않는 이유가 여기에 있다.

2002년 당시 정원가산금은 1억 1,100만 원이었다. 그런데 이 액수, 즉 10년 간 10억여 원에 달하는 예산이 국회 내 정원에서 50% 이상을 차지하는 보좌진을 제외하고 사무처 직원들만을 대상으로 집행된 것이다. 그럼 산술적으로 사무처 직원들에게는 자신들이 받아야 할 것보다 2배 가량 더 많이 지원됐다는 계산이 가능하다. 사무처가 김학송 의원 말대로 "보좌진을 국회 조직의 일원으로 생각했다"면 감히 상상할 수도 없는 일이 벌어진 것이다.

10년 넘게 받을 걸 못 받았는데 '배상'은 못 받더라도 지금이라도 공식적인 '사과'는 받아야 하는 것 아닐까? 동시에 늦었지만 잘못한 사람들에 대한 사후 징계도 이뤄져야 하는 것 아닐까? 같은 국회 직원이니까 그냥 넘어가야 하나? 단지 예산 책정 때만, 또 그들이 잘못 했을 때만 같은 국회 직원이고, 정작 예산 집행에서는 '서자'보다 못한 대접을 받는데, 과연 같은 국회 직원이라는 말을 할 수 있을까? 만약 보좌진이 그런 일을 저질렀다면 사무처 직원들은 어떻게 할까? 10년 넘게 받은 걸 모두 토해 내라고 하지는 않을까? 하다못해 '잘못된 관행'에 대한 감사원 감사라도 해야 하는 것 아닐까? 10년 넘게 잘못한 사실을 그냥 덮어 두고, 어느 날부터 보좌진에게도 경조사비를 지급하기만 하면 모든 게 다 끝나는 것일까?

더 큰 문제는 "이 같은 사례가 정원가산금에만 국한됐을까?" 하는 것이다. 글쓴이 기억으로는 보좌진에게 특근매식비가 지급된 것도 이즈음부터다. 즉 보좌진에게 경조사비가 지급되면서 이와 때를 같이해 특근매식비도 제공되기 시작했다. 또한 2003년 11월 4일 당시 강용식 사무총장도 서병수 의원의 질문에 답하면서 "보좌진에게 불리한 여건이 많이 있는데"라고 언급했다. 이는 문제가 정원가산금과 특근매식비로 끝나지 않을 수 있다는 얘기다.

아무튼 이 정도 되면 나부터라도 보좌진이 많이 아는 것을 꺼려 하지 않을 수 없다. 10년 넘게 애초 자신들이 받아야 할 것보다 두 배나 더 많은 경조사비를 받다가 경험 많은 보좌진의 자료요구와 이에 이은 의원의 질의로 어느 한 순간 그걸 뺏겨 버렸으니 얼마나 억울(?)하겠는가? 만약 뒤가 구린 구석이 더 있다면, 보좌진을 열심히 가르쳐 똑똑하게 만들고 싶은 사람은 사무처 직원 중 아마 하나도 없을 것이다.

### '편협한 주인의식'과 보좌진에 대한 배제

사무처 직원들의 '편협한 주인의식'과 그에 따른 보좌진에 대한 '배제'는 국회의 지원조직 어디에도 보좌진 출신이 존재하지 않는 것에서도 확인된다. 현재 국회에는 국회사무처를 비롯해 도서관, 예산정책처, 입법조사처 등 4개의 지원조직이 있다. 이 가운데 예산정책처와 입법조사처는 결원이 있을 때마다 계약직 모집 공고를 낸다. 특히 입법조사처는 2007년 가을 개청으로 대거 조사관과 팀장급 직원을 모집했다.
 그런데 글쓴이가 아는 한 이 두 개 조직의 직원 가운데 현재 보좌진 출신은 단 한 명도 없다. 이유는 간단하다. 보좌진이 지원해도 뽑지 않기 때문이다. 물론 보좌진을 뽑지 않는다고 명시적으로 말하지 않는다. 대외적으로는 단지 '정치적 중립성'과 '박사급 전문가'를 선발 조건으로 제시하고 있다.
 '현장'에서 일하는 보좌진 가운데 박사 학위를 가진 사람이 많지 않은 건 사실이다. 그러나 설혹 박사 학위를 가진 보좌진이 조사관이나 팀장에 지원하더라도 과연 뽑힐지 의문이다. 진실은 '학위'에 있지 않기 때문이다. 사무처 등 국회 지원조직이 가장 두려워하는 것은, 자신들의 문제나 잘못을 보좌진이 알아내고 이게 의원의 입을 빌려 공식적으로 거론되는 것이다. '제2의 정원가산금'은, 이들 입장에서 생각만으로도 끔찍한 일이 아닐 수 없기 때문이다.
 이들 입장에서 보좌진은 예산과 자리 늘리기의 걸림돌 이상의 의미를 갖지 못한다. 그렇지 않아도 국회의 문제점을 가장 잘 알고 있는 상황에서 만약 보좌진이 지원조직에 근무하고 그에 따라 추가적으로 자신들에 대한 여러 가지 문제점을 안다고 할 때, 이들 입장에서 좋을 것이 없다는 것은 재론을 요하지 않는다. 나부터라도 그렇겠다. 다시 말해 글쓴이가 보좌진이 아닌 지원조직에 근무하는 직원이라면, '박사'를 대외적 조건으로 내세워 보좌진을 배제한 뒤 '재계약'을 무기로 국회에 대해 아는 것이 아무것도 없는 박사들을 마음대로 부리는 것보다 더 편한 것은 없을 것이다.
 그런데 보좌진은 상황이 다르다. 자신들만큼 국회를 잘 알고 있어

'길들이'거나 '통제'가 쉽지 않다. 의원이라는 '정치적 배경'까지 갖고 있다. 만약 이런 상황에서 자신들의 문제점이 외부로 새나가기라도 하는 날이면 골치 아픈 게 한두 가지가 아닐 것이다. 이 같은 일이 벌어지지 않도록 막는 방법은 애초부터 자신들의 조직 내로 보좌진이 진출할 수 없도록 원천봉쇄하는 것이다.

한 번은 변호사 자격증을 갖춘 보좌진이 입법조사처 직원 모집에 지원했지만 여전히 뽑히지 않았다. 이번에는 '정치적 중립성'이 문제가 됐다. 현재 한나라당 보좌진은 모두 다 당원이다. 다른 당 소속 보좌진도 사정은 크게 다르지 않다. 그런데 이 같은 상황에서 정치적 중립성을 선발 조건으로 내세우면 이건 보좌진을 뽑지 않겠다는 것과 다르지 않다. 현재 지원조직의 직원들 가운데 과연 그들이 주장하는 것처럼 정치적 중립성을 해칠 '당원'이 없다고 장담할 수 있을까? 선발과정에서는 정당 소속 여부를 확인하지 않고 있다. 단지 합격 후 작성하는 인사기록카드에만 정당 가입 여부를 기록하도록 돼 있다. 그러나 이 또한 명시하지 않으면 그만이다. 사후에 이에 대한 확인이 이뤄지는 것은 아니기 때문이다.

한편 여·야가 정책을 놓고 서로 다른 입장을 갖는 것은 너무나 당연한 일이다. 그런데 여기에 '정치적 중립성'이라는 잣대를 들이대는 것은 그야말로 '말장난'에 지나지 않는다. 그럼 지원조직 직원들은 어떤 사안이든 찬반 입장도 갖고 있지 않은 정치적 '금치산자'들이란 말인가? 18대 국회를 맞아 한나라당 한 의원은 비서관을 선발하면서 공고문에 "다른 당 소속도 상관없다"고 명기했다. 그런데 국회 지원조직은 선발조건으로 정치적 중립성을 내세우고 있으니, 보좌진이 들어올 것을 얼마나 두려워했으면 이렇게까지 해서라도 막으려고 했는지 참으로 안쓰러울 따름이다.

이제 보좌진에 대한 소외와 불평등을 해소하려면, 보좌진을 사무처로부터 분리하는 것밖에 없다. 그리고 더 이상 지원조직을 늘려서는 안 된다. 아니 가능하면 축소하고 대신 의정활동의 실무를 담당하는 보좌진을 늘려야 한다.

사무처, 도서관, 예산정책처, 입법조사처 등 국회의 4개 지원조직은 모두 다 별도로 분리돼 있다. 예산과 조직이 별개인 것은 물론 심지어 사보私報도 각자 따로 발행한다. 그런데 유일하게 보좌진만 사무처에 포함돼 이들에게 종속(?)돼 있다. 의원과 보좌진, 그리고 인턴만이 자신들의 이익을 위해 일할 수 있는 별도의 조직을 갖고 있지 못한 것이다. 이 말은 보좌진의 후생복지 등 모든 관련 예산을 사무처가 계획·관리하고 있다는 것을 의미한다. 바로 이 때문에 정원가산금과 특근매식비 같은 사건도 발생할 수 있었던 것이다.

사무처와 도서관, 예산정책처, 입법조사처는 그 성격상 하나의 조직으로 묶더라도 이상할 게 없다. 별개의 조직으로 구성돼 있지만 서로의 신분도 같고, 그 때문에 인사상 교류도 빈번하다. 따라서 이들의 조직분리는 자리 늘리기 이상의 의미를 갖지 못한다.

그러나 의원회관은 다르다. 별정직이라는 것부터 처리하는 업무 등에서 사무처와 많은 차이가 있다. 그러므로 의원 299명과 보좌진 1,800여 명, 인턴 600여 명 등 총 2,700여 명은 별도의 조직으로 관리돼야 한다. 특히 보좌진의 머릿수를 빌려가 예산을 많이 받아 내고는 자신들만 쓰는 나쁜 작태(?)를 더 이상 반복하지 못하도록 하기 위해서라도 보좌진을 사무처로부터 별도의 조직으로 분리해야 한다. 그렇게 되면 보좌진을 중심으로 한 별도 조직에 의해 진정 보좌진의 발전과 역량 강화를 위한 교육과 연수, 후생복지 등이 실시될 수 있을 것이다.

### 조직 확대 꾀하는 국회사무처

2003년 말 현재 국회사무처 현원은 1,165명이었다. 그러나 5년이 지난 2008년 3월 말 현재 1,265명으로 정확히 100명 더 늘었다. 이는 결국 사무처 자리만 그만큼 늘어나고 더불어 그에 따른 승진이 이루어졌다는 걸 의미한다. 참고로 사무처를 포함한 4개 지원조직의 현원은 1,675명이다.

글쓴이는 더 이상의 국회 지원조직 확대를 반대한다. 이는 비단 보좌진이 단 한 명도 지원조직으로 진출하지 못한 데 따른 것은 아니다. 이보다는 오히려 사무처의 조직 확대와 함께 지원조직이 제 역할을 다하지 못하는 데 있다.

예산정책처와 입법조사처 등은 국회의원의 의정활동을 지원하는 것을 목적으로 만들어진 조직이다. 따라서 지원조직은 그 성격상 '학술단체'나 '연구기관'이 아니다. 다시 말해 단순히 논문이나 보고서를 쓰는 곳이 아니라 국회의원의 의정활동, 즉 법안 제·개정을 비롯해 자료를 요구하고 질의서를 쓰며 보도자료를 만드는 등 행정부를 견제·감시·비판하는 것을 '실무적'으로 지원해야 하는 곳이다.

그런데 지원조직은 '전문성'을 표방하며 그 구성원의 자격을 '박사'로 제한하다 보니 보고서나 논문만을 양산하고 있다. 국회 관련 전문성과 박사는 분명 일치하지 않는 측면이 많다. 특히 국회처럼 학술단체나 연구기관이 아닌 곳에서는 실무와 방법론이 더 중요하며, 그런 점에서 이론만 알고 국회와 행정부에 대해서는 잘 알지도 못한 채 단지 보고서와 논문만 쓸 줄 아는 박사는 생각처럼 필요치 않다.

국회는 증권에 비유하면 주식시장과 같은 곳이다. 다시 말해 실전에 능해 주식 투자를 통해 돈을 벌어야 하는 곳이다. 그런데 지원조직은 증권에 대해 가장 많이 아는 사람은 경제학자라고 주장하며 박사들로 구성원을 채운다. 이들은 실무를 알든 모르든 경제관련 장관은 반드시 경제학자가 해야 한다고 주장하고 있는 것이다.

한편 '박사'들이 쓰는 논문이 과연 행정부와 그 산하단체 연구기관에서 만든 것보다 월등히 더 낫다고 자신할 수 있을까? 애초부터 행정부에 비해 자료와 정보에서 열등할 수밖에 없는 국회 지원기관이, 이들보다 더 나은 정보와 자료가 담겨 있는 보고서를 쓴다는 것은 불가능한 일이 아닐 수 없다. 지원조직은 결국 정부기관에서 생산되는 다양한 자료들을 기초로 여러 가지를 한데 모으는 것 이상을 만들 수 없다. 과연 이게 의정활동에 큰 도움이 될까? 보좌진과 마찬가지로 능숙한 주식투자가가 돼야 하는데, '경제학 논문'만 쓰고 있으니 안타까울 따름이다.

의정활동과 관련한 '전문성'을 논하면, 보좌진보다 더 전문가인 사람이 어디 있단 말인가? 관련된 일을 직접 해봤고 그런 가운데 배우고 훈련된 사람들이 바로 보좌진이다. 따라서 지원조직이 역할을 제대로 하려면 의정활동이 뭔가를 알고 또 그걸 어떻게 해야 하는지도 경험한 보좌진들로 구성돼야 한다. 질의서 한 번 써 본 적 없는 박사들이 보좌진처럼 실무적으로 의정활동을 지원하지 못할 것이라는 것은 재론을 요하지 않기 때문이다.

예를 하나 들어 보자. 지원조직 또한 보좌진과 마찬가지로 행정부에 대한 자료요구권을 갖고 있다. 그러나 과연 행정부에서 제출을 꺼려 하는 자료를 보좌진처럼 능숙하게 받아 낼 수 있을까? 행정부에 대한 경험이 일천한 이들이 과연 노련한 행정부 공무원들을 상대로 자료요구 권한이나 제대로 행사할 수 있을까? 쉽지 않은 일이다.

글쓴이도 14년 전 대학 강사로 학교에만 있다가 처음 보좌진이 됐을 때는, 자료요구도 제대로 하지 못했다. 하물며 노련한 공무원들을 상대로 뭔가를 얻어내거나 관철시키는 것은 꿈도 꿀 수 없는 일이었다. 그러나 13년의 국회 경험으로 이제는 행정부의 특성과 메커니즘을 모두 꿰고 있다. 어떻게 하면 주지 않으려는 자료를 받아 낼 수 있는지, 심지어 어떻게 하면 그들을 애먹일 수 있는지도 다 알고 있다.

간단한 자료요구에서도 이처럼 양자간에는 적지 않은 차이가 있다. 하물며 의정활동 전반에 대한 전문성의 차이는 논할 가치도 없다. 그러다 보니 지원조직의 역할은 단순히 논문이나 보고서를 만드는 것에 그치지 않을 수 없다. 특히 보좌진이 진정 필요로 하는, 즉 행정부를 제대로 감시 비판할 수 있는 '방법론'과 관련된 매뉴얼이나 업무지침서를 만드는 일은 더더구나 흉내도 낼 수 없다.

글쓴이가 2003년에 출판한 『국정감사 실무 매뉴얼』이 2005년 국회도서관 대출 1위였다는 것은, 적어도 국회의 고유업무와 관련한 매뉴얼이나 업무지침서에 대한 수요가 얼마나 많은지를 보여 주는 단적인 예라고 할 수 있다.

그런데도 이처럼 제 역할을 하지 못하는 지원조직이 만들어지면, 그에 따라 사무처 조직은 자꾸 비대해진다. 조직은 커질수록 자기논리를 갖고 움직이는 특성을 갖고 있다. 요컨대 '큰 정부'가 자꾸 불필요한 규제를 만들어 내고 또 안 해도 되는 사업을 통해 돈을 쓰려 하듯, 사무처도 그렇게 변하는 것이다.

국회 예산은 불과 5년 사이에 약 2배 정도 증가했다. 2003년 2,500억 원이던 것이 2008년에는 4,200억 원으로 늘어났다. 2008년 4월 시사저널은 「국민의 세금 '물'로 보면서 해마다 '펑펑'」이라는 주제로 예산을 낭비하는 국회를 비난하고 있다. 기사에 따르면 얼마 전 국회사무처가 무려 3억 원을 들여 본청 뒤편에 해태상과 돌을 세웠다는 것이다. 17대 국회가 다 끝나가는 2008년 1월 중순에는 책상 개당 200만 원, 의자 개당 70만 원씩 들여 299명 의원들의 사무집기도 교체했다고 한다. 이 돈만 7억 4,000만 원이란다. 의원들은 교체를 요구하지 않았다는데, 결국 조직이 늘어나니 예산도 증액되고 덩달아 이처럼 불필요한 지출도 생기는 것이다. 더욱이 이 돈은 전년도 예산이라는 의혹을 불러일으키고 있다. 다시 말해 2007년 예산이 남으니 이를 다 쓰기 위해 연말에 불필요한 사무기기를 미리 구입했다가 이듬해 1월 중순에 교체했다는 것이다.

사무처의 조직 비대는 자연 보좌진에 대한 배제를 더 강화시킨다. 반면 사무처는 '계약'을 무기로 박사들을 자신들이 원하는 대로 길들이며 더 많은 조직 확대를 꾀한다. 의정활동에 직접 도움이 되는 것도 아니고, '계약'으로 서러움을 당한 박사들 또한 '경력관리' 차원에서 근무하다 대학교 혹은 연구소 등에 자리가 나면 서둘러 가 버리는, 그래서 보좌진만큼이나 이동이 잦은 지원조직을 만드는 것이 결국 사무처만 도와주는 일이라는 이유도 바로 여기에 있다.

따라서 국회가 진정 의정활동의 질을 높이려면, 박사 중심의 지원조직 대신 보좌진을 늘려야 한다. 그들이 의정활동과 관련된 모든 업무를 실질적으로 담당하고 있는 만큼, 그 수를 늘리는 게 최소의 비용으로 최대의 효과를 누릴 수 있는 가장 좋은 방법이다. 자신이 의장으로 재직 중일 때 뭔가 성과를 내야 한다는 의식 때문에 엉뚱하게 지원조직을 만드는 것은, 결국 사무처의 비대화와 그에 따른 보좌진의 배제만을 더 강화시킬 뿐이다.

이런 점에서 언론이나 일반인들도 보좌진의 숫자가 늘어나는 것을 부정적으로 봐서는 안 된다. 무엇이 진정 국회의 발전과 질적 향상에 도움이 되는지를 안다면, 언론 또한 보좌진 증원에 대해 단순히 포퓰리즘 차원에서 접근할 수는 없을 것이다.

## 고유사무에 대한 매뉴얼조차 갖고 있지 못한 국회

기본업무와 관련된 교재만 제대로 구비된다면, 보좌진에 대한 교육과 연수 부족을 어느 정도 해소할 수 있을 것이다. 그런데 문제는 국회가 이처럼 자신의 고유업무와 관련한 교재, 즉 매뉴얼이나 업무지침서조차 갖고 있지 못하다는 것이다. 매년 가을 20일 동안 어김없이 치러지는 국정감사는 말할 것도 없고, 이제는 선거 없는 해가 없을 정도로 일상화된 선거, 그리고 수시로 진행되는 인사청문회와 매일 접수되는 민원, 여기에 입법과 예·결산심사에 이르기까지 국회는 어느 것 하나 보좌진에게 실질적으로 도움이 될 교재를 갖고 있지 못하다.

물론 예·결산심사와 관련한 책이 유일하게 한 권 있다. 그러나 이는 어디까지나 재정학의 측면에서 예·결산이 어떤 것인가를 설명한 '교과서'일 뿐, 앞서 예를 들었던 것처럼 보좌진이 실무를 하는 데 필요한 방법론을 담고 있지 못하다.

영세성을 면치 못하는 출판계조차 나름대로 출판, 교정 등 자신의 고유업무와 관련한 매뉴얼을 갖고 있는 게 우리네 '상식'이다. 그런데 국정을 논하고 행정부를 감시하며 법을 만들고 나라살림을 살피는 국회에서 개원 60주년을 맞도록 자신의 고유업무와 관련된 매뉴얼이나 업무지침서 하나 없다고 한다면 과연 누가 믿겠는가? 아닌 말로 지나가던 뭐도 웃을 일이다.

혹자는 "지원조직인 예산정책처와 입법조사처가 관련 교재를 만들면 되지 않느냐"라고 생각할 것이다. 논리적으로는 맞는 말이다. 의원과 보좌진이 원하는 것들을 지원하라고 만들어진 것이 바로 예산정책처와 입법조사처 같은 지원조직이기 때문이다. 그러나 앞에서도 잠시 언급했지만, 국회 지원조직은 보고서나 논문만 작성하다 보니 정작 보좌진의 실무에 도움이 되는 매뉴얼이나 업무지침서는 쓰지 않는다. 아니 정확하게 말하면 안 쓰는 게 아니라 못 쓴다. 관련된 일을 해보지 않았고 경험도 없기 때문이다. 행정부도, 국회도, 보좌진의 업무에 대해서도 아는 게 없는데 어떻게 그들의 일과 관련된 매뉴얼이나 업무지침서를 만들 수 있겠는가? '교과서'이긴 하지만 사무처가 예·결산심사와 같은 책을 만들어 낸 것도 그나마 관련한 업무, 즉 검토보고서를 쓰는 데 따른 것이다.

물론 지원조직에서 만드는 자료들이 모두 업무지침서나 매뉴얼일 필요는 없다. 그러나 이런 것들이 먼저 준비돼야 하는 것은 물론 나아가 어떻게 일이 이루어지며 의원과 보좌진이 진정 원하고 필요로 하는 것들이 뭔지는 알고 있어야 한다. 그래야 그들이 만드는 자료가 실질적인 도움이 될 수 있다. 그러나 이들은 그런 것에 대해 관심도 없고 또 알지도 못한다. 다른 건 차치하고 행정부의 작동원리와 메커니즘이라도 알고 있는 사람이 있을지 궁금하다. 그러다 보니 결국 뭔가는 해야 된다는 압박감 때문에 의정활동엔 별반 도움도 되지 않는 보고서와 논문만 양산하는 것이다.

같은 보고서나 논문이라고 하더라도 지원조직에서 만드는 것은 최소한 '국회의 특성'을 담고 있어야 한다. 다시 말해 학술 논문을 지양하고 보좌진에게 직접적인 도움이 될 수 있도록 방법론적인 측면을 갖고 있어야 한다. 적어도 보좌진이 어떻게 일하는지를 보좌진보다 더 잘 알고 있어야 하고, 또 자신들의 성과물이 어떻게 이용될지도 알고 있는 가운데 논문이든 보고서든 만들어야 한다. 그럴 때만이 정부에서 양산하는 것과의 차별성을 인정받을 수 있다.

그런데 만약 외부기관에서 만드는 것과 다른 차별성을 갖지 못한 논문과 보고서만 양산한다면, 그건 의정활동 지원조직이기보다는 하나의 '연구소'에 불과하다. 그럼 이런 조직이 과연 국회에 필요할까? 일반 연구소와 그에 따른 논문과 보고서는 제1장에서도 말한 것처럼 차고 넘치는 곳이 바로 국회다. 매일 의원회관 복도에 즐비하게 버려지는 자료들이 이런 사실을 웅변한다. 그러다 보니 국회 지원조직에서 만든 자료도 적지 않게 함께 버려지는 것이다.

정부는 2006년 3월 국무총리실 주재로 「국정감사 수감 매뉴얼」이라는 자료집을 만들었다. 국정감사 수감 관리체계 구축, 예상이슈 관리, 비밀자료 요구에 대한 대처, 제기되는 이슈에 대한 대처, 후속관리 등의 목차에서 알 수 있듯, 이는 국회의 국정감사에 어떻게 대비할 것이라는 내용을 담고 있다. 그럼 국회의 지원조직은 당장 역량이 안 돼 '실무 매뉴얼'은 만들지 못한다고 하더라도 정부와 반대로 「국정감사 매뉴얼」, 즉 어떻게 문제를 제기하고 제출을 꺼리는 자료에 대해서는 어떻게 대응하며, 사후점검은 어떻게 해야 된다와 같은 국정감사의 공통적 내용을 담은 책자 정도는 만들어야 하는 것 아닐까?

아무튼 이런 점들 때문에 적지 않은 사람들이 "국회는 참 이상한 조직"이라고 얘기하는지도 모르겠다. 60년이 되도록 자신의 고유업무와 관련한 업무지침서나 매뉴얼 하나 갖고 있지 못하고, 지원조직은 단지 자신들의 스케줄에 따른 학술논문 혹은 연구보고서나 내고 있고, 또 정작 실무를 담당하는 보좌진을 대상으로 한 교육과 투자는 거의 이루어지지 않고 있으며, 반대로 사무처는 자신들만이 국회의 주인인 양 모든 기득권을 누리고 있으니, 이 같은 말이 나오는 것도 무리는 아닐 것이다.

### '소모적 구조' 속에 놓인 국회 보좌진

교육과 연수 등이 제대로 지원되지 않는 데 따라 현재 국회 보좌진은, 새로운 투입 없이 성과나 결과물만 만들어 내는 '소모적 구조' 속에 살고 있다. 문제는 이 경우 행정부를 감시하는 데 곤란을 겪지 않을 수 없다는 것이다. 그렇지 않아도 인력 부족으로 보좌진은 전문성을 필요로 하는 정책업무는 물론 '대중성'을 담보해야 하는 지역구 업무까지 담당하고 있다. 이런 가운데 전문성을 높여 갈 직무 관련 교육과 연수가 뒷받침되지 않는다면, 정책과 감독의 질은 당연히 떨어지지 않을 수 없다.

이래서는 국민을 대변하는 감시기능을 제대로 수행키 어렵다. 바로 이 때문에도 보좌진에 대한 기본교육과 오리엔테이션, 재교육과 연수와 해외시찰 등 이들에 대한 재충전 프로그램이 중요한 의미를 갖는 것이다.

보좌진에 대한 교육과 투자는 새롭게 뭔가 대책을 세우거나 예산을 늘려야 하는 일이 아니다. 단지 콩 한쪽도 혼자 다 먹어 버리는 국회사무처 중심의 교육과 투자를 보좌진과 똑같이 나누면 된다. 보좌진의 신분이 불안해서라거나 드나듦이 빈번해서와 같은 논리는 말장난에 지나지 않는다. 보좌진의 근무연한이 짧은 게 문제라면, 오히려 그들의 역량 강화를 위해 교육을 더 활성화해야 하는 것 아닐까? 그렇게 해야 4년이든 2년이든, 아니 단 6개월이든 그 기간만이라도 의원을 제대로 보좌할 수 있을 것이다. 신분이 불안해서 보좌진을 교육시키지 않는다고 한다면, 행정부에 대한 감시가 제대로 이뤄질까? 그럼 그 피해는 고스란히 국민에게 돌아가는 것 아닐까?

그런데 사무처는 정반대로 생각하고 있다. 신분이 불안하니 교육시키는 게 낭비라는 것이다. 하지만 교육과 연수는 그 역할과 중요성에 따라 지원되는 것이지 결코 신분이나 처한 조건에 따라 하고 말고 할 성질의 것은 아니다. 다시 말해 누가 진짜 의정활동을 보좌하고 있는지, 의원들과 국회의 역량을 제고시키는 중요한 역할을 하고 있는지, 동시에 행정부를 제대로 견제·비판·감시하기 위해서는 어떻게 해야 하는지 등을 이해관계를 떠나 진지하게 고민한다면, '답'은 이미 정해져 있다.

주지하다시피 보좌진은 법을 만들고 예산과 결산을 심사하고 행정부를 감시·비판하는 국회의원을 실무적으로 보좌하고 있다. 단순히 검토보고서나 쓰는 사무처 직원들과는 그 업무의 내용이나 중요성에서 큰 차이를 보이고 있다. 또 사무처 직원들은 회의 운영과 행정업무에 치중하고 있다. 그들은 보좌진처럼 직접 자료를 요구하고 질의서 쓰며 법안 제출과 같은 일은 하지 않는다.

물론 사무처 등의 지원조직들도 의정활동을 일부 보좌한다. 그러나 중요한 것은 지원조직들이 만들어 내는 자료도 최종적으로 보좌진이 읽으며, 질의서에 참고할지 여부도 보좌진들이 결정한다. 이 말은 지원조직이 아무리 훌륭한 자료를 만들어 내더라도 이의 최종 소비자인 보좌진이 '소화력'을 갖고 있지 못하면 결국 무용지물에 불과하다는 걸 의미한다.

국회 내에 "보좌진의 퀄리티가 국회의 퀄리티"라는 말이 떠도는 것도 이런 사정과 무관치 않다. 따라서 행정부에 대한 효과적인 비판과 견제를 위해서라도 그 업무의 주체인 보좌진에 대한 지원 강화와 체제 구축은 반드시 실행돼야 할 과제이다.

### 보좌진에 대한 '교육'과 '투자' 없인 국회 발전 없다

사정이 이런데도 국회는 단순히 회의 운영 등을 위한 지원조직에 불과한 사무처의 역량강화만을 위해 노력하고 있다. 주객이 전도된 것이 아닐 수 없다. 보좌진은 의정활동의 실무를 모두 담당하면서도 단순히 신분이 불안하다는 이유 하나로 '서자'보다 못한 취급을 받는 데 반해 정작 회의 운영을 위한 지원조직에 불과한 사무처는 60세까지 근무한다는 이유만으로 자신들이 '주인'인 양 행세하며 교육 및 연수와 관련된 모든 혜택을 독점적으로 누리고 있는 것이다.

여기서 얼마 전 '중견관리자과정', 즉 과거의 과장승진자교육을 이수한 한 입법조사관의 교육연수기를 잠시 옮겨 보자. 이는 『국회보』 2008년 5월호에 실려 있다.

> 일반적으로 교육연수는 조직과 구성원에게 새로운 활력을 불어넣고, 주어진 업무만을 처리함에 따르는 편협한 시각 등을 교정해 줄 계기가 된다. 특히 전문적·객관적인 입법컨설팅이 지속적으로 요구되는 국회공무원에게 교육연수의 필요성은 더욱 크다. 안정성의 토대 위에 강화된 전문역량으로 입법지원의 생산성을 높이는 것이야말로, 국리민복에 대한 국회의 지분을 넓혀 국민으로부터 신뢰를 얻는 지름길이기 때문이다.

조사관이 주장하는 '전문적·객관적 입법컨설팅' 능력은 당장 보좌진에게 우선적으로 필요하고 요구되는 것 아닐까? 보좌진이 의정활동의 실무를 담당하고 있는 만큼 '강화된 전문역량으로 입법지원의 생산성을 높이'기 위해서는 당장 보좌진에 대한 투자와 교육이 선행돼야 하는 것 아닐까?

중견관리자과정은 입법과 예·결산 교육은 물론 협상전략, 스피치기술, 커뮤니케이션능력, 프리젠테이션 기술, 감수성 훈련 등의 교육과정과 함께 2주차에는 전통문화현장 체험교육을 위해 남도의 강진과 진도 그리고 해남 땅끝마을 등을 둘러보는 것으로 구성됐다. 그런데 이런 교육과 연수 기회가 누구에게는 당연한 것이고 누구에게는 그렇지 않다고 한다면, 과연 옳은 일일까? 아니 정작 실무를 담당하는 사람에게는 이 같은 기회가 주어지지 않고 엉뚱하게도 지원조직에게만 집중된다면, 분명 뭔가 잘못된 것 아닐까? 다른 나라 의회에서도 보좌진과 지원조직간에 이처럼 교육과 연수에 '불공평'이 존재하는지 의문이다.

　글쓴이는 2003년 9월 한 인터넷 신문과 「보좌진이 바로 서야 국회가 바로 선다」라는 제목으로 인터뷰를 한 적이 있다. 이 기사는 보좌진 제도의 대안까지 연재하면서 인터넷상에서 열띤 토론을 불러일으켰는데, 글쓴이는 개인적으로 "보좌진에 대한 교육과 투자 없인 국회 발전 없다"로 제목이 바뀌어야 한다고 생각한다.

## 2. 보좌진의 전문성 강화와 몸값 상승

> 언제 어떻게 쓰일지 모르는 자격증을 따거나 단순히 이력서 한 줄 늘리기 위해 대학원을 다니기보다는 자신의 업무와 관련한 성과물을 내는 것이 '몸값'을 올리는 데 더 효과적이다. 몸값은 전문성에 따라 달라진다. 자신의 전문성은 성과물로 대변되며, 책은 가장 대표적인 성과물이다. 책을 내는 과정에서 누구보다 많이 배울 수 있고 자기 업무를 보다 명확히 할 수 있다. 또 책을 내면 그 사람을 해당분야의 전문가로 인정하는 게 우리 사회 분위기다. 책을 내면 강의할 기회도 주어지고 인세 수입도 생긴다. 그래서 초보 보좌진의 최고의 재테크는 바로 자기계발을 통해 몸값을 높이는 것이다. 대다수 보좌진이 갖고 있는 가장 큰 단점은 근무연수에 상응하는 업무 노하우를 정리해 내지 못했다는 것이다.

### 전문성의 3가지 측면

국회 차원에서 교육과 재교육, 연수와 해외시찰의 기회도 제대로 주어지지 않는다면, 그럼 보좌진은 어떻게 해야 할까? 스스로 자기계발을 꾀할 수밖에 없다. 보좌진의 역량 강화와 관련해 당장 국회 차원에서 제도적으로 뒷받침되지 않는 만큼 혼자 노력하는 것 말고는 다른 대안이 없다.

가장 좋은 방법은 역시 전문성을 키우는 것이다. 그렇지 않아도 우리 사회의 가장 큰 특징 중 하나는 '전문성'을 강조하는 것이다. 1997년 IMF를 계기로 구조조정과 조기퇴직이 일상화된 상황에서 그 파고를 넘을 수 있는 방법은 남이 갖추지 못한 전문성 말고는 없기 때문이다. 전문성은 다른 말로 표현하면 나 아니면 안 되는, 즉 '대체가능성'을 낮추는 것이다.

공병오 박사는 『명품 인생을 만드는 10년 법칙』이라는 책에서 "뚜렷하게 자신만의 차별성을 가질 수 있다면 자본의 소유 여부에 관계없이 성공적인 삶을 살 수 있다. 그러나 별다른 차이점을 만들 수 없다면 불안정하고 황량한 상황에 처하게 될 가능성은 한층 높아진다. 또 타인의 의지나 의도에 따라 휘둘리기 쉽다"고 남과의 차별성, 즉 전문성의 중요성을 강조하고 있다.

그런데 문제는 전문성을 측정하기가 쉽지 않다는 것이다. 단순히 '오래' 근무했다는 사실 하나만으로 전문성이 있다고 말할 수 있을까? 그건 '호랑이 담배 피던 시절'에나 가능했던 얘기다. "내가 이 바닥에 벌써 20년째다"라거나 "쩍 하면 입맛이라 한눈에 다 꿰고 있다"는 것으로는 대접받을 수 없다.

우리가 보편적으로 사용하는 '전문성'이라는 말은 이른바 '짬밥'이라고 하는 근무시간과 함께 전문지식과 기술 등의 3가지 의미를 내포하고 있다. 따라서 단순히 물리적 길이에 지나지 않는 '시간'이라는 한 가지 요소만 가지고 전문성을 주장할 수는 없다.

그렇다면 '자격증'과 '학력'이 전문성을 인정하는 증빙자료가 될 수 있을까?『몸값 TOP으로 올리기』라는 책을 쓴 공선표 박사에 따르면, 누구나 비슷한 실력일 때, 즉 똑같은 상품일 경우에는 자격증이라는 포장이 중요했다고 한다. 하지만 지금은 상품마다의 수준이 다르기 때문에 굳이 포장에 목숨 걸 필요가 없다는 것이다.

전공과 학력은 더 말할 것도 없다. 국회가 학술단체 혹은 연구기관이 아니기 때문이며, 보좌진은 논문이나 보고서 대신 질의서를 써야 하기 때문이다. 증권으로 말하면 국회는 주식시장과 같아 투자를 잘해 돈을 많이 버는 전문 투자가가 필요한 곳이지, 투자금은 까먹으면서 경제이론과 지식만 해박한 경제학자를 필요로 하는 곳이 아니다.

언젠가 읽은 신문기사에 따르면, 미국의 인터뷰 기사에는 우리와 달리 대학이나 학력과 관련된 내용이 일체 없다고 한다. 오로지 그 사람이 최근에 어떤 논문을 발표했는지, 아니면 관련 책을 출판했는지 여부로 전문성을 판단한다고 한다. 좀 길지만 2008년 5월 3일자 조선일보 기사를 인용해 보자.

1995년 김효준 BMW그룹 코리아 대표는 미국 저명대학 박사, MBA 출신과 함께 독일 뮌헨의 BMW 본사에서 면접을 보고 있었다. 고졸 출신이었던 그는 "방송통신대학을 다니고 있고, 앞으로 석사 학위도 딸 계획"이라며 학력 열세를 만회하려 애썼다. 하지만 속으로는 '난 들러리야'라며 이미 포기했다. 그러나 뜻밖에도 김 대표가 선발됐다.

그는 나중에 BMW 관계자로부터 이런 얘기를 들었다고 한다. "당신은 전에 몸담았던 제약회사에서 상당한 실적을 올렸는데 무슨 공부가 더 필요하죠? 당신이 왜 그렇게 공부를 더 하겠다고 주장했는지 다들 이상하다고 했죠. 학력은 그저 참고사항일 뿐입니다."

학력은 단지 참고사항일 뿐이라는 이들에 비해 우리는 어떤가? 늘 인터뷰 첫머리는 "명문대학을 나와서"와 같이 시작된다. 다행스러운 것은 최근 들어 이처럼 학력만으로 사람을 판단하는 경향이 많이 줄어들었다는 것이다. 실제로 사지선다형 몇 개 더 맞추어 이른바 명문이라고 하는 대학에 들어간 사실이 20~30년 지난 지금에서 무슨 의미를 가질 수 있단 말인가? 대학을 가기까지보다 대학을 나와 무슨 일을 했고 또 앞으로 어떤 삶을 살려고 하느냐가 더 중요한 것 아닐까?

### 보좌진은 몸값과 성과물로 평가받는 직업

짬밥도, 자격증과 학위도 아니라고 한다면, 그럼, 어떻게 해야 자신의 '품질'을 증명할 수 있을까? 전문성, 즉 전문지식과 기술을 판단할 수 있는 가장 손쉬운 방법은 이를 성과물로 구체화했느냐 하는 것이다. 다시 말해 재직기간에 상응하는 전문지식과 기술을 보유하고 있다는 것을 저술을 통해 증명하는 것이다. 사실 특정 분야에서 누군가 책을 내면 그 사람을 해당 분야의 전문가로 인정하는 게 우리 사회 분위기다.

그런 점에서 언제 어떻게 쓰일지 모르는 자격증을 따기 위해, 또 국회에서는 그 가치가 아주 제한적일 수밖에 없는 학위를 받기 위해 돈과 시간과 노력을 낭비하기보다는 근무연수에 상응하는 노하우를 성과물로 만들어 내는 것이 자신의 '몸값'을 올리는 최고의 지름길이다.

보좌진이 하는 일의 대부분은 글을 쓰는 것이다. 질의서는 말할 것도 없고 대정부질문, 심지어 축사와 격려사에 이르기까지 무수히 많은 글을 쓴다. 민원 등 일부의 영역을 제외하고 글 쓰는 게 보좌진이 맡고 있는 업무의 대부분이다.

그런데 이처럼 매일 글을 쓰면서도 정작 자신을 위해 글을 쓰는 보좌진은 많지 않다. 특히 국회의 특성상 모든 성과물이 타인, 즉 의원에게 귀속되는 것을 감안하면 더 열심히 자신의 성과물을 만들어 내야 하는데도 실제로는 대부분 그렇게 하지 않는 것이다. 평소 의정활동과 관련해 워낙 많은 글을 쓰기 때문인지도 모르겠다. 하지만 10년 뒤 자신의 삶을 위해서는 평소 자신의 경력을 관리하지 않으면 안 된다. 선출직을 희망하는 사람이라면 더 자신의 성과물을 만들어 내야 한다.

『100권 읽기보다 한 권을 써라』라는 책에 따르면, 매일 회사에서 작성하는 보고서도 책의 일종이라고 얘기하고 있다. 여기에 다양한 정보와 경험, 실무와 이론을 잘 결합하면 진짜 책으로 묶어 낼 수 있다고 한다.

실제로 보좌진은 매일 질의서를 쓴다. 그런데 단순히 질의서만 쓰지 말고 여러 가지 것들을 비교해 어느 질의서가 잘된 것이고, 반대로 잘못된 것은 어느 것이며, 그 이유는 무엇인지, 잘 쓰기 위해서는 어떤 것들이 필요한지 등과 같은 정보와 자신의 경험, 그리고 고민 등을 함께 정리하면 그 자체로서 훌륭한 책이 될 수 있다.

질의서를 쓰며 배운 지식을 정리해도 된다. 건설교통위원회를 담당하며 정부의 부동산정책과 주택정책에 대해 쓴 질의서를 다른 정보와 함께 체계적으로 묶어 내면 그 또한 한 권의 책이 될 수 있다.

많이 알고 있거나 모든 걸 다 알고 있어야만 책을 쓰는 것은 아니다.

오히려 책을 쓰면서 많은 것을 배우고 명확하게 정리할 수 있다. 따라서 가장 많이 배우는 사람은 책을 쓰는 사람이다.

한 번이라도 강의를 해본 사람이라면 강의만큼 자신의 공부에 도움을 주는 것도 없다는 말에 전적으로 동의할 것이다. 강의를 해봄으로써 비로소 자신이 어떤 것은 잘 알고 있고 반대로 모르는 게 무엇인지를 명확히 할 수 있기 때문이다.

누구나 한 번쯤 친구랑 자신의 문제에 대해 얘기하다 복잡하게 얽혀 있던 것이 가닥이 잡히면서 스스로 해결책을 찾아낸 경험이 있을 것이다. 글쓰기는 바로 이런 것이다. 책을 쓰는 과정에서 많은 것을 배울 수 있게 해 주고 또 스스로 정리할 수 있게 도와준다. 자신의 업무 분야를 두루 섭렵할 수 있을 뿐 아니라, 그것으로 인해 자신의 가치까지 높아지는 것이다.

### 근무연수에 상응하는 성과물을 가져라

책을 내면 강의도 할 수 있고 인세를 통해 부수입도 생긴다. 글쓴이가 그 나이였을 때와 달리 요즘 젊은이들은 '재테크'에 관심이 아주 많다. 직장생활을 시작하는 것과 함께 적금도 넣고 보험도 가입한다. 그런데 직장인의 첫 번째 재테크는 바로 자기계발을 통한 몸값 상승이다. 전문성을 쌓아 자신의 존재가치를 확고히 함으로써 지속적으로 수입을 창출하고, 또 그로 인해 수입이 점점 늘어나야 재테크도 할 수 있는 것이다.

자기계발을 소홀히 하고 재테크만 열중하다 실직하면 그걸로 끝이다. 여기에 저술을 통해 강사료와 인세라는 부수입까지 만들어 낼 수 있다면, 그건 가장 효과적인 재테크가 아닐 수 없다. 변화경영 전문가인 구본형은 『그대, 스스로를 고용하라』에서 "자기의 일을 발견하는 것이 부富를 이루는 첩경이다"라고 주장하고 있다.

책을 쓰기 위해 공부하고 출간을 계기로 강의를 하는 과정에서 자신의 가치는 더욱 높아진다. 이 밖에도 책을 내면 업무 능력도 향상돼 그야말로 일석다조一石多鳥가 아닐 수 없다. 특히 보좌진 입장에서는 교육과 연수 등의 기회가 잘 제공되지 않는 데 따라 업무와 관련된 저술은 더 큰 의미를 갖는다. 남과의 차별성을 더 돋보이게 하는 것이다.

흔히 성과물이 직장인의 모든 것을 말해 준다고 한다. 그런데 보좌진은 그렇지 않아도 자기 몸값과 성과물로 평가받는 직업이다. 직업적 안정성이 떨어지는 데 따라 '1인 기업가'로 성장하지 않는 한 지속적 근무가 불가능하기 때문이다. 조직의 부속품이 아니라 자신의 몸값으로 평가받고 또 그렇게 살아야 하는 것이다. 그런데 이런 과정에서 적지 않은 보좌진이 근무연수에 상응하는 업무 노하우를 기록 또는 정리하지 못하는 단점을 갖고 있다. 보좌진의 시장가치를 높이는 방법은 '암묵지'를 정리해 동종업계의 매뉴얼로 만드는 것이다.

# 3. 스스로 발전 추구할 때 성공한 보좌진 될 수 있다

– 국회에 첫발을 내딛는 보좌진에게 주는 苦言 –

> 국회의 시간은 흔히 말하는 것처럼, 눈 깜짝할 사이 지나간다. 그렇게 하루를 보내고 나면 하루의 반복이 한 달이 되고, 한 달의 반복이 1년이 된다. 또 1년의 반복은 곧 10년, 20년이 돼 버린다. 이렇게 되지 않기 위해서는 국회에 첫발을 내딛기 전부터 분명한 인생설계를 갖고 있어야 한다. "어떤 사람의 오늘은 그가 어제까지의 시간을 어떻게 보냈느냐에 대한 결과물"이다. 인생이라는 큰 그림 속에서 목표를 이루기 위해 조금씩 변화하는 하루하루가 아니라면, 그건 단순히 어제가 오늘이고 오늘이 어제와 같은 반복적인 삶에 지나지 않는다.

### 보좌진의 '자기경영'

국회에 첫발을 내딛으면 모든 게 낯설고 어설프다. 특히 오리엔테이션과 교육, 수습 등의 과정이 제대로 뒷받침되지 않은 채 바로 실무를 맡다 보면 부담 또한 적지 않다. 당장 뭐든 해야 하는데 질의서니 상임위원회니 결산심사니 하는 용어부터 익숙지 않아 도대체 뭘 어디서부터 어떻게 해야 하는지 난감하지 않을 수 없는 것이다.

이런 과정에 선거를 치르고 인사청문회도 해보고 또 법률안 제·개정도 흉내내다 보면 시간은 어느덧 화살처럼 흘러간다. 보좌진들이 너나 할 것 없이 이구동성으로 하는 얘기가 있다. "국회 시간은 정말 빨리 간다"는 것이다.

국정감사 한 번 치르면 한 해가 간다. 어영부영 지내다 국정감사 한 번 더 치르면 또다시 한 해가 저문다. 그러다 어느 순간 매일 반복되는 일상에 묻혀 사는 자신을 발견하게 된다. 그러면 '번개'라도 맞은 듯 이래서는 안 되겠다는 생각에 먼지에 쌓인 채 구석에 박혀 있는 책을 꺼내 펴보기도 하고, 다른 한편 출근시간도 조금 당겨 보지만 오래지 않아 과거와 똑같은 내가 되고 만다.

이건 비단 글쓴이만의 경험은 아닐 것이다. 지금 현재 국회에 근무 중인 보좌진이라면 정도의 차이는 있을지 몰라도 다들 한두 번쯤 느껴 본 감정일 것이다. 매일 주어진 일에 묻혀 지내다 보면 자기계발은 엄두도 내지 못한 채 심지어 자신의 꿈이 무엇인지조차 잊고 사는 것이다.

다시 말해 하루의 반복이 한 달이 되고, 한 달의 반복이 1년이 된다. 또 1년의 반복은 곧 10년, 20년이 돼 버린다. 그렇게 되면 국회 생활 10년이 지나도 "어떻게 살 것인가?"라는 '인생이모작'의 문제에 직면하지 않을 수 없다. 이는 공병호의 표현에 따르면 "일상의 일을 도전적인 일로 바꾸는 데 실패한 것"을 의미한다. 공병호는 『두뇌 가동률을 높여라』라는 책에서 "대개 도전적인 일로 변형시켜 온 사람에게 10년 전후의 시기는 무엇을 하면 앞으로 살아갈 수 있을 것인가에 대한 구체적인 해답을 얻을 수 있는 기간"이라고 언급하고 있다.

초보 보좌진들이 선배들의 이 같은 잘못을 반복하지 않기 위해서는 국회에 첫발을 내딛기 전부터 자신만의 인생설계를 갖고 있어야 한다. 예를 들면 이런 식이다. 사회복지학을 전공하고 주로 보건복지위원회에서 활동하며 전문성을 쌓은 뒤 관련 업계, 즉 복지관련 사업으로 인생이 모작을 시작한다는 계획을 국회 들어오기 전에 갖고 있어야 하는 것이다. 또 이런 과정에서 주경야독을 통해 관련 학위를 받는 것이 진정 의미를 가질 수 있다.

### 최종 목표지점과 현실을 연결시키는 시간적 수평선 긋기

하버드대학의 에드워드 밴 필드Edward Banfield 박사는 "가장 성공한 사람은 장기적인 시각을 가진 사람들"이라는 연구 결과를 발표한 바 있다. 다시 말해 성공한 사람들은 10년 후, 20년 후와 같이 장기적인 시간적 수평선 위에서 하루하루의 삶을 살아가는 데 반해 일반인들은 하루하루의 반복적인 삶을 살다 보니 어느덧 10년, 20년이라는 세월을 흘려 보낸다는 것이다.

우리 주변을 둘러보면, 일주일 가는 해외여행은 철저히 계획을 세우면서 80년짜리 인생에 대해서는 어떤 계획도 갖고 있지 않은 경우를 종종 발견할 수 있다. 이런 점에서 "계획 없는 하루의 여행은 즐겁다. 하지만 계획 없는 인생은 고달프다"라는 '광수생각'은 모두 다 한 번쯤 새겨 볼 만한 말이 아닐 수 없다.

성공한 사람들은 공통적으로 자기만의 장기적인 경력계획, 즉 '인생 시간표'를 갖고 있다. 따라서 성공한 보좌진이 되기 위해서는 국회생활

내내 장래와의 연계 혹은 인생에 대한 '전반적 그림'을 갖고 있어야 한다. 그러기 위해서는 우선 비전을 명확히 세우고 그에 따른 중장기 액션 플랜을 다듬고 매일매일 노력해야 한다. 50세는 무엇을 하고 60세는 어디를 가며 70 무렵에는 어떤 모습으로 살 것인지를 미리 그리고 있어야 하는 것이다.

세계적인 경영 컨설팅 회사인 프랭클린 코비사의 하이럼 스미스가 쓴 『성공하는 시간관리와 인생관리를 위한 10가지 자연법칙』에 따르면, "비전을 세우지 않고 있다면 그저 생존하고 있는 것일 뿐 진정으로 사는 것이 아니다"라고 한다.

비전 설정 작업이 막연해 보이면 현대 경영학의 대부로 불리는 피터 드러커의 조언을 참고하자. 그는 "인생을 마칠 때쯤 어떤 사람으로 기억될 것인가"를 자주 물으면 비전이 분명해진다고 강조하고 있다. 『직장인을 위한 변명』이라는 책을 쓴 한국경제신문의 권영설 소장은 이를 "최종 목표지점과 현실을 연결시키는 시간적 수평선 긋기"로 표현하고 있다. 다시 말해 최종 목표인 비전이 있어야 중간 과제가 도출되고, 지금 당장 해야 할 일의 우선순위도 가려진다는 것이다.

실제로 오늘 하루를 아무것도 하지 않은 채 지낼 수 있는 건 당장 해야 할 과제가 없기 때문이다. 그렇게 되면 오늘 하루 놀아도 되고 내일 또 하루를 잠만 자며 보내도 되는 것이다. 그러나 만약 평생 목표가 있고 그에 따라 장·단기 과제가 설정돼 있으면 오늘은 뭐를 해야 하고 일주일 동안 어떻게 살아야 하며, 1년간 뭐를 이뤄야 하는지를 알 수 있다. 그러면 결코 오늘 하루를 허투로 보낼 수 없다.

세상에서 가장 쉬우면서 오래 할 수 없는 것이 바로 "자기를 위해 어떤 한 가지 일을 날마다 조금씩 하는 것"이라고 한다. 하지만 무언가를 꾸준히 하다 보면 비록 어제와 오늘은 다르지 않지만 3개월 후, 6개월 후, 그리고 1년 후에는 분명 달라진 자신을 발견할 수 있다. 요즘 한참 인기 있는 〈이산〉이라는 드라마의 주인공인 정조대왕은 문무를 겸비한 성군으로 잘 알려져 있는데, 그렇게 되기까지는 하루 내 읽어야 할 책의 양을 정해 놓고 반드시 그를 실천했기 때문이라고 한다.

### 보좌진이 자기계발을 하지 않으면 안 되는 이유

초보 보좌진들이 크게 착각하는 것 가운데 하나가 "국회는 경쟁이나 승진에 대한 부담이 없어 편히 지낼 수 있다"는 것이다. 얼핏 보기에는 국회가 그런 구조를 갖고 있는 것처럼 보인다. 그러나 여기서 간과하고 있는 것은 바로 그렇게 지내면 '직업적 안정성'을 유지할 수 없다는 것이다.

1,800여 명의 보좌진이 의원 1인당 6명씩 분포돼 있는 데 따라 보좌진간 경쟁과 구조조정은 거의 없다. 승진도 나이에 좌우되는 경우가 많아 이 또한 큰 부담으로 작용하지 않는다. 여기에 각 의원실의 구인이 주로 '경력자' 중심으로 이뤄지는 데 따라 경험자는 구직을 위해 따로 준비할 건 많지 않다.

그러나 이 경우 직업의 안정성이 큰 걸림돌로 작용한다. 의원의 낙선은 차치하고라도 당장 근무하는 내내 일정한 성과를 보여 주지 못하면 바로 면직의 위기에 직면한다. 만약 이렇게 되면 사무실 이동을 통한 재취업도 쉽지 않다. '경험'이나 '경력'에는 그에 상응하는 개인적 노하우를 요구하고 있기 때문이다.

더 큰 문제는 이렇게 되면 외부로의 진출도 쉽지 않다는 것이다. 국회에서 배운 것들이 밖에 나가면 그렇게 써먹을 데가 많거나 혹은 실용적인 것이 아니기 때문이다. 당장 행정부를 감사하는 국정감사나 상임위원회는 물론이고 지역관리나 선거운동, 민원해결 등은 대부분 국회 등 정치판을 제외하고는 큰 의미를 갖지 못한다. 그나마 홈페이지 관리 및 홍보물 제작 정도가 밖에서도 약간의 경력으로 인정될 수 있는 일이다. 그러나 이 정도 경력자들은 주변에 너무 많아 의도적으로 국회 출신자들을 써야겠다고 생각하지 않는 한 홈페이지나 홍보물과 관련한 경력만으로 일반 회사에 취직하는 건 쉽지 않을 일이다.

단 행정부를 비롯해 이른바 관官과 그 곳에서 근무하는 사람들을 많이 안다는 점은 국회출신자들이 밖에 있는 사람들에 비해 '비교우위'를 차지하는 것 가운데 하나이다. 대신 그러다 보니 국회를 떠나 밖에서 생활하더라도 결국은 국회와 관련된 업무, 예컨대 정치권 동향이나 움직임과 같은 정보를 수집하거나 혹은 재직 중인 회사의 현안문제를 해결하기 위해 국회와 연결을 맺어 주는 '브로커'와 같은 역할을 하곤 한다.

### 시장이 원하는 기술·지식·정보를 갖춰라

행정부를 상대로 한 국회 생활로 '시장'이 원하는 기술·지식·정보를 갖고 있지 못한 데 따라, 위기를 헤쳐 나가기 위해 부단히 노력하는 국회 밖 사람들과의 경쟁에서 쉽게 우위를 점하지 못하는 것도 큰 문제이다. 실제로 공무원이나 교사와 같은 특정 직업군을 제외한 일반 회사원들은 구조조정과 전직이나 재취업의 위기를 극복하고 '경쟁력'을 확보하기 위해 오늘도 자기계발에 최선을 다하고 있다. 그런데 만약 자신에 대한 투자 없이 국회라는 울타리를 벗어날 경우, 보좌진 출신이 무리 없이 인생이모작을 일궈 내는 건 쉽지 않을 일이다.

누구든 평생 '비서'의 역할만 해야 하는 보좌진이라는 직업을 천직이라고 생각하고 국회에 발을 내딛은 사람은 없을 것이다. 그런데 만약 몸값을 높이는 자기계발에 소홀하고 그에 따라 이렇다 할 경쟁력을 확보하지 못해 결과적으로 '월급쟁이'로만 산다고 할 때, 그 사람의 미래는 어떻겠는가? 오늘의 나는 어제 내가 한 선택의 결과이다. 따라서 목표를 이루기 위해 조금씩 변화하는 하루하루를 만들어 가야 한다.

그러기 위해서는 일상생활 속에서 항상 자신이 원하는 미래를 어떻게 현실로 만들 것인가를 고민하는 것은 물론 자신이 어디로 가고 있으며, 어떻게 가장 빠른 방법으로 그 곳에 갈 수 있는지를 알고 있어야 한다. 김규의 『10년 후를 기획하라』에서처럼 늘 "향후 10년 간의 생존전략이 있는가"를 스스로 물어 봐야 하는 것이다.

오늘도 하루 종일 일하면서 아무런 열정이나 성취욕을 느끼지 못하는 사람은 빨리 문제를 찾아서 자신을 변화시켜야 한다. 『300억의 사나이』라는 책은, 하루하루를 변화시키는 노력이 어떤 결과를 낳는지를 잘 보여 주고 있다. 이 책의 주인공은 은행의 청원경찰이다. 그러나 단순한 경비원이 아니라 자신도 은행의 직원이라는 생각으로 영업을 시작, 결국 해당 지점의 수신고 500억 원 가운데 300억 원을 혼자 유치한다. 이로 인해 정식 직원이 됐다. 이 책의 주인공이 만약 열정이나 성취욕 없이 하루하루를 보냈다면 절대 이런 결과를 얻지 못했을 것이다.

같은 맥락에서 '오늘과 똑같은 자신'을 만들지 아니면 매일 '변화·성장하는 자신'을 만들지는 보좌진 각자에게 달린 문제다. 누구든 스스로 발전을 추구할 때 성공한 보좌진이 될 수 있다.

# 4. 보좌진의 인생이모작, 어떻게 준비할 것인가?

> 국회에 첫발을 내딛는 순간부터 나이를 불문하고 보좌진들은 '퇴로'를 고민하지 않을 수 없다. 설혹 20대라고 하더라도 마찬가지다. 4년 간 보좌진으로 생활하고 나면, 당장 나이 제한으로 다른 곳으로 옮기는 게 어렵기 때문이다. 자기계발이나 인생이모작을 주제로 한 많은 책들은 자신의 '경력'이나 '취미'를 이모작의 한 방편으로 삼으라고 충고하고 있다. '경력'과 관련해 보좌진이 할 수 있는 이모작의 구체적 아이템은 크게 △보좌진 아카데미와 정치지망생 대상의 정치대학 △입법컨설팅 △입법정보 서비스 등 3가지다.

### 보좌진 정년(?)은 50세 전후

현재 재직 중인 보좌진은 물론 국회에 첫발을 내딛는 20대 젊은 보좌진들도 국회생활 시작부터 '퇴로'를 고민하지 않으면 안 된다. 특별한 경우를 제외하고 보좌진의 정년(?)은 50세 전후로 보면 되기 때문이다. 특히 17대 국회의 경우, 탄핵으로 인해 386세대가 대거 당선되면서 의원들의 평균 나이가 젊어져 50세를 전후로 한 보좌진은 자의 반 타의 반으로 국회를 떠났다. 그 결과 보좌진 또한 '사오정'과 '오륙도'에서 결코 자유로울 수 없는 상황에 놓였다.

물론 20대에 국회 첫발을 내딛은 보좌진에게는 지금 글쓴이의 말이 남의 얘기이거나 아주 먼 훗날의 얘기로 들릴 것이다. 그러나 지금은 비록 20대라고 하더라도 18대 국회 4년을 보내고 나면, 국회가 아닌 다른 곳으로 자리를 옮길 수 있는 사람은 많지 않을 것이다. 다른 것은 차치하고라도 당장 나이 제한에 걸리기 때문이다. 지금 자신의 나이가 30대라면 더 말할 나위도 없다.

경험과 경력에서도 손해다. 이른바 국회라고 하는 '정치권' 경력은 국회 말고는 제대로 대접해 주는 곳이 많지 않다. 자료를 요구하고 질의서를 쓰는 직업은 보좌진 말고 없다. 선거를 치르고 지역구를 관리하는 곳도 정치권뿐이다. 국회에 근무하면서 '시장'이 원하는 기술과 지식, 정보를 따로 챙기지 않는 한, 몇 년 지나면 이처럼 국회 울타리를 벗어나는 것도 쉽지 않은 일이다.

'첫 직장'을 신중히 선택해야 하고 시간이 갈수록 첫 직장의 의미가 더 중요해지는 것도 이런 맥락에서 이해할 수 있다. 특히 우리 사회가 직장인의 전문성을 구인의 첫 번째 조건으로 내세우면서부터 이제 경험과 경력은 직장인의 인생 전체를 좌우하는 중요한 요소로 등장했다. 따라서 나이를 불문하고 국회에 몸담고 있는 사람들은 싫든 좋든 보좌진 생활을 근거로 인생이모작을 준비하지 않을 수 없다. 다시 말해 20대든 30대든 나이와 상관없이 보좌진 생활 내내 자신의 인생에 대해 전략적으로 사고하고 준비하지 않으면 안 되는 것이다.

한 통계에 따르면 대한민국 직장인은 평균 54세에 직장에서 물러나고 68세에 노동에서 완전 은퇴하며 평균 80세까지 산다고 한다. 이를 보좌진에게 그대로 적용해 보면, 평균 4년 일찍 직장에서 물러나 30여 년의 노후를 보내야 한다는 걸 의미한다. 그나마 이것도 50세 전후까지 보좌진으로 근무하는 것을 전제로 한 것이다. 개인에 따라서는 그 시기가 조금 더 앞당겨지거나 혹은 중간에 국회를 떠날 수도 있다.

결론은 어떤 경우든 또 자신의 나이가 몇 살이든 상관없이 보좌진이라면 노후, 즉 인생이모작을 고민하고 준비하지 않을 수 없다는 것이다. 이는 설혹 보좌진으로 생활하다 '선출직'에 당선되는 사람에게도 똑같이 적용되는 문제이다. 첫째, 재선, 삼선을 통해 계속적으로 그 자리를 이어 가는 게 말처럼 쉽지 않을 것이고, 둘째, 그렇다고 하더라도 인생 80까지 정치인 노릇을 할 수는 없기 때문이다.

이런 점에서 선출직 지위를 누리다 하루아침에 그 자리를 잃게 될 경우, 그들이 겪는 상실감과 경제적 어려움은 일반인의 상상을 초월한다. 2008년 3월 17일 헤럴드경제의 기사에 따르면, "현역 의원들이 재선, 삼선에 눈물 흘리며 목매는 이유는 일반직장인들과 마찬가지로 실직에 따른 무력감, 생활고에 대한 우려도 만만찮다"고 한다. 실제로 변호사나 교수, 의사 등 일부 전문직 외에 '직업정치인'은 공천을 받지 못하거나 선거에서 패하면 바로 '백수'로 전락한다.

### 인생이모작의 두 가지 방법

우리 대학에서는 회사에서 필요한 것은 하나도 가르쳐 주지 않는다. 당장 기획서 한 장 어떻게 쓰는지, 프레젠테이션은 어떻게 해야 하는지조차 배우지 않고 우리는 대학을 졸업하고 직장생활을 시작한다. 그래서 직장에 들어가면 처음부터 모든 것을 다 새롭게 배워야 한다. 선배들의 눈치를 이겨내고 또 때로는 "대학 나온 것 맞느냐"는 구박까지 받아가면서 차츰 회사형 인간으로 개조되는 것이다.

그런데 회사는 또 어떤가? 회사는 회사에서 필요한 것만 가르쳐 준다. 회사 일과 관련해서만 가르치고 배울 수 있는 것이다. 인생은 어떻게 살아야 하는지, 노후는 어떻게 준비해야 하는지, 하다못해 돈을 벌거나 관리하는 방법조차 가르쳐 주지 않는다. 한 사람이 인생을 살아가는 데서 정작 중요하고 또 필요한 것은 오히려 이런 것들일 것이다. 기획서야 잘 쓸 수도 있고 못 쓸 수도 있다. 그러나 노후는 누구나 준비하지 않으면 안 된다. 자본주의 사회에서 살아가는 한 돈을 벌고 관리하는 방법을 몰라서는 안 된다. 그러나 우리 중 그 누구도 이런 것들을 회사에서 배우지 못한 채 어느 날 갑자기 회사 밖으로 내동댕이쳐진다.

선진국에서는 이미 일반화된, 전직 이후 직업 설계를 도와주는 '아웃플레이스먼트' outplacemant 같은 제도를 시행하는 회사는 극소수에 지나지 않는다. 회사를 나간 후에, 또 은퇴한 뒤에 어떻게 살아야 할지에 대해 방향을 잡아 주는 회사도 거의 없다. 이 모든 건 순전히 개인적 차원에서 혼자 직면하고 풀어야 할 과제일 뿐이다.

그럼 어떻게 해야 할까? 이에 앞서 '경제수명'을 최대한 늘리는 것이 중요하다. 여기서 경제수명이란, 근로시장에서 일할 수 있는 나이를 가리킨다. 한국경제신문의 권영설 소장은 『경제수명 2050시대』라는 저서를 통해 평균수명이 길어진 만큼 "20대에 경제활동을 시작해서 50년 이상 유효한 경제수명을 만들어야 험난한 인생의 바다에서 살아남을 수 있다"고 주장하고 있다.

『한국 직업 발달사』를 쓴 김병숙 교수는 현재의 정년제도가 일제의 잔재라고 주장한다. 실제 『고려사』에 따르면 고려 시대에 정년은 70세였고 직무능력이 있으면 90세에도 임용됐다. 조선의 경우도 『경국대전』에 의하면 행정가의 정년은 70세였다. 고려나 조선이나 당시 평균수명은 고작 40세에 불과했다.

(주)비비안의 대표이사를 지내다 강원도 홍천에서 북카페 'Peace of Mind'를 운영하는 김종헌은 『남자 나이 마흔에는 결심을 해야 한다』라는 책에서 인생 40에 뭔가를 해보겠다는 "마흔의 꿈은 단순히 낭만만으로 시작해서는 안 된다. 회사 생활에 지쳤다고 해서 무턱대고 벌이는 딴 짓'이 되어서는 안 된다. (중략) 회사에 다니면서 남의 돈 받으며 일하는 것이 세상에서 가장 쉽다"고 역설하고 있다.

모두가 평균수명이 길어진 데 따른 일차적 대안으로 '정년'이라는 숫자에 얽매이지 말고 경제수명을 늘릴 것을 주장하고 있다. 보좌진의 정년이 50세라고 했지만, 지금 60이 넘었는데도 아직 현역으로 보좌관을 하고 있는 사람도 몇 명 있다. 보좌진 또한 20년만 근무하면 연금을 확보할 수 있다. 따라서 보좌진은 자신의 경제수명을 최대한 늘릴 수 있도록 몸값 상승에 치중하면서 동시에 인생이모작을 별도로 준비하는 전략적 사고를 갖고 있어야 한다.

그럼 어떻게 하면 보좌진으로 생활하면서 안정적으로 '인생이모작'을 준비할 수 있을까? 이와 관련, 자기계발이나 인생이모작을 주제로 한 많은 책들은 자신의 '경력'이나 '취미'를 이모작의 한 방편으로 삼으라고 충고하고 있다.

예를 들면 이런 식이다. 그 동안 자기가 하던 일을 가공해 새로운 가치를 가진 비즈니스로 만들라고 한다. 자신의 '경력'과 전혀 동떨어진 생소한 분야에서 제2의 인생을 설계하는 것은 위험하다는 것이다.

실제로 그 동안 자신이 하던 일과 완전히 다른 것을 한다는 것은 그 동안의 경력과 지식, 노하우 등을 인정받지 못하거나 활용할 수 없는 데 따라 위험성은 그만큼 커진다. 그건 그야말로 적지 않은 나이에 '맨땅에 헤딩하는 것'과 다를 것이 없다. 따라서 자신이 가장 잘 알고 또 익숙한, 지금까지 하던 일을 바탕으로 남과 다른 비즈니스 모델을 만들어 내는 것이 안전하기도 하고 성공률도 높다.

흔히 직장 퇴직 후 만만한 게 식당을 개업하는 것인데, 규모와 상관없이 식당은 그 자체로 아이템 선정부터 고객 취향 관리, 메뉴 개발, 남과의 차별성 등 오랜 기간 준비하고 노력할 것을 요구한다. 또 종업원 관리에도 신경 써야 하고 무엇보다 세금과 회계도 알지 않으면 안 된다. 기존 식당 중 2년 동안 살아남는 비율은 10%도 채 안 된다는 게 일반적인 통계이고 보면, 무작정 식당 했다가는 그나마 갖고 있던 퇴직금도 몽땅 날리기 십상이다.

많은 사람들이 "안 되면 고향 가서 농사나 짓지"라고 하는 그 농사 또한 마찬가지다. 농사는 땅만 있다고 할 수 있는 게 아니다. 단순히 씨 뿌리고 농약 치고 가끔 잡초나 뽑아 주면 되는 게 농사는 아니다. 특히 사양산업이라는 위기 속에서 FTA에 따른 개방화의 파고까지 넘으려면 그만한 노력과 전문성이 수반돼야 한다.

그럼 취미를 이모작의 한 방편으로 삼으라는 건 무슨 말인가? 여기서 말하는 '취미'는 단순히 여가를 보내는 차원이어서는 곤란하다. 말 그대로 취미에 그치면 그걸 이모작의 한 방편으로 삼을 수는 없다는 것이다. 무엇보다 '전문성'이 전제돼야 한다.

다시 말해 단순한 소일거리를 넘어 전문가 수준일 때 취미를 통해 인생이모작을 준비할 수 있는 것이다. 예를 들면, 원예 전문가 뺨칠 정도로 꽃에 대해 잘 알고 있고 좋아한다면 화원 운영이나 원예사업 등으로 노후를 대비할 수 있을 것이다. 제일 좋아하고 또 무엇보다 잘할 수 있다면, 그건 힘든 노동이 아니라 그 자체가 즐거움이다. 그렇게 되면 하루 종일 그 일을 하더라도 지치거나 힘들지 않을 것이고, 성공은 자연스럽게 뒤따르기 마련이다.

요즘에는 보좌진 가운데도 골프를 취미로 삼는 사람이 적지 않다. 이 경우 골프를 전문가 수준으로 할 수 있다면, 차후에 골프 강사를 하거나 골프샵을 운영하는 것과 같은 방법으로 인생 2막을 준비할 수 있을 것이다.

### 하던 일에서 새로운 부가가치 만들기

'취미'야 각자 개인의 취향과 성격에 따라 다른 만큼 여기서 우리가 함께 논의할 수 있는 방법은 전자, 즉 지금 하고 있는 일에 바탕을 둔 인생이모작이다. 이와 관련, 우선 호주의 골프선수 사례를 살펴보자.

'백상어'라는 별명으로 유명한 호주 출신 프로골퍼 그렉 노먼은, 지금은 사업가로 더 유명하다. 호주의 100대 부자 안에 드는 그는, 골퍼의 수명이 제한적이기 때문에 프로골퍼로 입문할 때부터 사업가의 길을 준비했다고 한다. 그리고 10년 이상 치밀한 준비 끝에 사업에 뛰어들어 성공을 거두고 있다는 것이다.

그는 제일 처음 자신의 별명인 '백상어'를 로고로 내세워 그렉 노먼 골프 웨어를 만들어 성공적인 사업가의 길로 들어섰다. 그 후 점차 사업을 확장했는데 골프장 설계, 골프장 건설, 골프장과 주택건설을 연계한 부동산 개발 등 철저하게 기존에 자신이 하던 일에 기반해 새로운 '부가가치'를 만들 수 있는 비즈니스로 사업영역을 넓혀 갔다. 테니스 선수 출신인 자신의 연인 또한 현재 테니스 아카데미를 운영하고 있다고 한다.

여기서 우리가 얻을 수 있는 교훈은 분명하다. 그건 다름아닌 자신이 경쟁력을 갖고 있는 기존에 해 왔던 일을 가공해 새로운 가치를 가진 비즈니스로 만드는 것이 위험부담을 줄이면서 성공적으로 인생이모작을 준비할 수 있는 가장 좋은 방법이라는 것이다. 『직장인을 위한 변명』이라는 책을 쓴 한국경제신문의 권영설 소장은, 이처럼 자신이 하는 일에 기반해 새로운 가치를 창출하는 작업을, 디지털 시대의 키워드인 '원소스멀티유스' one source multi use라고 칭한다.

'원소스멀티유스'는 비단 인생이모작에만 해당하는 문제는 아니다. 『12살에 부자가 된 키라』라는 책으로 유명한 독일의 보도 셰퍼에 따르면, 부자가 되는 방법에는 두 가지가 있는데 하나는 수입선을 다변화하는 것이고 다른 하나는 한 번의 노동력으로 지속적인 수익을 창출하는 것이다. 전자는 월급뿐만 아니라 배당, 이자수익, 강연료 등과 같이 한 사람이 여러 곳에서 수익을 창출하는 것을 의미한다. 월급이라는 한 가지 수입에만 의존하지 않고 여러 곳에서 동시에 수입이 발생한다면 당연히 부자가 될 것이다.

후자는 임대료나 로얄티 등이 대표적인 예이다. 책을 한 권 쓰고 다달이 인세를 받거나 건물을 사서 매달 임대료를 받는 것과 같이, 단 한차

례의 수고로움으로 끊이지 않고 수익이 들어오는 것을 의미한다. 외식 사업이 좀 성공했다 싶으면 너나 할 것 없이 프렌차이즈에 뛰어드는 것도 이처럼 한 번의 노동력으로 지속적인 수익을 만들어 내려는 것과 밀접히 관련돼 있다.

그럼 우리 입장에서 보좌진 생활에 근거해 새로운 부가가치를 창출할 수 있는 성공적인 이모작으로는 어떤 것들이 있을까? 우선 지금 하고 있는 것부터 살펴보자. 첫째, 가장 일반적인 게 선출직, 즉 정치권으로의 진출이다. 대통령선거 결과에 따른 청와대행과 장관 보좌관도 넓은 의미에서 같은 범주로 구분할 수 있다. 그러나 '정치권'은 지속적 수익을 만드는 데 한계가 있다는 점에서 인생이모작의 한 방편으로는 부족한 측면이 많다. 다시 말해 짧게는 60세에서 길게는 70~80세까지 일하기에는 한계가 많다는 것이다.

둘째, 선거 기획이나 홍보물 제작 또는 여론조사, 정치 컨설팅 사업이다. 보좌진은 누구나 대통령선거부터 총선, 지방선거에 이르기까지 온갖 형태의 선거를 경험한다. 특히 보좌진은 단순히 선거를 경험하는 차원을 넘어 직접 선거 기획부터 홍보물 제작, 여론조사에 이르기까지 선거와 관련한 모든 일을 수행한다. 보좌진 10년에 '선거 전문가' 아닌 사람이 없다. 그러다 보니 자연 기획사나 컨설팅의 이름을 내세워 선거와 관련된 사업을 하는 보좌진도 제법 된다. 그러나 이는 너무 난립해 경쟁이 치열하다는 것과 함께 규모의 경제가 관철돼 신생 회사가 성공하기 어렵다는 점, 이 밖에 무엇보다 1년 내내 선거가 있는 것이 아닌 데 따라 수입이 일정치 않다는 단점이 있다.

셋째, 지방의회 의원들을 대상으로 질의서 작성을 대행해 주는 사업이다. 이는 지방의회 의원 중 적지 않은 사람들이 아직 자력으로 시정질의서나 의정보고서 등을 만들지 못한다는 점에 착안한 사업이다. 특히 보좌진이라면 누구든 질의서를 쓰고 온갖 종류의 홍보물을 만들어 봤다는 점에서 이는 특별히 어렵거나 부담되는 것도 아니다.

그러나 이 또한 질의서 작성 대행 등 몇 가지 제한된 사업아이템으로는 많은 수익을 창출하지 못하는 데 따라 '의정활동 관리'라는 이름으로 홍보물 제작이나 여론조사, 컨설팅 등 두 번째 사업 분야로 진출, 사업 영역이 겹치는 문제가 발생한다.

2008년 4월 총선을 앞두고 한나라당이나 민주당 할 것 없이 공천신청자들에게 '의정활동계획서'를 제출할 것을 요구함으로써, 선거기획이나 컨설팅 혹은 질의서 작성 대행사 등은 계획서를 대신 만들어 주는 것으로 적지 않을 수입을 올렸다. 글쓴이 또한 주변 사람의 부탁으로 이를 대신 작성해 줬는데, 의욕과 욕심만 앞섰지 국회에 대해 전혀 아는 것이 없는 정치지망생들에게 '의정활동계획서'는 적지 않은 부담으로 작용했을 것이다. 의정활동계획서를 대행해 주는 작업은 부르는 게 값이라 1건당 적게는 50만 원부터 많게는 200~500만 원까지 천차만별이었다.

### 보좌진 아카데미

그럼 이처럼 현재 운영되고 있는 것과 다른, 글쓴이가 생각하는 인생 이모작으로는 어떤 것들이 있을까? 글쓴이가 생각하는 사업 아이템은 크게 △보좌진 및 후보자 아카데미 △입법컨설팅 △입법정보서비스 등 세 가지다.

첫째, 보좌진 및 후보자 아카데미는 보좌진과 정치 지망생이 많은 것에 비해 관련 교육이 부재하다는 것에 근거한다. 앞서 보좌진에 대한 교육과 투자가 부재하다는 것에서도 언급한 것처럼, 보좌진은 국회로부터 자신들이 담당하는 업무와 관련한 교육과 연수 등을 제대로 받지 못한다. 그러다 보니 '보좌진 양성과정' 같은 강의들이 국회가 아닌 외부기관에 의해 운영되고 있다. 글쓴이는 이런 강좌에 강사로 여러 차례 출강했는데, 그때마다 자비로 이런 과정을 이수하는 보좌진이나 인턴들을 만날 수 있었다.

보좌진 양성과정은 서초여성인력개발센터를 비롯해 여성정치연구소, (사)한국여성유권자연맹, 심지어 한림국제대학원대학교의 정치경영자과정 등에서 운영되고 있다. 또 강좌는 국정감사부터 입법, 예·결산 심사는 물론 홍보와 선거기획, 지역관리 등 보좌진이면 당연히 알거나 배워야 할 것들로 채워져 있다. 또 강사는 대부분 현직 보좌진들이다.

글쓴이는 이 같은 강의에 출강하면서 '보좌진 아카데미'를 보좌진이 직접 할 수 있는 사업 가운데 하나가 될 수 있다고 생각했다. 강의를 하는 보좌진들만 묶으면 언제든 보좌진 아카데미라는 강좌를 개설할 수 있기 때문이다. 단, 여기는 아직 걸림돌이 있다. 수요가 많지 않다는 것이다. 다시 말해 국회 보좌진 자리가 인턴까지 포함해 2,400여 명 정도에 불과해 '보좌진 아카데미'를 수강하려는 희망자가 많지 않다는 것이다.

하지만 현재 3,600여 명에 달하는 지방의회 의원들에게도 국회의원처럼 약간 명의 보좌진이 지원된다면 상황은 많이 달라질 것이다. 현재 광역의원은 733명(지역구 655, 비례대표 78)이고 기초의원은 2,888명(지역구 2,513, 비례대표 375)이다. 만약 이들 모두에게 1명씩의 보좌진만 지원되더라도 '보좌진 아카데미'에 대한 수요는 대폭 늘어날 것이다. 3,600여 명의 일자리가 새롭게 생기면서, 그에 따라 자료요구와 질의서 작성, 예결산심사와 홍보물 제작 등에 대해 배우려는 수요가 있을 것이기 때문이다.

그 동안 지방의원들은 보수 지급과 함께 보좌진 지원을 줄곧 강조해 왔다. 그런데 그 두 가지 중 하나인 보수 지급은 2008년을 계기로 대부분 수용되면서 이제 남은 문제는 보좌진 지원 한 가지다. 글쓴이는 이 문제도 조만간 해결될 것으로 본다. 지방의회 수준을 한 단계 높이기 위해서라도 지방의원들에 대한 보좌진 지원은 필요하다. 그렇게 되면 지금 지방의원들을 대상으로 질의서 작성을 대행해 주는 사업은 위기를 맞을 것이고, 반대로 국회와 지방의회 보좌진 희망자에 대한 교육 사업은 활성화될 것이다.

### 정치지망생 대상의 '정치대학'

한편 글쓴이는 앞서 2008년 4월 총선을 앞두고 여야 할 것 없이 공천 희망자들에게 '의정활동계획서' 제출을 의무화함에 따라 선거 기획사나 컨설팅 업체들이 이를 대신 작성해 주면서 돈을 벌었다는 사실을 기술했다. 글쓴이는 이를 지켜보면서 지방의회나 국회의원을 희망하는 사람들을 대상으로 각 의회의 기능과 역할부터 국정감사, 입법 및 예·결산심사 등과 관련한 교육이 꼭 필요하다고 느꼈다.

당시 글쓴이 또한 의정활동계획서를 대신 작성해 주는 아르바이트를 했지만, 이를 쓰는 내내 국회를 모르는 초보자로서는 결코 작성이 쉽지 않다는 생각을 지울 수 없었다. 한나라당의 의정활동계획서는, 의정활동 목표와 함께 국정현안과제, 희망하는 상임위원회 활동계획과 제정·개정·폐기해야 할 법률에 대해 설명할 것을 요구하고 있다. 민주당도 이와 크게 다르지 않다.

그런데 국회의 기능과 역할조차 제대로 모르는 사람들이 희망 상임위원회와 함께 관련된 입법계획서를 적어 내는 게 과연 가능한 일일까? 타인의 도움 없이 혼자서 입법계획서를 적어 낼 수 있을 정도가 되려면 국회 보좌진처럼 늘 관련된 업무를 하지 않고는 쉽지 않은 일이다. 아니면 적어도 교수처럼 해당 분야에 대한 전문지식을 갖고 있어야 한다. 그러나 교수라고 하더라도 '입법' 그 자체, 다시 말해 절차나 과정, 방식 등에 대해 알지 못하는 한 입법과제를 적어 내는 건 어려운 일임에 틀림없다.

대개 정치지망생들은 선출직을 하겠다는 욕심과 의욕만 앞섰지 국회나 지방의회와 관련한 교육 한 번 제대로 받지 않는다. 과연 선출직 당선자 가운데 이 같은 과정을 이수한 사람이 얼마나 될까? 또 글쓴이가 아는 한 그런 과정도 많지 않다. 일단 각 정당 차원, 그리고 시민단체 등에서 지방선거를 앞두고 지방의회와 관련된 과정을 한두 차례 운영한다. 또 일부 특수 대학원에서 이와 비슷한 과정을 운영하고 있다. 서강대학교 경제대학원이 2008년 4월 말부터 초선의원과 기업가 등을 대상으로 10주 간 운영하는 '의회전문가과정'이 그것이다. 그러나 '국회'를 잘 모르는 대학 교수들에 의한 강의가 앞으로 이들의 의정활동에 얼마나 도움이 될지는 의문이다. '교육'보다 인적 네트워크를 연결해 주는 의미가 더 강해 글쓴이가 주장하는 정치지망생에 대한 교육으로서는 부족한 측면이 없지 않다.

이런 점에서 정치지망생에 대한 '교육'은 정말 중요하고 꼭 필요한 과정이 아닐 수 없다. 국회를 예로 들면 당선자들에 대한 국회 차원의 교육은 1~2일 동안 진행되는 초선의원연찬회가 전부다. 이는 국회가 어떻게 운영되는지를 개략적으로 알려 주는 것일 뿐, 구체적인 교육은 이루어지지 않고 있다. 보좌진 출신인 한나라당 이성권 의원은 한 잡지와의 인터뷰에서 보좌진 경험과 관련해 "의회와 정당 시스템을 보좌관 생활을 하면서 익혔기에 의원직에 적응할 시간이 줄어든다는 것이 가장 큰 강점이다"라고 말했다.

그렇지 않아도 국회는 '조직적 업무 노하우'가 부재한 곳이다. 4년마다 의원의 절반에 가까운 비율이 새로 들어오기 때문이다. 그러므로 이처럼 업무 노하우 부재를 상쇄할 수 있는 것은 '교육' 밖에 없다. 그런데 국회에서는 모든 실무를 담당하는 보좌진은 물론이고 의정활동의 당사자인 의원에 대해서도 제대로 교육이 이뤄지지 않고 있다. 그러다 보니 특히 초선의원은 아무것도 모른 채 국정감사도 하고 예·결산심사도 한다. 자료를 어떻게 요구해야 하고 질의서는 어떻게 쓰는지, 또 어떤 과정과 절차를 거치는지도 제대로 모른 채 보좌진이 써 준 질의서에 의존해 질의하는 것이다. 그나마 이건 낫다. 보좌진이 써 준 질의서를 그대로 읽는 사람도 부지기수다.

경험과 노하우가 풍부한 보좌진에게 의원들이 과도하게 의존하고, 또 초선의원이 임기 4년 내내 실수와 시행착오를 반복하는 것도 바로 의원에 대한 교육이 뒷받침되지 않기 때문이다. 이는 국회가 조직적 업무 노하우로 무장한 행정부를 제대로 견제·감시·비판하는 것이 결코 쉽지 않다는 것을 의미한다. 국가적으로 큰 낭비이자 손해가 아닐 수 없다. 그 피해는 고스란히 국민에게 돌아간다.

상황이 이와 같을 때 정치지망생을 대상으로 한 '정치대학'도 좋은 비즈니스 모델이 될 수 있다. 보좌진이 은퇴한 전직 의원 등과 연계해 강사진을 꾸리면 정치지망생들에게 실무와 경험을 전수할 수 있을 것이다. 특히 시민단체 등과 연계해 교육생을 도덕성과 최소한의 정치 역량이라는 두 가지 기준으로 엄격하게 선정한다면, 과정이수 자체가 유권자들의 선택에 도움을 주는 의미를 가질 것이다.

한편 도덕성과 함께 국회의원의 능력과 전문성은 유권자는 물론 보좌진에게도 대단히 중요한 요소이다. 의원의 지적수준과 능력이 떨어질수록 보좌진은 더 많이 그리고 더 자질구레한 것까지 챙겨야 하고, 그러면서도 보람을 느끼거나 능력을 인정받기가 더 어렵기 때문이다.

국회에는 능력이 떨어지는 의원을 빗댄 다음과 같은 농담이 있다. 며칠 밤을 새워 국정감사 밥상을 잘 차려 놓았는데 질문도 제대로 못하는 의원들을 가리켜 '물 말아 먹는 의원'이라고 한다. 문제는 그런 의원들일수록 더 '밥상'을 차리라고 목소리는 높인다는 것이다.

글쓴이가 아는 의원 가운데도 자신의 능력 부족은 도외시한 채 몽땅 '밥상' 탓으로만 돌리는 의원이 있는데, 그는 보좌진이 질의서를 써 주면 회의장에서 '종결어미'를 붙이기 바쁘다. 다시 말해 보좌진이 "가능성 농후"라고 축약형으로 질의서를 작성하면, 자신이 그대로 따라 읽기 편하도록 "가능성이 농후합니다"라고 고치는 식이다. 과연 우리 국민은 종결어미를 붙이지 않으면 보좌진이 써 준 질의서조차 제대로 읽지 못하는 의원들이 있다는 사실을 알고는 있는지, 또 어떻게 받아들일지 궁금하다.

2006년 9월 시사저널의 보도에 따르면, 보좌진이 국회의원에게 가장 바라는 개선점은 "입법과 정책개발 능력을 높여라"가 46.3%로, 소신을 펼치는 정치 행보(21.6%), 대화와 타협의 능력을 키워라(20.6%)보다 월등히 높았는데, 이는 그만큼 '밥상' 탓만 하는 의원들이 적지 않다는 것을 의미한다. 더 이상 이런 의원들이 국회에 발을 못 붙이게 하기 위해서라도 '정치대학'은 꼴 필요하다.

### '입법컨설팅'

'입법컨설팅'은 말 그대로 입법을 상담하고 이를 도와주는 의미를 갖고 있다. 먼저 예를 하나 들어 보자. 2005년 12월 7일 법제사법위원회 회의장에서 있었던 일이다. 당시 덤프연대 김금철 의장은 법제사법위원회 위원들의 지구당에서의 농성사태와 관련한 경위를 설명하기 위해 상임위원회에 출석했다. 김 의장의 발언록 일부를 인용해 보자.

> 2004년 10월부터 도로법 개정을 요구해 왔고 생계의 어려움 속에서도 두 번에 걸친 파업을 진행하게 되었습니다. 1년이 넘는 덤프연대의 이러한 진행과정으로 과적 단속과 관련한 부당한 현실이 드러나게 되었고 이에 정부에서는 도로법 개정안을 제출하게 되었습니다. (중략) 실질적인 국회 운영절차나 관행에 대하여 인지하지 못한 상태에서 절박한 심정으로 진행된 양당 농성으로 업무 차질과 불편을 끼쳤던 부분에 대해 법사위 소속 위원과 해당 지역 도당 사무소 여러분들께 널리 양해를 부탁드리며 심심한 유감을 표하는 바입니다.

김 의장의 언급처럼 덤프연대는 2004년 10월부터 도로 점거 등 1년 넘게 대규모 파업을 통해 과적을 지시한 화물차주 등을 처벌하도록 하는 「도로법」 개정을 요구했다. 다시 말해 덤프연대는 화물차가 과적過積으로 단속될 때 컨테이너의 과적 여부를 알 수 없음에도 불구하고 운전자까지 처벌하도록 한 규정으로 자신들이 피해를 보자 법 개정을 요구했던 것이다. 그런데 개정안이 담당 상임위원회인 건설교통위원회를 통과하고도 법제사법위원회에서의 의결이 차일피일 미루어지자 급기야 법안 통과를 위해 법제사법위원회 위원들의 지구당 사무실을 점거하는 실력행사에 돌입했던 것이다. 이와 관련 안상수 법제사법위원장은 법 개정을 위해 물리적 수단을 동원한 것에 대한 '사과'의 선례를 남기기 위해 12월 7일 덤프연대로 하여금 유감을 표명케 하고 법안을 통과시켰다.

당시 글쓴이는 '도로법 개정사건'을 지켜보면서 만약 누군가가 법 개정 작업을 도와줬더라면 도로 점거와 같은 대규모 시위로 인한 교통정체는 물론 1년여라는 시간을 낭비하지 않을 수 있었을 것이라고 생각했다. 다시 말해 덤프연대는 잘못된 법 규정으로 인해 피해를 보고 있음에도 불구하고 '입법'의 방식과 절차를 모르는 데 따라 대규모 파업을 통한 실력행사로 자신의 의사를 알리지 않을 수 없었던 것이다. 이때 만약 누군가가 이들의 의사를 반영한 법 개정안을 만들고 10명의 국회의원에게 동의서명을 받아 국회에 제출했더라면, 굳이 건설교통부가 나설 필요도 없이 법 개정이 추진될 수 있었을 것이다. 그런데 불행하게도 이처럼 단순한 사실을 모르는 것과 함께 개정안을 만들 수 있는 능력을 갖고 있지 못한 데 따라 결국 덤프연대는 추운 겨울에도 도로를 점거해 국민에게 불편을 끼치는 것과 같은 방식으로 자신들의 의사를 밝히지 않을 수 없었던 것이다.

우리는 흔히 송사訟事와 관련해 변호사의 조력을 받는다. 이는 법의 복잡성과 일반인들이 관련된 전문지식을 갖고 있지 못한 데 따른 것이다. '입법' 또한 마찬가지다. 우리 주변에서는 지금도 잘못된 법 규정으로 고통받거나 혹은 법 규정 미비로 공무원들이 과도하게 권한을 행사하는 데 따른 피해를 입고 있는 사람들이 적지 않다. 그러나 이들은 한결같이 어떻게 해야 할지 몰라 그냥 감내하고 있다. 어디 이뿐인가? 잘못된 규제로 사업에 지장을 받거나 손해를 입는 업종이나 사례 또한 적지 않다. 그러나 이들 또한 법이라는 이름으로 행해지는 규제와 공무원들의 권한 남용을 묵묵히 참고 있을 뿐이다.

그나마 의원실로 찾아와 민원이나 혹은 청원을 제기함으로써 해결의 실마리를 풀 수 있다면 불행 중 다행이다. 하지만 일반인 중에 이렇게 하는 사람이 과연 얼마나 되며 또 자연스럽게 의원실과 '줄'을 댈 수 있는 사람이 얼마나 되겠는가? 이는 국회를 잘 알아 이를 활용할 줄 아는 몇몇 사람 혹은 국회 주변을 맴돌며 기생하는 몇몇 인사들에게나 국한된 얘기다. 그 나머지 대부분은 불편을 불편인지 모르고 살아간다.

이때 만약 누군가가 입법과 관련해 '컨설팅'을 해 주거나 개정안의 내용까지 만들어 준다면, 잘못된 법으로 인해 피해를 입는 많은 사람들에게 적지 않은 도움이 될 것이다. 더구나 10명의 의원 서명과 함께 해당 상임위원회와 법제사법위원회, 그리고 본회의로 이어지는 법안 통과 과정까지 적극 나서 도와준다면 그야말로 이들에게는 은인이 따로 없을 것이다.

보좌진은 누구나 입법과정과 절차를 훤히 꿰고 있는 것은 물론 법의 제·개정 작업을 추진한 데 따른 입법능력을 보유하고 있다. 따라서 이들은 지금 당장이라도 '입법컨설팅' 사업을 할 수 있다. 국회 퇴직 보좌관들을 중심으로 입법컨설팅 업체를 만들어 덤프연대와 같은 어려운 사람들의 입법을 도와줄 수 있는 것이다.

평소 국회가 멀게만 느껴지고 또 입법과정을 잘 모르는 사람에게는 힘들고 어려운 것이겠지만, 국회 보좌진 출신에게 개정안을 만드는 것은 별로 어려운 일도 아니다. 또 법안이 상임위원회에 회부될 수 있도록 국회의원 동의서명 10개 받는 것도 현직에 있는 선후배 동료 보좌진의 도움으로 금방 해결할 수 있다.

이런 점에서 '입법컨설팅' 사업은 그 필요성과 중요성에도 불구하고 입법 경험을 갖고 있는 보좌진 외에는 다른 누구도 쉽게 넘볼 수 없는 분야이다. 한마디로 '진입장벽'이 대단히 높은 사업이라 경쟁이 거의 없는 '블루오션'이라는 것이다. 택배나 대리운전 사업이 그 참신성과 시대적 필요성에도 불구하고 성공하지 못하는 것은 바로 진입장벽이 전혀 없어 누구나 '모방'할 수 있는 것 때문이다. 그런데 입법컨설팅 사업은 지금껏 누구도 시도하지 않았고 변호사나 낙선 혹은 퇴직한 의원들도 할 수 있는 것이 아니라는 점에서 유일하게 국회를 퇴직한 보좌진만이 할 수 있는 최적의 사업 아이템이 아닐 수 없다.

이 경우 「변호사법」 위반 여부는 확인해 봐야 할 과제이다. 우리나라는 아직 '로비스트 제도가' 법제화 돼 있지 않아 "금품 등을 받을 것을 약속하고 소송사건, 기타 일반의 법률사건에 대하여 중재·화해·법률상담 또는 법률관계문서작성 등을 하거나 이러한 행위를 알선하면" 변호사법 위반에 해당한다. 처음부터 이런 문제에서 자유로우려면 변호사와 함께 사업을 하면 될 것이다.

한편 2005년 11월 30일 헌법재판소는 특정범죄가중처벌법 3조(알선수재)에 대한 헌법소원에서 로비활동의 현실적 수요를 인정, 사실상 로비스트를 허용하는 것이 바람직하다는 의견을 밝혔다. 로비스트법이란, 전직 공무원 등 일정 자격을 가진 자가 로비스트로 등록해 특정 입법 과정에 공개적으로 영향력을 행사할 수 있도록 허용하는 취지다. 음지에서 관련 당사자가 정·관계 인사를 만나 뇌물을 주는 등 불법적인 관행을 막기 위해 아예 이를 공개화하고 합법화하자는 의도다.

헌법재판소는 이날 다수의견에서 "다원화되고 있는 현대 사회에서 국가기관 등의 정책결정 및 집행과정에 로비스트와 같은 중개자나 알선자를 통해 자신의 의견이나 자료를 제출할 수 있도록 허용한다면 국민주권의 상시화가 이뤄질 수 있을 것"이라고 긍정적인 입장을 구체적으로 밝혔다. 아울러 헌법재판소는 특히 로비스트에 대한 부정적인 이미지와 구별해, 로비스트법이 헌법상 기본권을 침해하지는 않는다는 점도 분명히 했다.

이 밖에도 재판부는 "금전적 대가를 받는 알선 내지 로비활동을 합법적으로 보장할 것인지 여부는 그 시대 국민의 법 감정이나 사회적 상황에 따라 입법자가 판단할 사항"이라고 입법부의 법제정 필요성을 지적했다.

로비스트의 필요성에 대한 헌법재판소의 언급 때문인지, 실제로 17대 국회의원 중 차기 대권을 바라보는 정몽준 의원을 비롯해 이승희 의원과 이은영 의원 등이 「로비스트법」을 발의했다. 물론 아직껏 법통과가 이루어지고 있지 않지만 우리나라도 미국처럼 '로비스트'가 합법화될 날이 머지않아 보인다.

### 입법적 legislative 리더십

한편 『성공하는 기업들의 8가지 습관』이라는 책으로 우리에게도 유명한 미국의 경영학자 짐 콜린스는 2005년 11월 최고경영자가 갖춰야 할 덕목으로 '입법적 legislative 리더십'을 주장해 화제를 모았다. 즉 정부 규제가 많은 산업에 종사하는 경영자일수록 정치인들이 법률을 제정하도록 유도함으로써 유리한 경영환경을 만들어 내는 입법적 리더십이 요구된다는 것이다. 주주, 소비자, 종업원 등 이해 당사자들의 이해관계를 조율하고 경영 목표를 달성하는 데는 무엇보다 법적 환경이 중요한 역할을 하기 때문이라는 것이다.

실제로 법을 통해 유리한 경영환경을 만들어 낼 수 있다면 그 사업은 땅 짚고 헤엄치는 것이나 마찬가지다. 2008년 3월 언론을 뜨겁게 달궜던 '학원 교습 24시간 허용'을 예로 들어 설명해 보자.

서울시 교육문화위원회는 3월 12일 학원의 교습시간 제한을 완전히 없애는 조례안을 만장일치로 통과시켰다. '조례안'은 "그 지역에서만 쓰이는 법"으로 여기서는 서울시에만 적용되는 법을 의미한다. 다시 말해 법률은 국가적인 것으로 국회에서 만들고 조례는 지방 차원의 것으로 해당 지방의회에서 만드는 것이다.

그런데 서울시의 조례안을 두고 학부모들은 반대하는 데 반해 학원가에서는 크게 반기는 분위기인 것으로 알려졌다. 기존에 밤 10시까지로 제한됐던 학원교습시간을 풀어 버리면 학원의 수입이 더 늘어날 것이니 학원가가 반기는 것은 당연한 일일 것이다. 이처럼 특정 지역에만 해당되는 조례안을 놓고도 말이 많은 게 '법'이다. 그런데 만약 법률 차원에서 이렇게 누군가에게 유리한 내용이 마련된다면 그가 하는 사업은

"땅 짚고 헤엄치는 것"과 다를 것이 없다. 그리고 이는 짐 콜린스가 말한 것처럼 유리한 경영환경을 만들어 낸 입법적 리더십의 대표적인 예라 할 수 있다. 송사와 관련한 측면도 있겠지만, 대기업이 독자적으로 '법무팀'을 운영하는 것은 바로 이런 맥락에서 이해할 수 있다.

입법적 리더십과 관련한 예를 하나 더 들어 보자. 2008년 3월 말까지 각 행정기관은 '투척용 소화기' 설치로 큰 곤란을 겪었다. 3월 말까지 노유자老幼者 시설에 투척용 소화기 설치가 의무화된 데 따른 것이다. 국회는 2006년 6월 "노유자가 쉽게 사용할 수 있는 투척용 소화기를 소화기 수량의 2분의 1 이상으로 설치"토록 하는 것을 주 내용으로 하는 「소방시설설치 유지 및 안전에 관한 법률」 개정안을 통과시켰다. 12월 7일 동법 시행령이 개정되면서 노약자 시설, 아동복지시설, 유치원, 경로당 등에 이의 설치가 2007년 6월 7일까지 의무화됐다. 그러나 홍보 부족으로 설치가 미비하자 당국은 계도기간을 2008년 3월 31일까지로 연장하고, 이를 어길 시 200만 원의 과태료 및 최고 1,500만 원에 달하는 벌금을 부과하겠다고 각 노유시설에 통보했다.

그 동안 국내 소화기 시장은 '분말소화기'가 독점하고 있었는데, 법 개정을 계기로 '투척용 소화기'와 반분하지 않을 수 없는 처지에 놓였다. 법 개정에 '입법적 리더십'이 작용했는지 여부는 확인할 수 없으나, 현재 투척용 소화기는 일본에서 수입해 판매하는 것까지 3개 제품에 지나지 않아 법 개정에 따라 이들 제조·판매회사들은 적지 않은 수입을 올릴 것으로 예상된다.

이 같은 예는 수를 헤아릴 수 없을 정도로 많다. 2007년 6월 정부가 「지방교육재정교부금법」을 개정하면서 유아교육 분야 예산 배정 대상에서 '사립유치원'을 배제키로 함에 따라 이들이 크게 반발하고 나섰다. 이와 함께 2005년 10월 여성가족부가 저출산 종합대책을 추진하면서 어린이집에는 기본보조금을 지원키로 한 반면 사립유치원은 제외시켜 논란을 불러일으켰다.

무려 7년을 끌다가 2004년 1월에 개정된 「유아교육법」은 만 5세아의 무상교육과 함께 유치원과 어린이집 등에 대한 지원을 주요 내용으로 하고 있다. 그런데 정부의 지원 대상에 2년 후 유치원 전환을 전제로 미술학원이 포함되자 한국교총과 전교조 등 교원 3단체는 사교육 조장이라며 크게 반발했다. 반면 전국유아미술학원연합회는 5년을 전환 기간으로 보장해 줄 것을 주장하며 장외집회를 열었다.

글쓴이는 법이 갖는 중요성에 대해 제4장에서 여러 차례 강조했다. 법은 현실적 힘이자 우리 사회를 지배하는 또 다른 언어다. '입법'과 관련해 다양한 사업 아이템이 존재하는 것도 바로 이 때문이다.

### '입법정보 서비스'

마지막 세 번째 사업 아이템으로는 '입법정보 서비스'다. 이는 앞서의 입법컨설팅과 일정한 연관을 맺고 있는데, 내용은 이렇다. 현재 주요 기업들은 정보 수집 등 여러 가지 목적으로 자기 직원을 국회에 파견하고 있다.

피감기관이 업무 협조나 연락 등의 목적으로 직원을 파견하는 건 당연한 일이다. 그러나 산하단체나 감사 대상도 아닌 기업 등에서도 대외업무를 담당하는 직원을 적게는 1~2명에서, 많게는 십수 명씩 국회에 파견하고 있다. 이유는 여러 가지다. 먼저 한 가지 예를 들어 보자.

2004년 국정감사 때 정무위원회의 한 의원이 대기업 재벌 2세를 증인으로 채택하려 하자 관련 기업 직원들이 대거 국회를 출입하며 해당 상임위원회 의원실을 1:1로 담당하는 일이 벌어졌다. 이유는 간단하다. 자기회사의 오너 아들이 국정감사 증인으로 채택되지 않도록 하기 위함이고, '로비' 때문이었는지 증인 채택은 유야무야됐다.

 비단 이처럼 국정감사의 증인 채택 문제가 아니어도 기업들은 국회 회기 내내 적지 않은 직원을 파견해 자기들의 사업영역에 영향을 미치는 법률이 논의되거나 통과되는 것은 아닌지, 혹 상임위원회나 대정부 질문을 통해 자기 회사와 관련한 발언이나 지적이 나오는 것은 아닌지 등의 정보를 수집한다. 가외로 국회 내에 떠도는 온갖 소문도 챙긴다.

 국회에 출입하는 기업 직원들은 이처럼 평소 정보 수집을 주 임무로 하고 있다. 더불어 원활한 정보 수집을 위해 각 의원실에서 부탁하는 민원을 해결해 주기도 한다. 그러나 국정감사처럼 민감한 시기에는 회사 오너 일가와 관련한 증인 채택 여부 등에 대해서도 촉각을 곤두세운다.

 글쓴이는 기업들이 정보 수집 등을 목적으로 국회에 직원을 파견하는 것을 보면서, 누군가가 이를 대신해주면 그것도 좋은 서비스가 되지 않을까 하는 생각을 했다. 이른바 '입법정보 서비스'인 것이다.

 가령 국정감사 증인 신청에 대해 보좌진보다 먼저 아는 사람은 없다. 법안 제·개정안 제출도 마찬가지다. 또 상임위원회에서 논의되는 법안의 내용과 통과 여부, 그것이 미치는 영향 등에 대해서도 보좌진만큼 잘 아는 사람도 없다. 특정 기업이나 오너와 관련한 발언이나 지적이 왜 언제 나올 것인지도 보좌진이 제일 먼저 알고 있다.

 상황이 이 정도면 기업에서 국회로 직원을 파견하지 않을 수 없고, 또

기업에서 파견된 직원들은 보좌진과 친하게 지내지 않을 수 없다. 그런데 기업에서 국회로 직원을 파견하는 데 따라 얼마의 비용이 들지 한 번 생각해 보자. 우선 직원 몇 명에 대한 월급이 있을 것이다. 다음으로 이들이 보좌진 및 상임위원회 입법조사관들을 만나 밥과 술을 먹을 수 있도록 법인카드가 지급될 것이다. 어림 추산으로도 기업이 직원 한 명을 국회로 파견하는 데 따라 드는 비용은 연간 1억 원 내외이다.

문제는 그러고도 이들이 자신들에게 필요한 모든 정보를 다 그리고 정확하게 취합할 수 있는 건 아니라는 것이다. 다시 말해 제한된 인력으로 17개 상임위원회의 299개 의원실 모두를 관리할 수는 없는 것이다. 그러다 보면 이들 또한 간간이 놓치는 것들이 없지 않다.

2003년에 있었던 일이다. 국회 보건복지위원회는 2002년 8월 「장기등 이식에 관한 법률」을 개정하면서 '뇌사판정대상자관리전문기관'을 지정키로 했는데, 2003년 4월 1차 대상기관 선정에서 대기업 소속 병원이 제외됐다. 대기업에서 파견된 직원이 법률의 자세한 내용과 시행에 대해 잘 몰랐기 때문이다. 이 기업은 평소 모든 상임위원회를 다 관리할 수 없는 데 따라 주로 정무위, 재정경제위원회, 건설교통위원회, 환경노동위원회 등 자신들 사업과 밀접히 관련된 몇 개의 상임위원회를 중점적으로 관리해 왔다. 결국 평소 보건복지위원회를 잘 관리하지 않는 데 따라 자신의 기업이 갖고 있는 병원과 관련된 주요한 법률 시행에 대해 잘 알지 못해 전문관리기관으로 선정되지 못한 것이다. 물론 이런 사실이 공론화되면서 뒤늦게 서류를 갖춰 전문관리기관으로 신청, 선정되긴 했지만 기업 입장에서는 주요한 것 하나를 놓칠 뻔한 사건이었다.

이처럼 적지 않은 인력과 자본을 갖고 있는 대기업조차 국회에서 논의되는 모든 것들을 전부 '스크린' 하기에는 역부족이다. 그런데 이처럼 몇 가지를 놓치면 기업 입장에서는 적지 않은 타격을 입을 수 있다. 특히 대기업과 달리 관련 인력을 국회에 파견하지 않는 중소 규모의 기업들과 각종 단체들은 자신들과 밀접한 이해관계가 있는 법이나 일이 진행 되도 그런 사실조차 모르고 있다. 뒤늦게 대책을 강구하는 경우가 한두 번이 아니다.

2006년 7월의 일이다. 이보다 6개월 앞선 2005년 12월 당시 열린우리당이 강행 처리한 「사립학교법」으로 인해 유치원계가 크게 반발하고 나섰다. 개정 사립학교법은 사립학교장에 대한 임기 제한을 규정하고 있었는데, 유치원장도 사학경영자로 규정돼 임기를 4년 이내로 하고 한 차례만 중임할 수 있도록 한 것이다. 유치원총연합회는 이 같은 사실을 전혀 모르다 개정 사립학교법이 7월 1일부터 시행되고 나서야 "유치원 원장의 임기를 제한하면 다른 사람에게 유치원을 넘겨주라는 얘기냐"며 강력 반발했다.

2006년 7월 국회는 학교급식의 직영원칙을 주 내용으로 하는 「학교급식법」 개정안을 통과시켰다. 이에 따라 급식업체는 하루아침에 경영 어려움에 직면했다. 물론 이런 사정을 고려해 법안에 3년이라는 유예기간이 두어졌지만, 갑작스레 법 개정이 이뤄지는 데 따라 위탁급식 업계는 사상 최대 위기에 직면하지 않을 수 없었다. 이에 따라 한국급식협회 등은 뒤늦게 법 개정이 "직업의 자유와 평등권을 침해한다"며 헌법소원을 제기했지만, 2008년 4월 헌법재판소는 이를 기각했다. 너무 늦은 대응이 아닐 수 없다. 만약 법 개정안이 '위탁'을 원칙으로 하는 것으로 추진됐다면 한국급식협회는 정반대의 상황에 처했을 것이다.

'입법정보 서비스'의 필요성은 이처럼 다양하게 제기된다. 만약 누군가가 17개 상임위원회의 활동상황을 매일 모니터링한 뒤 법안 제·개정 현황은 물론 법률안 발의 움직임부터 법률안 발의, 상임위원회와 법제사법위원회 그리고 본회의 등 각 단계별 통과현황과 함께 법안의 주요 내용과 의미, 그것이 미치는 영향과 예상되는 결과, 국정감사 증인채택 현황, 상임위원회에서와 본회의에서의 질의나 지적사항 등을 종합적으로 검토해 관련 업체, 즉 기업을 비롯한 각종 연합회나 단체 등을 대상으로 정보이용료를 받고 실시간으로 보고서를 제공한다면, 어떻게 될까?

기업 입장에서는 법인카드를 주면서 별도로 직원을 파견하지 않아도 자신들이 원하는 국회 관련 온갖 정보를 얻을 수 있어 크게 만족할 것이다. 또 인력과 예산 부족으로 대기업처럼 할 수 없는 중소기업이나 각 단체들 또한 적은 비용으로 국회의 움직임을 실시간으로 체크할 수 있어 자신의 이익을 지키거나 반대로 이익을 관철시키기 위한 방법으로 이보다 더 좋은 것도 많지 않을 것이다.

그럼 누가 이런 작업을 할 수 있을까? 당연히 보좌진 말고는 누구도 할 수 없다. 상임위원회 주요 활동과 움직임을 보좌진만큼 잘 알고 있고 또 평소 관심 갖고 있는 사람도 많지 않을 것이기 때문이다. 따라서 퇴직 보좌진 1명이 1개씩의 상임위원회를 담당, 매일 모니터링한 뒤 이를 취합해 일일보고서로 작성, 메일로 정보이용 회원사에 발송하는 것이다.

이는 회원사가 많아질수록 더 큰 수익을 창출할 수 있다는 점에서 서로 뜻을 함께하는 보좌진 20여 명만 뭉친다면 지금 당장이라도 할 수 있는 사업 아이템이다.

## 보좌진은 변화의 중심축에서 일할 수 있는 매력적인 직업

이민경(보좌관)

나의 보좌진 생활

국회 보좌관을 시작한 지 올해로 꼭 20년이 됐다. 그런데 그 기간이 결코 길다고 느껴지지 않을 만큼 아주 빠르게 지나갔다. 국회가 나의 적성에 가장 잘 맞는 곳이라 시간을 의식하지 못한 채 지냈기 때문일 것이다.

이처럼 나에게 국회의원 보좌관이라는 직업이 맞는 이유는 무엇일까?

첫째, 소그룹으로 운영되는 조직이라 자신의 존재를 확인하면서 일을 할 수 있다는 점이다. 국회는 의원실이 6명에서 8명 정도의 규모로 운영되면서 가족적인 분위기이고 또 의원과 긴밀히 연결돼 존재의 중요성을 상호간에 수시로 확인할 수 있다.

둘째, 창의적이고 공격적인 자세로 일을 하는 사람이 평가받을 수 있다는 점이다. 수동적으로 시키는 일을 하는 사람보다는 無에서 有를 창조한다는 마음으로 일을 하는 사람이 인정받는 곳이다.

셋째, 기획력을 갖고 정책과 법안 예산 등을 연계해 일을 하면 성과를 얻을 수 있다는 점이다. 다른 직장에서는 기획력이 부차적 요구사항이라면, 국회는 절대적 요구사항이라서 기획력 있는 사람이 인정받기 좋은 곳이다.

넷째, 폭 넓은 대인관계를 맺을 수 있는 능력이 중요하다는 점이다. 정책, 조직, 언론관리 등등에서 모두 대인관계가 절대적으로 필요한 요소이기 때문에 사람을 좋아하고 대인관계가 폭 넓은 사람이 일하기 좋은 곳이다.

다섯째, 문장력 있는 사람이 평가받는다는 점이다. 정책질의, 법안 작성, 각종 행사의 축사 및 격려사 등은 모두 글쓰기 능력을 필요로 하는 것으로, 문장력이 무엇보다 중요한 업무요소이다.

그래서일까? 우연치 않은 계기로 국회에 들어왔지만 모든 것이 예정된 것은 아니었나 하고 생각한다. 본인은 국회에 들어오기 전까지 정치에 관심이 많지 않았다. 그런데 우연히 알게 된 사람이 국회 비서관으로 근무하고 있어 그를 만나러 몇 차례 국회를 방문했다가 좋은 직장이라는 생각이 들어 보좌진에 도전했다.

국회에 처음 문을 두드릴 당시 나는 KBS 리포터로 〈안녕하세요 황인용 강부자입니다〉라는 프로그램에서 일하고 있었다. 그런데 당시 취재를 했던 이윤자 씨가 국회의원이 되면서 그 인연으로 함께 국회에 입성, 비서관으로 근무하기 시작했다. 그게 벌써 지금으로부터 꼭 20년 전인 1988년의 일이다.

국회 근무를 시작하고 보니, 이에 앞서 여러 기업체에서의 근무와 방송국에서 리포터 및 작가로 일하면서 문장력을 향상시킨 것이 큰 도움이 됐다. 뿐만 아니라 다양한 사회경험을 통해 폭 넓은 대인관계를 맺어 온 것 역시 국회 보좌진으로 활동하는 데 큰 자산으로 작용했다.

내가 이처럼 국회에서 살아남을 수 있었던 점을 강조하는 것은, 국회라는 공간이 다른 일반직 공무원들보다 쉽게 4급, 5급, 6급, 7급, 9급 등의 직급을 얻을 수 있는 반면 또 그만큼 쉽게 면직될 수 있어 오랫동안 살아남는 것이 쉽지 않기 때문이다.

내가 나름대로 국회에서 전문성을 갖고 오랫동안 살아남은 이유를 분석해 보면 다음과 같다.

1. 주어진 일을 늘 긍정적으로 받아들이고 최선을 다하려고 한다는 점
2. 모시는 의원이 요구하는 것이나 생각에 최대한 맞추려고 한다는 점
3. 한 번 의원이 정해지면, 임기가 끝나기 전에는 절대 헤어지지 않고 인내심을 갖고 임기를 함께한다는 점
4. 어떤 일이고 다 처리할 수 있는 멀티플레이어가 된다는 점
5. 주인의식을 갖고 의원이 무엇을 요구하기 전에 일을 찾아 능동적으로 처리한다는 점
6. 의원이 가장 신뢰하는 사람이 되어 결정적인 순간에 정확한 정보를 바탕으로 옳은 결정을 내리도록 옆에서 보좌하려고 한다는 점

그러나 무엇보다 중요한 것은 내 스스로 보좌진이라는 직업에 만족하며 보람을 느끼고 있다는 점이다. 어려서부터 사회의 변화에 관심이 많고 부조리하거나 불합리한 현상에 대해 변화의 주체가 되고 싶은 욕구가 강한 내 입장에서 볼 때, 보좌진은 변화의 중심축에서 일

할 수 있는 매력적인 직업이다. 탁상공론보다는 실질적 행위로 결과를 만드는 성격의 소유자인 나는, 문제제기만 할 뿐 사회를 변화시키는 데 한계가 있는 방송국 리포터보다는 제도를 바꾸는 등 실질적 변화를 이끌어 내는 국회가 내 성격에 더 맞는 것이다.

국회의원 한 사람 한 사람은 입법기관으로서 단순히 사회적 현상에 대해 문제제기에만 그치지 않고 제도 개선을 통해 국민이 원하는 사회로 바꿔 나갈 수 있어 보좌관은 그 보람을 공유할 수 있다. 그렇다면, "국회의원을 해야지 20년 간 보좌관만 하고 있으면 무능한 것 아닌가?" 하고 반문하는 사람도 있을 것이다.

이에 대해 나 역시 심각하게 고민해 봤다. 방송국에서 국회로 옮긴 뒤 "비서관하고 보좌관하고 다음에는 국회의원 해야지" 하는 생각을 안 한 것은 아니다. 그러나 시간이 지나면서 국회의원 배지 다는 것이 정말 힘든 장정이라는 것을 확인할 수 있었고, 또한 국회의원이 된 후에도 재선·삼선을 통해 오랫동안 살아남는 것은 더더욱 어려운 일이라는 걸 알았다.

이 밖에 젊은 나이에 국회의원이 된 뒤 재선에 실패, 나머지 인생을 힘들게 지내는 분들을 적잖이 목격하면서 자연스럽게 보좌관으로 전문성을 키우자는 쪽으로 마음을 굳혔다.

그래서 나름대로 정리한 인생방향은 우선 안정적인 노후를 위해 국회 보좌진으로 20년 간 근무한 뒤 연금을 확보하는 것이다. 이후 기회가 주어지면 봉사하는 마음으로 무엇이든 사심 없이 편안한 마음으로 일을 할 수 있지 않을까 하고 생각했다.

이렇게 마음을 정한 것이 국회 들어온 지 7년째인 1994년이다. 특히 보좌관으로서도 얼마든지 사회변화를 위해 봉사할 수 있다는 점, 그리고 삼권분립을 유지하기 위해서는 경험이 풍부한 보좌관이 국회 지킴이 역할을 하는 것이 필요하다는 점을 고려해 스스로 내 자신에게 장수하는 국회 보좌관의 당위성을 부여했다.

국가가 균형발전을 이루기 위해서는 입법부, 사법부, 행정부가 균형과 견제를 이루어야 한다. 그러나 현실적으로 행정부나 사법부는 장기근속이 가능한 반면 입법부는 재선·삼선의 고지를 넘지 못해 늘 단기 근무자 위주로 구성된다. 이는 다른 말로 하면 국회에는 조직적 업무 노하우가 축적되지 않는다는 것을 의미한다.

그렇게 되면 결국 입법부가 행정부에 끌려 다니지 않을 수 없다. 행정부를 감시·견제·비판해야 할 입법부가 거꾸로 행정부에 끌려 다닌다는 것은 국가적으로도 큰 낭비가 아닐 뿐 아니라 결국 그 피해는 고스란히 국민에게 돌아간다. 바로 이런 점에서 행정부를 효과적으로 감시·비판할 수 있는 전문성을 확보한 장기근속 보좌관의 존재는 더욱 중요한 의미를 갖는다.

한편 장기근속 전문보좌관으로서 내가 '역할모델' 로 삼는 사람은 영화배우 안성기 씨다. 영화배우 출신이 감독이 되기도 하고, 장관이 되기도 하고, 또 사업가가 되기도 하는 현실에서 안성기 씨는 한결같이 전문인으로서 또 중견 영화배우로서의 자리를 지키고 있다. 정말 보기 좋은 모습이 아닐 수 없다. 충분히 다른 것을 욕심 낼 만도 하건만 주위를 둘러보는 일 없이 한 길을 걷고 있다. 나 역시 국회에서 한 길을 걷는 그런 사람이고 싶다.

40여 년을 출입기자로 미국 백악관을 지키고 있는 헬렌 토머스 여기자 역시 좋은 예라고 생각한다. 백악관 브리핑 룸 맨 앞줄에서 날카로운 질문을 던져 역대 대통령을 곤경에 빠뜨려 온 미국 언론계의 살아 있는 전설이 헬렌 토머스이듯이 나 또한 대한민국 국회의 살아 있는 전설로 남고 싶다.

## 맺는 말

# "나만의 퍼스널 브랜드를 만들어라"

### 한나라당 보좌진 24명, 17대 총선에 출사표

좀 오래 된 얘기 하나 해 보자. 2004년 2월 13일의 일이다. 이날 의원회관 소회의실에서는 한나라당 보좌관협의회 주최로 「17대 총선 공천신청자 출정식 및 공천 촉구대회」가 열렸다. 제목이 암시하듯 이 행사는 2004년 4월 15일 치러지는 제17대 국회의원선거 출마를 희망하는 한나라당 보좌진 출신 24명의 출정식 겸 중앙당에 공천을 촉구하는 자리였다.

그로부터 공천이 모두 끝난 3월 말 제17대 국회의원 선거에 출사표를 던진 24명의 보좌진 가운데 중앙당 공천을 받은 사람은, 불행하게도 단 한 명도 없었다. 지역구 공천을 희망한 22명은 물론 비례대표를 희망한 2명도 공천을 받지 못했다.

안타까운 일이 아닐 수 없다. 이는 비단 '출마'를 희망한 24명을 비롯해 언젠가 출마하려고 기회를 엿보고 있는 보좌진에게만 국한된 것은 아니다. 글쓴이처럼 '정치'에 뜻을 두지 않은 보좌진에게도 똑같은 안타까움으로 다가온다. 왜냐하면 24명 가운데 단 한 명도 공천을 받지 못했다는 것은 보좌진에 대한 '중앙당의 인식'을 간접적으로 보여 주는 것과 동시에 공천을 희망한 외부 후보자들과의 '몸값 경쟁'에서 보좌진이 뒤쳐졌다는 것을 의미하기 때문이다.

24명의 보좌진은 짧게는 4~5년에서 길게는 10년 이상 한국정치의 현장을 지켜 온 사람들이다. 아니 한국 민주주의 발전에 나름대로 기여해 온 것이다. 또한 이들은 누구보다 풍부한 정치경험을 갖고 있다.

그런데 이 모든 것들은 공천심사과정에서 재론의 여지없이 무시됐다. 아마도 이러한 현상은 후보자의 '몸값' 과 함께 상대후보에 대한 '경쟁력' 이 당락의 가장 중요한 요소로 작용하고 있는 현실과 무관치 않을 것이다.

사실 보좌진이 내세울 수 있는 주요 경력이라곤 대부분 '보좌관 10여 년' 에 불과하다. 정치 현장에 몸담고 있다 보니 보좌진은 외부 공천신청자들과 달리 소위 '사士' 자가 붙은 이력을 갖는 것이 쉽지 않다. 또한 업무 성격상 외부의 여러 단체를 통한 사회적 활동에도 많은 제약이 뒤따른다. 그러다 보니 대학원 진학을 통해 이른바 '가방 끈' 을 늘리는 것 정도가 보좌진이 할 수 있는 이력과 경력의 전부인 경우가 많다.

그러나 이는 냉정하게 '선거' 라는 관점에서 살펴보면, 애초부터 '경쟁' 이 불가능한 조건에 지나지 않는다. 이는 비단 공천경쟁에 뛰어든 보좌진에게만 해당되는 것은 아니다. '직업으로서의 보좌진' 으로 근무하는 사람들에게도 동일하게 적용되는 문제이다. 자기계발, 즉 '전문성' 만이 직업적 안정성을 연장할 수 있는 유일한 수단이기 때문이다.

### 경쟁력의 실제 내용은 '전문성'

요즘 들어서는 과거와 달리 보좌진도 '전문직' 으로 인정받고 있다. 그러나 내용과 업무처리방식이 문제다. 왜냐하면 보좌진은 업무성격상

'팔방미인' 일 수밖에 없기 때문이다. 그러다 보니 어느 한 분야에 정통한 자신만의 퍼스널 브랜드를 구축하기가 쉽지 않다.

한편 이 같은 상황에도 불구하고 주위를 둘러보면 전문성을 갖고 있는 몇몇 보좌진을 만날 수 있다. 당장 "어떤 상임위원회에는 누구누구 보좌관" 하는 식으로 '터줏대감'이 있다. 또 "예 · 결산과 관련해서는 누가 최고다"라는 말을 듣는 사람도 있다. 이 밖에도 다양한 외부활동을 통해 국방이나 환경과 같은 특정분야에서의 전문성을 갖고 있는 보좌진도 있다.

이들은 한결같이 자신의 일을 전략적으로 접근, 예컨대 국회의원을 따라 상임위원회를 바꾸기보다는 거꾸로 자기 전공에 속하는 상임위원회를 중심으로 국회의원을 바꾸는 것과 같은 방식으로 전문성을 획득하거나 평소 자신의 몸값을 높이기 위해 자기계발에 소홀하지 않았다는 공통점을 갖고 있다. 다시 말해 이들은 오랫동안의 노력 끝에 '내공'을 쌓아 마침내 자신만의 퍼스널 브랜드를 만든 것이다.

이를 위해 이들은 틈나는 대로 여러 잡지에 기고하는가 하면, 심사위원자격으로 각종 평가위원회에 참석하기도 하고, 때론 그 동안 배우고 익힌 지식을 한데 묶어 책을 내기도 했다. 그야말로 다양한 지적 활동을 통해 특정분야에 대한 전문성을 획득하면서 동시에 이를 저술과 기고로 외화시켜 자신의 성과물로 차곡차곡 쌓아 두는 것이다. 특히 국회의원과 보좌진이라는 관계의 특성상 모든 결과물이 국회의원에게 귀속되는 상황을 감안할 때 이들의 성과물은 결국 모자라는 시간을 쪼개 자기계발에 투자, 자신의 몸값을 높였다는 의미를 갖고 있다.

물론 이처럼 '저술'과 '기고'라는 형태로 성과물을 쌓아 두지만 않았을 뿐, 개인적으로 만나 보면 선거나 민원처리, 상임위원회나 국정감사 등 보좌진의 고유업무와 관련해 내로라 하는 보좌진도 많다. 그러나 문제는 말로 할 때 그렇다는 것이다. 그러다 보니 이들은 말로 풀어놓는 화려한 경험이나 연륜과 달리 이를 직접 확인할 수 있는, 즉 근무연수에 상응하는 성과물을 갖고 있지 못하다.

만약 이렇게 10년을 보낸 뒤 공천경쟁에 뛰어들었다고 가정해 보자. 그가 할 수 있는 말은 고작 "지난 10년 간 단 한 해도 거르지 않고 직접 국정감사를 치렀고요, 모든 원고는 제가 다 썼습니다. 또 지난해에도 모시고 있는 의원을 우수의원 명단에 올려 놓았습니다" 정도에 지나지 않을 것이다.

다른 의원실로의 '자리 이동' 때도 마찬가지다. 이력서나 자기소개서에 담을 내용이 없다 보니 면접 때 모든 걸 말로 해야 한다. 물론 보좌진끼리는 이 말이 무슨 뜻인지 잘 안다. 하지만 그것으로 끝이다. 입으로만 떠드는 '자기선전' (?)이 결코 경쟁력일 수는 없기 때문이다.

### 전문성을 자신의 '무기' 로 삼아라

공선표는 『몸값 TOP으로 올리기』라는 책에서 "자신만의 확실한 전문지식을 쌓은 뒤 이를 책으로 엮어 내는 것이 몸값을 올리는 최선의 방법이다"라고 지적하고 있다. 그러면서 이런 작업이 오늘날에는 단순히 자격증을 따는 것보다 훨씬 더 전문지식을 판가름하는 기준으로 작용하고 있다고 적고 있다.

시야를 우리 내부로 돌려 보자. 선거운동과 민원처리, 그리고 국정감사는 보좌진 모두에게 똑같이 주어진 업무이다. 그러나 이 같은 업무에 대해 성과물을 통해 전문성을 획득한 보좌진은 많지 않다. 선거가 없는 해가 거의 없을 정도로 매년 크고 작은 선거가 치러지고, 1년에 20일씩 국정감사를 치르며, 또 매일같이 민원을 처리하면서도 이와 관련한 보좌진의 성과물은 쉽게 눈에 띄지 않는다.

그리하여 개원한 지 벌써 60주년이 됐고, 그간 국회를 거쳐 간 보좌진이 줄잡아 수만 명에 달하는 상황에서도 보좌진은, 아니 대한민국 국회는 자신의 고유업무라 할 수 있는 선거운동이나 민원처리, 입법과 예·결산심사 등과 관련한 기본 매뉴얼조차 만들어 내지 못하고 있다.

이런 분야의 원고와 책은 절대 외부사람이 쓸 수 없다. 상당 정도 국회를 경험한 사람만이 비로소 쓸 수 있는 주제이다. 따라서 보좌진 가운데 누구든 지금부터라도 노력한다면 금방 이런 분야에 대한 전문성을 획득할 수 있을 것이다.

물론 이것은 한 가지 예에 불과하다. 꼭 이런 것이 아니어도, 만약 보좌진이 어떤 한 분야에 대한 전문성을 무기 삼아 자신만의 브랜드를 만든다면, 공천경쟁이든 자리 이동이든 가리지 않고 더 높은 경쟁력을 획득할 수 있을 것이다. 따라서 보좌진 생활의 성공 여부는 '전문성' 획득에 달려 있다.

초보자라면 부족한 부분을 좀더 보강하는 방향으로 투자하고, 경력자라면 자신이 가장 잘할 수 있고 또 잘하는 분야에 더 투자해야 한다. 어차피 누구나 모든 일을 다 잘할 수는 없다. 그렇기 때문에 "그건 개에게 물어 보면 돼"라는 말이 나올 수 있도록 해야 한다. 이것이 곧 자신의 '브랜드'다.